进出口商品归类实务

（第五版）

院校主编◎张援越　孙建

行业主编◎赵羿喆

中国海关出版社有限公司

中国·北京

图书在版编目（CIP）数据

进出口商品归类实务/张援越，孙建，赵羿喆主编．—5 版．—北京：
中国海关出版社有限公司，2020.7（2022.7 重印）
ISBN 978-7-5175-0438-2

Ⅰ．①进⋯ Ⅱ．①张⋯ ②孙⋯ ③赵⋯ Ⅲ．①进出口商品—分类—中国—
高等职业教育—教材 Ⅳ．①F752.6

中国版本图书馆 CIP 数据核字（2020）第 099336 号

进 出 口 商 品 归 类 实 务 （第五版）
JINCHUKOU SHANGPIN GUILEI SHIWU（DI-WU BAN）

责任编辑：刘白雪
出版发行：中国海关出版社有限公司
社　　址：北京市朝阳区东四环南路甲 1 号　　　　邮政编码：100023
网　　址：www.hgcbs.com.cn
编 辑 部：01065194242-7521（电话）　　　　01065194231（传真）
发 行 部：01065194221/4227/4238/4246（电话）　　01065194233（传真）
社办书店：01065195616（电话）　　　　01065195127（传真）
　　　　　www.customskb.com/book（网址）
印　　刷：北京新华印刷有限公司　　　　经　　销：新华书店
开　　本：787mm×1092mm　1/16
印　　张：19.5　　　　　　　　　　　　字　　数：462 千字
版　　次：2020 年 7 月第 5 版
印　　次：2022 年 7 月第 2 次印刷
书　　号：ISBN 978-7-5175-0438-2
定　　价：52.00 元

全国高等职业院校关务与外贸服务专业系列教材编委会

主任委员：

    葛连成　中国报关协会

副主任委员：

    郑俊田　中国报关协会

    武　新　辽宁经济职业技术学院

    裔大陆　江苏电子信息职业技术学院

委　员：

    朱昱铭　中国报关协会

    严玉康　上海东海职业技术学院

    王建民　北京劳动保障职业学院

    黄　蘋　重庆城市管理职业学院

    王瑞华　辽宁经济管理干部学院

    赵加平　天津商务职业学院

    章艳华　江苏电子信息职业技术学院

    王燕萍　江西外语外贸职业学院

    罗银舫　武汉软件工程职业学院

    李洪运　天津津通报关股份有限公司

    寇　毅　天津市永诚世佳国际货运代理有限公司

    张益海　天津中铁青源国际货运代理有限公司

    张延伟　广州市昊链信息科技股份有限公司

《进出口商品归类实务》编写组

院校主编：

张援越　天津商务职业学院

孙　建　吉林省经济管理干部学院

行业主编：

赵羿喆　天津中铁青源国际货运代理有限公司

副　主　编：

屠立昆　天津商务职业学院

邢　丽　天津商务职业学院

参　　编：

史成全　天津振华报关有限公司

刘庆珠　天津商务职业学院

马越双　天津环渤海国际物流有限公司

牛淑梅　伟创力电子制造（天津）有限公司

王桂英　天津商务职业学院

章艳华　淮安信息职业技术学院

陈海娟　天津商务职业学院

周佳微　天津商务职业学院

特约审稿：

李　志　海关总署关税征管司

序

  "全国高等职业院校报关与国际货运专业系列教材"由中国报关企业的业务专家和报关职业院校长期从事关务教学与科研的骨干教师联合编写，从内容到形式上，既贴近行业实际，又符合教学规律。本套教材作为"全国职业院校关务技能大赛备赛参考书"，结合大赛实际，不断吸取各方意见，不断优化，将大赛成果融入书中。同时，本套教材也是国家级"报关与国际货运"专业教学资源库的配套用书。教材包含大量由一线业务高手提供的具有代表性的、贴近业务和实际的真实案例，同时还提供了丰富的习题训练以辅助老师教学，帮助学生学习。

  本系列教材编委会组织专家在 2017 版基础上进行了修订，结合最新行业动态，更新了相关知识点。将高等职业教育与现代报关职业的最新要求紧密结合，将"互联网+"的思维全程融入教材，使教材内容兼备了系统性、专业性和可操作性。

  高职院校是报关后备人才的重要培养基地。抓好后备人才培养，有利于行业的发展。在此，也希望参与系列教材建设的各方专家，再接再厉，把握行业发展新动态，对接报关职业新标准，体现教材编写新形态，把本次再版工作做好，为职业院校提供更好的精品教材。

中国报关协会副会长

2020 年 6 月

前　言

进出口商品归类是海关监管、海关征税及海关统计的基础，归类的正确与否与报关人的切身利益密切相关，直接影响进出口货物的通关。因此，进出口商品归类是报关从业人员必须掌握的基本技术与技能之一。

2012 年，为了提高预归类服务的专业水平，加强预归类服务行业自律和管理，中国报关协会制定了《进出口货物预归类服务行业管理暂行办法》。预归类服务是指进出口货物预归类服务单位受进出口的货物收发货人及其代理人的委托，对其拟进出口货物预先进行商品归类，并出具进出口货物预归类服务意见书的活动。

本教材对接《报关员国家职业标准（试行）》中"助理报关师"的工作内容、技能要求和相关知识，并根据中国报关协会社会化预归类服务要求，合理安排教学内容，从简单到复杂，列举了大量案例，并对典型商品归类例题进行讲解，旨在帮助学习者掌握商品归类的思路和方法，为培养社会化预归类人才奠定基础。

本教材还将配套提供包括课程标准、授课计划、优质课件、各阶段考试试卷等在内的完整教学解决方案，为用户提供全方位的、细致周到的教学资源增值服务，详细方案可与本书出版单位进行咨询。

本教材既可以作为高职院校报关专业学生的教材及全国职业院校技能大赛关务技能赛项备赛用书，也可以作为应用型本科院校经贸专业及相关专业学生的教材，还可以作为报关从业人员的工具书。

本教材在编写过程中，得到了海关总署关税征管司、中国报关协会、全国海关进出口商品归类中心天津分中心、天津报关协会等单位专家和其他一些资深行业专家、企业人士及教育界人士的大力支持，在此深表感谢！

本教材疏漏及不当之处，敬请有关各界人士提出宝贵意见。

编　者
2020 年 6 月

目　录

第一篇　基础知识篇

第二篇　归类技能篇

第一篇

基础知识篇

JICHU ZHISHI PIAN

进出口商品归类

一、进出口商品归类概述

进出口商品归类，是指在《商品名称及编码协调制度公约》（以下简称《协调制度公约》）商品分类目录体系下，以《中华人民共和国进出口税则》（以下简称《进出口税则》）为基础，按照《进出口税则商品及品目注释》（以下简称《商品及品目注释》）、《中华人民共和国进出口税则本国子目注释》（以下简称《本国子目注释》），以及海关总署发布的关于商品归类的行政裁定、商品归类决定的要求，确定进出口货物商品编码的活动。

进出口商品归类的意义在于：

1. 是对进出口货物实施关税政策、措施，如关税征收、减征或免征的基础依据；

2. 是对进出口商品准确估价，合理确定货物原产地的基础；

3. 是编制海关进出口商品统计，保证数据准确，实现国际贸易统计的对比与交换的基础；

4. 是实施货物贸易管制措施，对受控物质，如废物、麻醉药物、化学武器、臭氧层消耗物质、危险品等进行有效监控的基础。

此外，进出口商品归类的准确和统一，关乎报关单位的切身利益，影响通关效率。

二、商品分类目录历史沿革

为便利国际贸易及相关统计资料的收集、对比与分析，减少国际贸易往来中因分类制度不同而引起的转换费用，以及便利数据的传输和贸易单证的统一，海关合作理事会（1995 年更名为"世界海关组织"）主持制定了《协调制度公约》。

《商品名称及编码协调制度》（以下简称《协调制度》，英文简称为 HS），作为《协调制度公约》的附件，是以《海关合作理事会分类目录》为基础，同时采用了《国际贸易标准分类目录》及欧共体、美国、日本等使用的分类目录的一些内容，经过协调和整合而形成的。

1988 年《协调制度》正式生效，成为全球通用的国际贸易商品分类目录。

1992 年 1 月 1 日，我国正式采用以《协调制度》为基础编制《进出口税则》和《中华人民共和国海关统计商品目录》（以下简称《海关统计商品目录》）。

截至 2020 年，世界上已有 204 个国家、地区和国际组织采用《协调制度》分类目录。

三、归类依据

进出口商品归类依据包括：

1. 《进出口税则》；

2. 《商品及品目注释》；

3. 《本国子目注释》；

4. 海关总署发布的关于商品归类的行政裁定；

5. 海关总署发布的商品归类决定。

四、归类要素

《协调制度》商品编码表，按照一定的规律进行排列，即按照货品的自然属性、生产部类、加工程度、不同用途和商业习惯进行排列。

为便于初学者掌握商品编码表排列结构，编者将上述规律进行了细分，梳理出九种影响编码表排列的因素，并统称其为"归类要素"。

归类要素一般包含在货品的描述之中。因此，学习者应特别注意：仅凭货品的名称是无法准确归类的，必须要从货品描述中分析出与商品编码表各种注释与条文对应的归类要素。归类要素解析如表 1-1 所示。

表 1-1　归类要素解析表

序号	归类要素	注释	范例
1	来源	是指生产某种货品的原料由何而来或从何种物品提取而得的	如天然、养殖、合成、再造
2	状态	是指货品所表现出来的形态或商业形态。 包括： 1. 形状，即商品的形态、状貌、外观等表现形态。 2. 外观，即货品本身实际的外观状态情况，主要指货物的颜色、形状等表观性状	如第二章货品，新鲜、冷藏、冷冻、干的。 如第七十二章货品，盘卷、平板、条、杆、型材、异型材
3	包装	是指为保护、储运货品或促进货品销售，而使用特定材料、技术、方法的形式	如零售包装
4	材质	是指构成商品的材料或原料，即货品主体是用何种材料或原料制成的（成分及含量）	如纺织品中，货品含有何种纺织材料及其重量百分比
5	加工	是指劳动者利用生产工具对各种原材料、半成品进行增值加工或处理，最终使之成为制成品的方法与过程。 包括： 1. 加工程度，即物品在加工过程中经过的具体加工工艺。 2. 加工方法，即使原材料、半成品变得合用或达到某种要求而采用的处理过程，也指改变原材料、毛坯或半成品的形状、尺寸、性质或表面状态，使之达到规定要求的各种形状的方法。货品在申报前经过怎样的处理工艺进行加工 3. 加工工艺，即对某种商品进行加工或处理的方法与过程	如对纺织材料进行色织、染色、漂白

续表

序号	归类要素	注释	范例
6	规格	是指货品尺寸、重量指标或含量指标、所属类型（种类）、商业规格等	如货物的种类：商品根据事物本身的性质或特点而分成的类别。如货品属于什么类型的服装（大衣、内衣、运动衣……） 如幅宽：织物最靠外的两边经纱线间与织物长度方向垂直的距离。 如每平方米克重：货品每平方米的重量
7	功能	是指货品本身具有的原理、作用、能力和功效	如工业机器人，如果某工业机器人具有焊接、喷涂、升降、搬运、切割、零件装配等功能中的两种或两种以上功能，则应作为多功能机器人归入 8479.5010。如果只有其中一种功能，如只具有搬运功能，则应按搬运机器人归入 8428.9040
8	用途	是指货品应用领域、范围或行业	如第一章，活动物，改良种用、食用
9	其他	是指除上述要素外的其他要素	

各类货品应考虑的重点归类要素如表 1-2 所示。

表 1-2　各类货品应考虑的重点归类要素

序号	货品名称	重点归类要素
1	动植物及餐饮类	1. 加工；2. 状态；3. 材质；4. 用途
2	化工类	1. 材质；2. 用途；3. 加工；4. 包装；5. 状态
3	塑料橡胶类	1. 材质；2. 状态；3. 用途；4. 加工；5. 规格
4	纺织类	1. 材质；2. 规格；3. 加工；4. 用途
5	贱金属材料及制品	1. 材质；2. 加工；3. 规格；4. 状态
6	整机	1. 功能；2. 用途；3. 规格
	零件	1. 功能；2. 用途；3. 规格；4. 材质

重要提示

归类要素与申报要素的区别：

1. 归类要素，是指为正确查找商品编码所必需的有关商品信息。

2. 申报要素，是指为满足归类、审价及许可证件管理等海关监管需要，参照《中华人民共和国海关进出口商品规范申报目录》中的要求向海关提交的有关商品信息。

典型案例

案例：马铃薯，新鲜的。

解析：如果仅仅凭"马铃薯"这个商品名称进行归类，则会出现不唯一的税号。而"新鲜的"（制作或保存方法）这一描述，是使货品准确归入某一税号的归类要素。

07.01　　鲜或冷藏的马铃薯

07.10　　冷冻蔬菜

0710.10　－马铃薯

《协调制度》在进出口商品归类中的应用

一、《协调制度》概述

《协调制度》是一部多用途的国际贸易商品目录，我国在此基础上，实现了《进出口税则》和《海关统计商品目录》及进出口贸易管制条件的统一，便利了国际贸易，避免了各工作环节的重新分类和重新编号。

《协调制度》主要由三部分组成：

1. 按系统顺序排列的商品编码表；
2. 类注释、章注释及子目注释；
3. 归类总规则。

二、商品编码表结构

商品编码表由商品编码和商品名称组成。《协调制度》将国际贸易商品分为二十一大类九十七章，其中第七十七章是空章。为方便海关统计，在《海关统计商品目录》中增设了第二十二类，即第九十八章和第九十九章，主要商品包括特殊交易品和未分类商品及新疆棉。

《协调制度》商品编码表主要内容是品目和子目。

商品编码表中的前4位编码（品目）货品名称，称为"品目条文"，主要限定了4位编码所包括商品的名称、规格、成分、用途、加工程度或方式等，是《协调制度》具有法律效力的归类依据。

商品编码表中的5、6位数级货品名称，称为"子目条文"，主要限定了品目条文项下子目所包括具体的商品名称、规格、成分等，也是具有法律效力的归类依据。

我国《进出口税则》在《协调制度》6位编码的基础上增设了第7、8位编码，即我国的本国子目。对一些有特殊规定的商品，我国海关又增设了第9、10位编码。

编码不是简单的顺序号，而是具有一定含义的。

第1、2位表示商品所在的章。

第3、4位表示商品在该章中的税目①。

第5位是一级子目，也称第5位数级编码。

第6位是二级子目，也称第6位数级编码。

同理，第7位、第8位是三、四级子目，也分别称第7位、第8位数级编码。

第5~8位上出现数字"9"，则通常情况下代表未具体列名的商品，即在"9"的前面一般留有空序号，以便修订时增添新商品。

---

① 我国《进出口税则》基于"税"的因素，将4位编码与8位编码分别称为"税目"和"税则号列"，其对应的编码与《协调制度》实质上是一样的。本书统一采用《协调制度》的表述方式，即前4位编码统称"品目"，第5位及以后编码统称"子目"。

例如，"0301.1100　--淡水鱼"：

编码	03	01	1	1	0	0	--淡水鱼
位数含义	第三章	与前两位合称为品目	一级子目	二级子目	三级子目	四级子目	

三、归类总规则

货品在《协调制度》中的归类，应遵循以下规则。

（一）规则一

类、章及分章的标题，仅为查找方便而设；具有法律效力的归类，应按品目条文和有关类注或章注确定，如品目、类注或章注无其他规定，则按以下规则确定。

重要提示

《商品及品目注释》对"规则一"作了如下注释。

一、本《协调制度》系统地列出了国际贸易的货品，将这些货品分为类、章及分章，每类、章或分章都有标题，尽可能确切地列明所包括货品种类的范围。但在许多情况下，归入某类或某章的货品种类繁多，类、章标题不可能将其一一列出，全都包括进去。

二、因此，本规则一开始就说明，标题"仅为查找方便而设"。据此，标题对商品归类不具有法律效力。

三、本规则第二部分规定，商品归类应按以下原则确定：

（一）按照品目条文及任何相关的类、章注释确定；

（二）如品目条文或类、章注释无其他规定，则按规则二、三、四及五的规定确定。

四、以上三（一）规定的已很明确，许多货品无须借助归类总规则的其他条款即可归入《协调制度》中〔例如，活马（品目01.01）、第三十章注释四所述的医药用品（品目30.06）〕。

五、以上三（二）中：

（一）所称"如品目和类、章注释无其他规定"，旨在明确品目条文及任何相关的类、章注释是最重要的，换言之，它们是在确定归类时应首先考虑的规定。例如，第三十一章的注释规定该章某些品目仅包括特定的货品，因此，这些品目就不能够扩大为包括根据规则二（二）的规定可归入这些品目的货品。

（二）所称"按规则二、三、四及五的规定"中提及的规则二是指：

1. 货品报验时为不完整品或未制成品（例如，未装有鞍座和轮胎的自行车），以及

2. 货品报验时为未组装件或拆散件（例如，所有部件一同报验的自行车未组装件或拆散件），其部件可按其自身属性单独归类（例如，外胎、内胎）或者作为这些货品

的"零件"归类。

只要符合规则二（一）的规定，并且品目条文或类、章注释无其他专门规定，上述货品应按完整品或制成品归类。

典型案例

案例： 新鲜的牛肚。

解析： 牛肚，即牛胃。根据保存状态，其看似可以归入 02.06 食用杂碎。但第二章章注二规定该章不包括"二、动物的肠、膀胱、胃（品目 05.04）"。

故新鲜的牛肚应归入子目 0504.0029。

归类时使用了章注、品目条文，因此，归类依据为归类总规则一。

案例： 冷冻薯条（用油初炸过）。

解析： 用油初炸过的冷冻马铃薯条，属于经过加工的食用蔬菜产品。查阅第七章和第二十章的标题及品目条文可知，归入第七章的蔬菜，一般可进行简单加工，如切条、冷冻等，如果经过进一步加工，如用糖或油处理制成的半成品则应考虑归入第二十章。该产品已超出第七章所允许的加工范围，依据品目 20.04 注释"一、马铃薯片或法式马铃薯条，用油炸或半炸后冻藏的"，经油初炸过的冷冻马铃薯条，应归入子目 2004.1000。

归类时使用了品目条文和品目注释，因此，归类依据为归类总规则一。

（二）规则二

（一）品目所列货品，应视为包括该项货品的不完整品或未制成品，只要在报验时该项不完整品或未制成品具有完整品或制成品的基本特征；还应视为包括该项货品的完整品或制成品（或按本款规则可作为完整品或制成品归类的货品）在报验时的未组装件或拆散件。

（二）品目中所列材料或物质，应视为包括该种材料或物质与其他材料或物质混合或组合的物品。品目所列某种材料或物质构成的货品，应视为包括全部或部分由该种材料或物质构成的货品。由一种以上材料或物质构成的货品，应按规则三的原则归类。

重要提示

1.《商品及品目注释》对规则二（一）作了如下注释。

规则二（一）

（不完整品或未制成品）

一、规则二（一）第一部分将所有列出某一些物品的品目范围扩大为不仅包括完整的物品，而且还包括该物品的不完整品或未制成品，只要报验时它们具有完整品或制成品的基本特征。

二、本款规则的规定也适用于毛坯，除非该毛坯已在某一品目具体列名。所称"毛坯"，是指已具有制成品或零件的大概形状或轮廓，但还不能直接使用的物品。除极个别的情况外，它们仅可用于加工成制成品或零件（例如，初制成型的塑料瓶，为管状的中间产品，其一端封闭而另一端为带螺纹的瓶口，瓶口可用带螺纹的盖子封闭，螺纹瓶口下面的部分准备膨胀成所需尺寸和形状）。

尚未具有制成品基本形状的半制成品（例如，常见的杆、盘、管等）不应视为"毛坯"。

三、鉴于第一类至第六类各品目的商品范围，本款规则这一部分的规定一般不适用于这六类所包括的货品。

四、运用本款规则的几个实例，参见有关类、章（例如，第十六类和第六十一章、第六十二章、第八十六章、第八十七章及第九十章）的总注释。

规则二（一）

（物品的未组装件或拆散件）

五、规则二（一）的第二部分规定，完整品或制成品的未组装件或拆散件应归入已组装物品的同一品目。货品以未组装或拆散形式报验，通常是由于包装、装卸或运输上的需要，或是为了便于包装、装卸或运输。

六、本款规则也适用于以组装或拆散形式报验的不完整品或未制成品，按照本规则第一部分的规定，它们可作为完整品或制成品看待。

七、本款规则所称"报验时的未组装件或拆散件"，是指其各种部件仅仅通过紧固件（螺钉、螺母、螺栓等），或通过铆接、焊接等组装方法即可装配起来的物品。

组装方法的复杂性可不予考虑，但其各种部件无须进一步加工成制成品。

某一物品的未组装部件如超出组装成品所需数量的，超出部分应单独归类。

八、运用本款规则的实例，参见有关类、章（例如，第十六类和第四十四章、第八十六章、第八十七章及第八十九章）的总注释。

九、鉴于第一类至第六类各品目的商品范围，本款规则这一部分的规定一般不适用于这六类所包括的货品。

典型案例

案例： 一台未装机箱的电脑主机（指个人电脑，属于微型机），CPU、硬盘、内存、显卡、电源等都已在主板上连接好，散置在桌上，未连接输入输出部件（鼠标、键盘、显示器等）。

解析： 完整电脑主机，归入子目8471.5040，即微型机的"8471.41/49以外的处理部件，不论同一机壳内是否具有一个或两个下列部件：存储部件、输入部件、输出部件"。

机箱对于主机来说，是起固定、防护的作用，没有它，里面的部件也可以正常运作，具备了电脑主机的所有功能。根据规则二（一），散置的无外壳主机也应归入子目8471.5040。

案例： 电视机主板，未连接液晶显示屏。

解析：该主板具备接收电视信号功能，但不具备输出功能，不具备电视机的基本功能，因此不符合规则二（一）条件，应按照彩色液晶电视机的零件归入子目8529.9081。

2. 《商品及品目注释》对规则二（二）作了如下注释。

规则二（二）

（不同材料或物质的混合品或组合品）

十、规则二（二）是关于材料或物质的混合品及组合品，以及由两种或多种材料或物质构成的货品。它所适用的品目是列出某种材料或物质的品目（例如，品目05.07列出"兽牙"）和列出某种材料或物质制成的货品的品目（例如，品目45.03列出"天然软木制品"）。应注意到，只有在品目条文和类、章注释无其他规定的情况下才能运用本款规则（例如，品目15.03列出"液体猪油，未经混合"，这就不能运用本款规则）。

在类、章注释或品目条文中列为调制品的混合物，应按规则一的规定进行归类。

十一、本款规则旨在将列出某种材料或物质的任何品目扩大为包括该种材料或物质与其他材料或物质的混合品或组合品，同时旨在将列出某种材料或物质构成的货品的任何品目扩大为包括部分由该种材料或物质构成的货品。

十二、但是，不应将这些品目扩大到包括按规则一的规定不符合品目条文要求的货品；当添加了另外一种材料或物质，使货品丧失了原品目所列货品特征时，就会出现这种情况。

十三、本规则最后规定，不同材料或物质的混合品及组合品，以及由一种以上材料或物质构成的货品，如果看起来可归入两个或两个以上品目的，必须按规则三的原则进行归类。

典型案例

案例：加有发酵粉的标准面粉（也称自发粉）。

解析：该货品为混合品，但添加发酵粉并未影响标准粉的基本特征，依据规则二（二），应归入品目11.01。

案例：新的混有纤维屑的橡胶制的充气轮胎。

解析：该货品由混合物质构成，即橡胶、纤维屑，但加入纤维屑并未改变橡胶制轮胎的基本特征，依据规则二（二），按照橡胶制轮胎归入品目40.11。

案例：30%的胡椒粉与70%的豆蔻粉的混合物。

解析：该货品由混合物质构成，其中豆蔻粉含量为70%，如果根据基本特征，可按照豆蔻粉归入品目09.08。但根据第九章章注一（二），"不同品目的两种或两种以上产品的混合物应归入品目09.10"。因此，依据规则一，该货品应归入品目09.10。

运用规则二（二）应注意：

1. 类、章注释或品目条文无其他规定；

2. 列名为调制品的混合物，运用归类总规则一归类；

3. 看起来可以归入两个或两个以上品目的货品，运用归类总规则三归类。

（三）规则三

当货品按规则二（二）或由于其他原因看起来可归入两个或两个以上品目时，应按以下规则归类：

（一）列名比较具体的品目，优先于列名一般的品目。但是，如果两个或两个以上品目都仅述及混合或组合货品所含的某部分材料或物质，或零售的成套货品中的部分货品，即使其中某个品目对该货品描述得更为全面、详细，这些货品在有关品目的列名应视为同样具体。

（二）混合物、不同材料构成或不同部件组成的组合物以及零售的成套货品，如果不能按照规则三（一）归类时，在本款可适用的条件下，应按构成货品基本特征的材料或部件归类。

（三）货品不能按照规则三（一）或（二）归类时，应按号列顺序归入其可归入的最末一个品目。

重要提示

1.《商品及品目注释》对规则三作了如下总注释。

一、对于根据规则二（二）或由于其他原因看起来可归入两个或两个以上品目的货品，本规则规定了三种归类方法。这三种方法应按其在本规则的先后次序加以运用。据此，只有在不能按照规则三（一）归类时，才能运用规则三（二）；不能按照规则三（一）和（二）归类时，才能运用规则三（三）。因此，它们的优先次序为：（1）具体列名；（2）基本特征；（3）从后归类。

二、只有在品目条文和类、章注释无其他规定的情况下，才能运用本规则。例如，第九十七章章注四（二）规定，根据品目条文既可归入品目97.01至97.05中的一个品目，又可归入品目97.06的货品，应归入品目97.01至97.05中的其中一个品目。这些货品应按第九十七章注释四（二）的规定归类，而不应根据本规则进行归类。

2.《商品及品目注释》对规则三（一）作了如下注释。

规则三（一）

三、规则三（一）规定了第一种归类方法，它规定列名比较具体的品目优先于列名一般的品目。

四、通过制定几条"一刀切"的规则来确定哪个品目比其他品目列名更为具体是行不通的。但作为一般原则可以这样说：

（一）列出品名比列出类名更为具体（例如，电动剃须刀及电动理发推子应归入品目85.10，而不应作为本身装有电动机的手提式工具归入品目84.67或作为家用电动机械器具归入品目85.09）。

（二）如果某一品目所列名称更为明确地述及某一货品，则该品目要比所列名称不那么明确述及该货品的其他品目更为具体。

后一类货品举例如下：

1. 确定为用于小汽车的簇绒地毯，不应作为小汽车附件归入品目 87.08，而应归入品目 57.03，因品目 57.03 所列地毯更为具体。

2. 钢化或层压玻璃制的未镶框安全玻璃，已制成一定形状并确定用于飞机上。该货品不应作为品目 88.01 或 88.02 所列货品的零件归入品目 88.03，而应归入品目 70.07，因品目 70.07 所列安全玻璃更为具体。

五、但是，如果两个或两个以上品目都仅述及混合或组合货品所含的某部分材料或物质，或零售成套货品中的部分货品，即使其中某个品目比其他品目描述得更为全面、详细，这些货品在有关品目的列名应视为同样具体。在这种情况下，货品的归类应按规则三（二）或（三）的规定加以确定。

典型案例

案例： 汽车用电动雨刮器。

解析： 该货品既可按照"机动车辆零件、附件"归入品目 87.08，也可按照"风挡刮水器"归入品目 85.12。比较这两个品目，后者更具体。

根据规则三（一）具体列名原则，应归入子目 8512.4000。

案例： 数控磨床（品目 84.60）用液压动力装置。

解析： 该货品既可按照"品目 84.56 至 84.65 机器专用零件、附件"归入品目 84.66，又可按照"其他发动机及动力装置"归入品目 84.12。比较这两个品目，后者更具体。

根据规则三（一）具体列名原则，应归入品目 84.12。

案例： 电动洗碟机（外部尺寸 60 厘米×90 厘米×70 厘米）。

解析： 电动洗碟机又称洗碗机，能代替人工洗涤碗、碟、杯、锅等餐具的机器。由外部尺寸为 60 厘米×90 厘米×70 厘米判断，它属于一种家用型，可按机器类归入第八十四章或按家用电动器具归入第八十五章，查阅这两章的相关品目条文，在品目 84.22 列有洗碟机，同时品目 85.09 列有家用电动器具。比较这两个品目，前者更具体。

根据规则三（一），电动洗碟机应归入品目 84.22。

3.《商品及品目注释》对规则三（二）作了如下注释。

规则三（二）

六、第二种归类方法仅涉及：

（一）混合物。

（二）不同材料的组合货品。

（三）不同部件的组合货品。

（四）零售的成套货品。

只有在不能按照规则三（一）归类时，才能运用本款规则。

七、无论如何，在本款可适用的条件下，这些货品应按构成货品基本特征的材料或部件归类。

八、对于不同的货品，确定其基本特征的因素会有所不同。例如，可根据其所含材料或部件的性质、体积、数量、重量或价值来确定货品的基本特征，也可根据所含材料对货品用途的作用来确定货品的基本特征。

九、本款规则所称"不同部件组成的组合物"，不仅包括各部件相互固定组合在一起，构成了实际不可分离整体的货品，还包括其部件可相互分离的货品，但这些部件必须是相互补足，配合使用，构成一体并且通常不单独销售的。

后一类货品举例如下：

（一）由一个带活动烟灰盘的架子构成的烟灰盅。

（二）由一个特制的架子（通常为木制的）及几个形状、规格相配的装调味料的空瓶子组成的家用调味架。

这类组合货品的各件一般都装于同一包装内。

十、本款规则所称"零售的成套货品"，是指同时符合以下三个条件的货品：

（一）由至少两种看起来可归入不同品目的不同物品构成的。因此，例如，六把乳酪叉不能视为本款规则所称的成套货品；

（二）为了迎合某项需求或开展某项专门活动而将几件产品或物品包装在一起的；以及

（三）其包装形式适于直接销售给用户而无须重新包装的（例如，装于盒、箱内或固定于板上）。

据此，它包括由不同食品搭配而成，配在一起调制后可成为即食菜或即食饭的成套食品。

可按规则三（二）的规定进行归类的成套货品举例如下：

（一）1. 由一个夹牛肉（不论是否夹奶酪）的小圆面包构成的三明治（品目16.02）和法式炸土豆片（品目20.05）包装在一起的成套货品。

该货品应归入品目16.02。

2. 配制一餐面条的成套货品，由装于一纸盒内的一包未煮的面条（品目19.02）、一小袋乳酪粉（品目04.06）及一小罐番茄酱（品目21.03）组成。

该货品应归入品目19.02。

但本规则不适用于将可选择的不同产品包装在一起组成的货品。例如：

——一罐小虾（品目16.05）、一罐肝酱（品目16.02）、一罐乳酪（品目04.06）、一罐火腿肉片（品目16.02）及一罐开胃香肠（品目16.01）；

——一瓶品目22.08的烈性酒及一瓶品目22.04的葡萄酒。

对于以上两例所列及类似货品，应将每种产品分别归入其相应品目。

（二）由一个电动理发推子（品目85.10）、一把梳子（品目96.15）、一把剪子（品目82.13）、一把刷子（品目96.03）及一条毛巾（品目63.02）装在一个皮匣子（品目42.02）内所组成的成套理发工具。

该货品应归入品目85.10。

（三）由一把尺子（品目90.17）、一个圆盘计算器（品目90.17）、一个绘图圆规（品目90.17）、一支铅笔（品目96.09）及一个卷笔刀（品目82.14）装在一个塑料片制的盒子（品目 42.02）内所组成的成套绘图器具。

该货品应归入品目 90.17。

以上成套货品应按其构成整套货品基本特征的部件进行归类。

十一、本款规则不适用于按规定比例将分别包装的各种组分包装在一起，供生产饮料等用的货品，不论其是否装在一个共同包装内。

典型案例

案例： 配有起重或搬运装置的工业熔炉。

解析： 熔炉类根据热方式等不同归入品目 84.17（非电热）或 85.14（电热、感应或介质损耗），起重、搬运装置则归入 84.25、84.28、84.79 等品目。如果整个机器两部分是彻底分开的，非紧密接合，则按照熔炉、搬运装置分别归类；如果已装配后密不可分，根据基本特征原则，按照熔炉归类。

案例： 番茄炒蘑菇罐头，按重量计算，其中番茄占 70%、蘑菇占 30%。

解析： 番茄的深加工制品归入品目 20.02，蘑菇的深加工制品归入品目 20.03，该货品番茄含量大于蘑菇含量，番茄构成了该货品的基本特征，所以，该货品应归入品目 20.02。

案例： 一张木制双人床，床头中间镶嵌一个名贵的钟，钟的价值超过床的总价值的 50%。

解析： 虽然钟的价值超过床的总价值的 50%，但是该货品的基本特征是床。依据归类总规则三（二），该货品应按照床归入品目 94.03。

4.《商品及品目注释》对规则三（三）作了如下注释。

规则三（三）

十二、货品如果不能按照规则三（一）或（二）归类时，应按号列顺序归入其可归入的最后一个品目。

典型案例

案例： 等量的大麦与燕麦的混合麦。

解析： 由于大麦与燕麦含量相等，无法确定货物的"基本特征"，此时，应根据规则三（三），从后进行归类，由于燕麦（品目 10.04）列在大麦（品目 10.03）的后面，因此该货物应按照燕麦归入品目 10.04。

重要提示

1. 正确理解"列名具体"。

（1）列出品目比列出类名具体。

例 "电动旅行刮胡刀"看起来可归入下述三个品目，但品目 85.10 列出了品目，其他仅述及类名，因此应归入品目 85.10。

品目 84.67　手提式电动工具
品目 85.09　家用电动器具
品目 85.10　电动剃须刀

（2）如果某一品目所列名称更为明确地述及某一货品，则该品目要比所列名称不那么明确述及该货品的其他品目更为具体。

例　"汽车用挡风玻璃（钢化玻璃，未装配）"在下述两个归类选项中应归入品目 70.07，因为其所列名称更为明确地述及"安全玻璃"。

品目 70.07　钢化或层压玻璃制的安全玻璃
品目 87.08　机动车辆的零件

（3）对具有单一功能的机器设备，在判定具体列名时，可按下述规定操作：

①按功能属性列名的比按用途列名的具体；

②按结构原理、功能列名的比按行业列名的具体；

③同为按用途列名的，则以范围小、关系最直接者为具体。

2. 判断"基本特征"的因素。

①外观形态、结构；

②功能、用途；

③使用的最终目的；

④商业习惯、社会习惯等。

3. 规则三的使用顺序。

规则三必须按照规则三（一）、三（二）、三（三）的顺序依次使用，即首先使用"具体列名"，其次使用"基本特征"，最后使用"从后归类"。

（四）规则四

根据上述规则无法归类的货品，应归入与其最相类似的货品的品目。

重要提示

《商品及品目注释》对规则四作了如下注释。

一、本规则适用于不能按照规则一至三归类的货品。它规定，这些货品应归入与其最相类似的货品的品目中。

二、在按照规则四归类时，有必要将报验货品与类似货品加以比较，以确定其与哪种货品最相类似。所报验的货品应归入与其最相类似的货品的同一品目。

三、当然，所谓"类似"取决于许多因素，例如，货品名称、特征、用途。

（五）规则五

除上述规则外，本规则适用于下列货品的归类：

（一）制成特殊形状或适用于盛装某一或某套物品，适合长期使用的照相机套、乐器盒、枪套、绘图仪器盒、项链盒及类似容器，如果与所装物品同时报验，并通常与所装物品一同出售的，应与所装物品一并归类。但本款不适用于本身构成整个货品基本特征的容器。

（二）除规则五（一）规定的以外，与所装货品同时报验的包装材料或包装容器，如果通常是用来包装这类货品的，应与所装货品一并归类。但明显可重复使用的包装材料和包装容器不受本款限制。

重要提示

1. 《商品及品目注释》对规则五（一）作了如下注释。

规则五（一）

（箱、盒及类似容器）

一、本款规则仅适用于同时符合以下各条规定的容器：

（一）制成特定形状或适用于盛装某一或某套物品的，即按所要盛装的物品专门设计的。有些容器还制成所装物品的特殊形状；

（二）适合长期使用的，即在设计上容器的使用期限与所盛装的物品相称。在物品不使用期间（例如，运输或储藏期间），这些容器还起到保护物品的作用。本条标准使其与简单包装区别开来；

（三）与所装物品一同报验的，不论其是否为了运输方便而与所装物品分开包装。单独报验的容器应归入其相应品目；

（四）通常与所装物品一同出售的；以及

（五）本身并不构成整个货品基本特征的。

二、与所装物品一同报验并可按照本规则进行归类的容器的举例如下：

（一）首饰盒及箱（品目71.13）；

（二）电动剃须刀套（品目85.10）；

（三）望远镜盒（品目90.05）；

（四）乐器盒、箱及袋（例如，品目92.02）；

（五）枪套（例如，品目93.03）。

三、本款规则不包括某些容器，例如，装有茶叶的银质茶叶罐或装有糖果的装饰性瓷碗。

典型案例

案例：用贵金属制成的镶嵌有宝石的装有小饰物的盒子。

解析：无论从价值上还是制作规格上，这个盒子已经构成了自己本身的基本特征，故应与所装物品分别归类。

2. 《商品及品目注释》对规则五（二）作了如下注释。

规则五（二）

（包装材料及包装容器）

四、本款规则对通常用于包装有关货品的包装材料及包装容器的归类作了规定。

但明显可重复使用的包装材料和包装容器，例如，某些金属桶及装压缩或液化气体的钢铁容器，不受本款限制。

五、规则五（一）优先于本款规则，因此，规则五（一）所述的箱、盒及类似容器的归类，应按该款规定确定。

典型案例

案例： 装液化石油气的钢瓶。

解析： 由于明显可以重复使用，应该根据制造材料单独归类。

重要提示

对"明显可以重复使用"的理解，不能从节约或者违法的角度思考，只能按照《协调制度》的规定去思考。例如，酒瓶、油瓶、电器的包装盒等，虽能再利用，但不能按照本规则单独归类。

（六）规则六

货品在某一品目项下各子目的法定归类，应按子目条文或有关的子目注释以及以上各条规则（在必要的地方稍加修改后）来确定，但子目的比较只能在同一数级上进行。除条文另有规定的以外，有关的类注、章注也适用于本规则。

重要提示

《商品及品目注释》对规则六作了如下注释。

一、以上规则一至五在必要的地方稍加修改后，可适用于同一品目项下的各级子目。

二、规则六所用有关词语解释如下：

（一）"同一数级"子目，是指五位数级子目（一级子目）或六位数级子目（二级子目）。

据此，当按照规则三（一）规定考虑某一物品在同一品目项下的两个或两个以上五位数级子目的归类时，只能依据对应的五位数级子目条文来确定哪个五位数级子目所列名称更为具体或更为类似。选定了哪个五位数级子目列名更为具体后，该子目本身又再细分了六位数级子目，只有在这种情况下，才能根据有关的六位数级子目条文考虑物品应归入这些六位数级子目中的哪个子目。

（二）"除条文另有规定的以外"，是指"除类、章注释与子目条文或子目注释不相一致的以外"。

例如，第七十一章注释四（二）所规定"铂"的范围与子目注释二所规定"铂"的范围不同，因此，在解释子目7110.11及7110.19范围时，应采用子目注释二，而不应考虑该章注释四（二）。

三、六位数级子目的范围不得超出其所属的五位数级子目的范围；同样，五位数级子目的范围也不得超出其所属品目的范围。

典型案例

案例：可与电脑连接的多功能激光复印一体机（可打印、复印和传真）。

解析：查《进出口税则》列目，如下所示，根据规则六"同级可比"的原则，该货品应归入子目 8443.3190。

84.43	用品目 84.42 的印刷用版（片）、滚筒及其他印刷部件进行印刷的机器；其他打印机、复印机及传真机，不论是否组合式；上述机器的零件及附件：
8443.1	一用品目 84.42 的印刷用版（片）、滚筒及其他印刷部件进行印刷的机器：
8443.3	一其他印刷（打印）机、复印机及传真机，不论是否组合式：
8443.31	一一具有印刷（打印）、复印或传真中两种及以上功能的机器，可与自动数据处理设备或网络连接：
8443.3110	一一一静电感光式
8443.3190	一一一其他
8443.32	一一其他，可与自动数据处理设备或网络连接：
8443.39	一一其他
8443.3911	一一静电感光复印设备
8443.9	一零件及附件：

案例：木制衣箱。

解析：木制衣箱属于木制品，同时又属于衣箱类商品。因此，可考虑按第四十四章的木制品或第四十二章的衣箱类归类，但依据第四十四章章注一（五）规定，第四十四章不包括品目 42.02 的物品。因此，木制的衣箱应归入品目 42.02。

进一步确定子目，品目 42.02 下的五位数字目列出了"衣箱"（子目 4202.1）、"手提包"（子目 4202.2）等四个子目，同级比较后将木制衣箱归入子目 4202.1"衣箱"项下，然后在子目 4202.1 项下再作同级比较。

子目 4202.1 项下列出了三个子目，即"用皮革作面的"（子目 4202.11）、"用塑料或纺织材料作面的"（子目 4202.12）、"用其他材料制的"（子目 4202.19）衣箱。

因此，木制衣箱应按"其他材料制的"归入子目 4202.1900。

重要提示

1. 注释。

《协调制度》中的注释是解释说明性的规定。

类注，位于类标题下，对类进行规定限制和说明，如图 1-1 所示。

第一类 活动物；动物产品

注释：

　　一、本类所称的各属种动物，除条文另有规定的以外，均包括其幼仔在内。

　　二、除条文另有规定的以外，本目录所称干的产品，均包括经脱水、蒸发或冷冻干燥的产品。

图1-1　类注示例

章注，位于章标题下，对章进行规定、限制和说明，如图1-2所示。

第一章 活动物

注释：

　　本章包括所有活动物，但下列各项除外：

　　一、税目03.01、03.06、03.07或03.08的鱼、甲壳动物、软体动物及其他水生无脊椎动物；

　　二、税目30.02的培养微生物及其他产品；以及

　　三、税目95.08的动物。

图1-2　章注示例

子目注释，一般位于类注、章注或章标题下，对子目进行规定、限制和说明，如图1-3所示。

子目注释：

　　所称"硬粒小麦"，是指硬粒小麦属的小麦及以该属具有相同染色体数目（28）的小麦种间杂交所得的小麦。

图1-3　子目注释示例

注释是为限定《协调制度》中各类、章、品目和子目所属货品的准确范围，简化品目和子目条文文字，杜绝商品分类的交叉，保证商品归类的正确而设立的。

注释主要单独或综合运用下列方式。

（1）详列货品名称、加工方式等，用提示的方法方便归类。

采用此种方式的注释主要有两种表现形式：

①限定品目及子目货品范围。

为限定货品范围而设定的注释通常采用逐一列举某一（或某些）品目包括的所有货品的方式，在表述时多有"仅""只"等限定性字眼。例如，第三十一章章注二逐一列举了品目31.02只适用的4类货品，从而限定了品目31.02所属化肥的品种范围。

②避免归类错误等作用。

为发挥预警作用，避免产生错误归类而设的注释，通常采用详细列举某一（或某些）品目包括的容易发生归类错误的货品，常用"包括"等词语。如第七章章注二详细列举了品目07.09、07.10、07.11及07.12包括的容易发生归类错误的蔬菜名称，从而起到预警作用，减少发生归类错误的可能。

（2）列举典型货品名称或允许加工方式等，用以说明货品含义，以便用类比的方法进行商品归类。如第四十九章章注四（一）列举了品目49.01包括的货品，使归类

时有了参照物。

（3）用排他条款详列或列举不得归入本类、章、品目及子目的货品名称，或不允许采用的加工方式等，杜绝商品归类错误的发生。

如第六十七章章注一详列了不得归入该章的6类货品；第四十八章章注一（十五）列举了不得归入该章的第九十五章货品玩具等。

（4）用定义形式明确商品法律归类时的含义。此定义常常与传统的商品定义不完全相同。

如第五十二章子目注释对粗斜纹布所下的定义。

（5）改变货品名称概念，扩大或缩小货品范围。

如第五章章注四改变了"马毛"的概念，扩大了本目录中马毛的范围。

（6）解释类、章及品目和子目条文中使用的名词。

如第十一类子目注释解释了该类子目中使用的10个名词。

（7）阐述货品归类规定。

如第十一类类注二，规定了由两种或两种以上纺织材料混合制成的货品的归类原则。

注释也是具有法律效力的商品归类依据，除另有说明外，一般只限于使用在相应的类、章、品目及子目；在有说明时注释可超出通常的使用范围。例如，第十五类类注二规定了通用零件的范围和应归入的品目，该注释所述通用零件即使只适合使用于其他类的机器，也应归入第十五类相应品目。

2. 规则六的两层含义。

（1）规定了货品在子目级归类的法律依据是子目条文和子目注释，如果子目条文或子目注释没有规定时，可按类注、章注及以上各条规则的有关规定办理。这就说明当对货品进行子目归类时，首先要按照子目条文和子目注释的规定进行，其次才按照类注、章注及以上各条规则的规定办理。

例如：硬粒小麦（品目10.01）。第十章的子目注释规定，所称"硬粒小麦"，是指硬粒小麦属的小麦及以该属具有相同染色体数目（28）的小麦种间杂交所得的小麦。根据此项子目注释，可确定品目10.01硬粒小麦的范围，而不再考虑章注和类注。

（2）货品归入子目时，比较哪个子目描述得更具体详细，只能在同一品目项下的一级子目之间进行比较或同级子目项下的二级子目、三级子目、四级子目之间进行比较。应注意的问题是，不能在不同级子目之间比较，而应按一、二、三、四级子目的顺序比较。

例如：进口注模。子目8480.4110和8480.7110，其二级子目都是"注模"。归类时，应先根据注模的具体用途，在一级子目上比较，子目8481.4是金属、硬质合金用型模，子目8480.7是塑料或橡胶用型模，可根据具体用途归入适当子目。

3. 归类总规则中各规则的适用顺序（如图1-4所示）。

图1-4　归类总规则中各规则的适用顺序

4. 运用注释归类时的注意事项。

（1）品目归类，类注、章注和品目条文居于同等优先使用的地位，即同时使用。

（2）子目归类，优先使用子目注释，其次是章注和类注，即三者发生矛盾时服从于子目注释。

第二篇

归类技能篇
GUILEI JINENG PIAN

第一类　活动物；动物产品

第一章　活动物

一、本章概述

本章共有6个品目，按照畜、家禽和其他活动物的顺序排列。

二、类注及章注要点

应注意本章不包括的货品。

三、归类要点

1. 一些不叫"鱼"的水生动物应归入本章，如鲸、海豚、海豹、海狮、海象等水生哺乳动物，以及龟、水蛙、蛙等。

2. 一些名为"鱼"的水生动物，实际不属于鱼类，应归入其他品目，如墨鱼、鱿鱼、章鱼、鲍鱼等。

典型案例

案例： 供食用的活鸭，200克。

解析： 归类过程如下。

1. 确定品目。

（1）活鸭，可归入第一章。

（2）类注、章注无其他规定。

（3）鸭属于家禽，归入品目01.05。

2. 确定子目。

（1）比较两个一级子目，"重量不超过185克"和"其他"。

案例描述为200克，即不能归入子目0105.1，而归入子目0105.9。

（2）比较两个二级子目，"鸡"和"其他"。

应归入"其他"，即子目0105.99。

（3）比较两个三级子目，"改良种用"和"其他"。

案例描述为供食用，排除了改良种用，应归入子目0105.999。

（4）比较四个四级子目，"鸭""鹅""珍珠鸡"和"火鸡"。

按列名归入"鸭"，即子目0105.9991。

重要提示

注意对"其他"的理解。其中，一级子目中的"其他"，是针对"重量不超过185克"而言，指重量超过185克。

第二章　肉及食用杂碎

一、本章概述

本章共有10个品目，按照具体列名的畜肉、具体列名畜的食用杂碎、家禽肉及食用杂碎、其他动物肉及食用杂碎的顺序排列。

二、类注及章注要点

1. 应注意本章不包括的货品。

2. 杂碎的归类

（1）主要供人食用的杂碎［例如，头及头块（包括耳）、脚、尾、心、舌、厚横膈膜、薄横膈膜、胎膜、咽喉、胸腺］。

上述鲜、冷、冻、干、熏、盐腌或盐渍的杂碎，除不适合供人食用的应归入品目05.11以外，其余均归入本章。

（2）专供制药用的杂碎（例如，胆囊、肾上腺、胎盘）。

上述杂碎，如为鲜、冷、冻或用其他方法临时保藏的，归入品目05.10；如经干制的则归入品目30.01。

（3）既可供人食用，又可供制药用的杂碎（例如，肝、肾、肺、脑、胰腺、脾、脊髓、卵巢、子宫、睾丸、乳房、甲状腺、脑下腺）。

上述杂碎，其归类如下。

①临时保藏（例如，用甘油、丙酮、酒精、甲醛、硼酸钠临时保藏）以供药用的，归入品目05.10。

②干制的归入品目30.01。

③适合供人食用的，归入本章；不适合供人食用的，归入品目05.11。

④可供人食用或有其他用途的杂碎（例如，皮张，供制革用）。

上述杂碎，如果适合供人食用的可归入本章；如果不适合供人食用的一般归入品目05.11或第四十一章。

3. 动物（鱼除外）的肠、膀胱、胃不论是否可供食用，均归入品目05.04。

三、归类要点

本章与第十六章的肉及食用杂碎的区别如下。

1. 本章仅包括下列状态的肉及食用杂碎（不论其是否烫洗或作类似处理，但未经烹煮的）：

（1）鲜的（包括运输途中用盐临时保藏的肉及食用杂碎）。

（2）冷的，即产品温度一般降至0℃左右，但未冻结的。

（3）冻的，即冷却到产品的冰点以下，使产品全部冻结的。

（4）盐腌、盐渍、干制或熏制的。

表面上撒糖或糖水腌的肉及食用杂碎，也归入本章。

以上第（1）至（4）所述的肉及食用杂碎，不论是否用解朊酶（例如，木瓜酶）进行过嫩化处理，也不论是否切割、剁碎（绞碎），均归入本章。此外，本章内不同品目产品的混合（组合）物（例如，品目02.07的家禽肉用品目02.09的肥猪肉包裹）仍归入本章。

2. 不能归入本章任何品目的肉及食用杂碎应归入第十六章，如：

（1）香肠及类似产品，不论是否烹煮（品目16.01）。

（2）用任何方法烹煮（煮、蒸、烤、炸、炒）及用非本章所列加工方法制作或保藏的肉或食用杂碎，包括仅用面糊或面包屑包裹、加香蕈或用胡椒和盐等调味的肉及食用杂碎，以及肝酱（品目16.02）。

本章还包括适合供人食用的肉及食用杂碎细粉或粗粉，不论其是否经烹煮。

本章的肉及食用杂碎，即使经密封包装（例如，听装干肉），也归入本章。但在大多数情形下，密封包装的产品一般用本章各品目所列加工范围以外的方法制作或保藏。因此，它们应归入第十六章。

本章的肉及食用杂碎，经过改性空气包装（MAP）加工方法包装的，仍归入本章（例如，鲜或冷藏的牛肉）。在采用MAP方法进行加工时，产品周围的气体已被改变或受到控制（例如，通过抽去或减少氧气的含量，并将其置换成氮气或二氧化碳，或增加氮气或二氧化碳的含量）。

典型案例

案例：新鲜的鸭肠。

解析：归类过程如下。

1. 确定品目。

（1）看似可以按照食用杂碎归入第二章。

（2）第二章章注二"本章不包括动物肠"。

（3）归入品目05.04。

2. 确定子目。

（1）比较三个三级子目。

不能将肠误归入肠衣（用作填充香肠和灌肠的外衣）。

（2）应归入"其他"，即子目0504.0090。

重要提示

注意第二章章注二。

第三章　鱼、甲壳动物、软体动物及其他水生无脊椎动物

一、本章概述

本章共有 8 个品目，按照鱼、甲壳动物、软体动物及其他水生无脊椎动物的顺序排列。本章包括所有活的或死的鱼、甲壳动物、软体动物及其他水生无脊椎动物。这些动物可供直接食用、工业用（罐头工业等）、产卵用或观赏用。

二、类注及章注要点

应注意本章不包括的货品。

三、归类要点

（一）品目 03.05

熏鱼在熏制前或熏制中（热熏）有时进行热处理，使鱼肉部分或全部煮熟，如果未经其他任何使其失去熏鱼特征的加工，其归类不受影响，仍归入本品目。

干制、盐腌、盐渍或熏制的已与鱼身其他部分分离的食用鱼杂碎［例如，鱼皮、鱼尾、鱼鳔、整个或半个鱼头（带或不带脑、颊、舌、眼、颌或唇）、鱼胃、鱼鳍］，以及鱼肝和鱼卵也归入本品目。

（二）品目 03.06

本品目包括不完整的甲壳动物（例如，龙虾及淡水小龙虾的"尾部"、蟹钳），只要这些去壳产品的加工方法未超出规定范围。

本品目还包括适合供人食用的甲壳动物的粗粉、细粉及团粒。

（三）品目 03.07

软体动物的主要品种是牡蛎（蚝）、海扇、贻贝、墨鱼、鱿鱼、章鱼、蜗牛、螺、蛤、鸟蛤、舟贝及鲍鱼。

本品目还包括蚝卵（即养殖用的牡蛎苗）和适于供人食用的软体动物的粗粉、细粉及团粒。

（四）品目 03.08

水生无脊椎动物的主要品种是海胆、海参及海蜇。

本品目还包括适于供人食用的水生无脊椎动物的粗粉、细粉及团粒。

典型案例

案例：熏制大西洋鲑鱼片（切成片洗净后烹煮、盐腌再熏制后装袋）。
解析：归类过程如下。
1. 该货品可考虑归入第三章和第十六章。
2. 根据 03.05 品目条文，熏制的鱼不属于复杂加工的制品。
3. 根据列名归入子目 0305.4110。

重要提示

注意加工程度；品目 03.05 项下的鱼，也包括鱼片。

第四章　乳品；蛋品；天然蜂蜜；其他食用动物产品

一、本章概述

本章共有 10 个品目，按照乳、乳品、禽蛋、天然蜂蜜和其他品目未列名的食用动物产品的顺序排列。

二、类注及章注要点

1. 应注意本章不包括的货品。
2. 乳清经浓缩并加入乳或乳脂制成的产品，若同时具有下列三种特性，则视为乳酪归入品目 04.06：
（1）按干重计乳脂含量在 5% 及以上的。
（2）按重量计干质成分至少为 70%，但不超过 85% 的。
（3）已成型或可以成型的。

三、归类要点

（一）品目 04.01

本品目的产品可以是冰冻的，也可以含有本章章注所述的添加剂。本品目还包括从成分上看其质和量都与天然产品完全一样的再造乳及奶油。

（二）品目 04.02

本品目包括浓缩（如蒸发）、加糖或其他甜物质的乳（本章章注一所规定的乳）及奶油，不论是否液状、浆状或固体（块、粉或粒），也不论是否经保藏或再造。

奶粉可含有添加的少量淀粉（重量不超过 5%）。添加淀粉主要是为了保持再造乳的正常物理状态。

本品目不包括加可可或其他香料的乳品饮料（品目 22.02）。

（三）品目 04.10

本品目包括下列适合供人食用的《协调制度》未列名的动物产品：

鳖或海龟蛋，即河鳖或海龟所产的蛋，鲜、干或用其他方法保藏的。

海龟蛋油不归入本品目（品目 15.06）。

本品目不包括液态或干制的动物血，不论是否可供食用（品目 05.11 或 30.02）。

典型案例

案例：全脂奶粉，脂肪含量 23%，未加糖，450 克/袋。

解析：奶粉是由动物的液态乳经浓缩而成，故符合品目 04.02"浓缩、加糖或其他甜物质的乳及奶油"的规定（注意：这里只需要满足"浓缩"与"加糖或其他甜物质"两个条件中的一个即可），故应归入品目 04.02。

然后根据"粉状、脂肪含量 23%"的条件归入一级子目"粉状、粒状或其他固体形态，按重量计脂肪含量超过 1.5%"。再根据"未加糖"的条件归入二级子目"未加糖或其他甜物质"。故应归入子目 0402.2100。

第五章　其他动物产品

一、本章概述

本章共有 11 个品目，作为本类兜底的章，主要包括各种未经加工或仅经过简单加工的、其他章不包括的通常不供食用的动物产品。但动物的肠、胃、膀胱及动物血，无论是否供人食用均归入本章。

二、类注及章注要点

1. 应注意本章不包括的货品。

2. 仅按长度而未按发根和发梢整理的人发，视为未加工品，归入品目 05.01。

3. 《协调制度》所称"兽牙"，是指象、河马、海象、一角鲸和野猪的长牙、犀角及其他动物的牙齿。

4. 《协调制度》所称"马毛"，是指马科、牛科动物的鬃毛和尾毛。

三、归类要点

（一）品目 05.04

本品目包括动物的肠、膀胱及胃（品目 05.11 所列鱼的内脏除外），不论是否整个或切块，也不论可否供食用或鲜、冷、冻、干、熏、盐腌或盐渍的。但经其他加工或保藏的不归入本品目（一般归入第十六章）。

肠主要用于制香肠肠衣，也可用于制无菌外科肠线（品目 30.06）、网球拍弦（品目 42.06）或乐器弦（品目 92.09）。

本品目也不包括将皮纤维浆挤出后，用甲醛和苯酚溶液硬化的"人造肠"（品目 39.17）及将破裂天然肠胶合在一起的"人造"肠（品目 42.06）。

（二）品目 05.10

本品目包括：

1. 制造器官治疗药品用的动物腺体及其他动物器官（例如，胰腺、睾丸、卵巢、胆囊、甲状腺、脑下腺等），其性质或制作方法不适合供人食用，鲜、冷、冻或为了运输、储存需要用其他方法临时保藏（例如，浸在甘油、丙酮或酒精中）。

干制或萃取产品不归入本品目（品目 30.01）。

2. 不论是否干制的胆汁（胆汁精除外，品目 30.01）。

本品目不包括制成干片后用安瓿封装的蛇或蜂的毒液（品目 30.01）。

第二类 植物产品

第六章 活树及其他活植物；鳞茎、根及 类似品；插花及装饰用簇叶

本章共有 4 个品目，按照鳞茎、活植物、花束和装饰用叶的顺序排列。

本章不包括品目 12.12 的根。本章不包括种子和水果及某些不能区别其为食用或种植用的块茎、鳞茎（例如，马铃薯、洋葱、青葱及大蒜）。

主要用作香料、药料、杀虫、杀菌或类似用途的花、花瓣及花蕾，如果其报验时的状态已不适合制花束或作装饰用，不能归入本品目（品目 12.11）。本品目也不包括品目 97.01 的拼贴画及类似的装饰板。

品目 06.04 包括明显不适合再栽种（如根被锯除或根被沸水灼死）的天然圣诞树。

第七章 食用蔬菜、根及块茎

一、本章概述

本章共有 14 个品目，按照列名蔬菜、冷冻蔬菜、干蔬菜、干豆、根及块茎的顺序排列。这些蔬菜可以是鲜的、干的、冷藏的、冷冻的，或经临时保藏处理的。

二、类注及章注要点

1. 应注意本章不包括的货品。

2. 品目 07.09、07.10、07.11 及 07.12 所称"蔬菜"，包括食用的蘑菇、块菌、油橄榄、刺山柑、菜葫芦、南瓜、茄子、甜玉米、辣椒、茴香菜、欧芹、细叶芹、龙蒿、水芹、甜茉乔栾那。

3. 品目 07.12 包括干制的归入品目 07.01 至 07.11 的各种蔬菜，但下列各项除外：

（1）作蔬菜用的脱荚干豆（品目 07.13）。

（2）品目 11.02 至 11.04 所列形状的甜玉米。

（3）马铃薯细粉、粗粉、粉末、粉片、颗粒及团粒（品目 11.05）。

（4）用品目 07.13 的干豆制成的细粉、粗粉及粉末（品目 11.06）。

三、归类要点

1. 马铃薯的归类。

（1）鲜或冷藏的马铃薯，归入品目 07.01。

（2）冻藏的马铃薯，归入品目 07.10。

（3）简单干燥、脱水的马铃薯，归入品目 07.12。

（4）马铃薯粗粉、细粉，归入品目 11.05。

（5）马铃薯淀粉，归入品目 11.08。

（6）进一步加工的马铃薯制品，归入第四类。

2. 甜玉米的归类。

新鲜甜玉米不应按照谷物类玉米归入品目 10.05，而作为蔬菜归入品目 07.09。

3. 本章的蔬菜，包括本章章注二所列各种蔬菜，可以不论是否鲜、冷、冻（未烹煮、蒸或水煮）、干（包括脱水、蒸干或冻干）或经临时保藏处理的。必须注意，某些干制或研粉的蔬菜，虽有时用作香料，但仍归入品目 07.12。

除条文另有规定的以外，本章的蔬菜可以是完整的，也可以是切片、切碎、切丝、捣碎、磨碎、去皮或去壳的。

本章还包括某些鲜、冷、冻或干的高淀粉或高菊粉块茎及块根，不论是否切片或制成团粒。

4. 报验时不属于本章任何品目所列状态的蔬菜，应归入第十一章或第四类。例如，干豆的细粉、粗粉及粉末和马铃薯的细粉、粗粉、粉末、粉片、颗粒及团粒归入第十一章，超出本章所列加工方法制作或保藏的蔬菜归入第二十章。

5. 本身经均化的产品不能作为本章产品归类，而应归入第二十章的制品。本章的蔬菜即使用密封容器包装（例如，听装洋葱粉），仍应归入本章。但多数这类包装的产品都经过超出本章各品目所列加工方法制作或保藏，因此不能归入本章（第二十章）。

本章的产品经过改性空气包装（MAP）加工方法包装的，仍归入本章（如鲜或冷藏的蔬菜）。

第八章　食用水果及坚果；柑橘属水果或甜瓜的果皮

一、本章概述

本章共有 14 个品目，主要包括食用的水果、坚果及柑橘属水果的果皮或甜瓜皮。本章产品的加工程度可以是鲜的、干的、冷藏的、冷冻的，或经临时保藏处理的；也可以是完整的，或切片、切丝、去皮、去核、磨碎和捣浆。

二、类注及章注要点

1. 本章不包括非供食用的坚果或水果。

2. 冷藏的水果和坚果应按相应的鲜果品目归类。

3. 本章的干果可以部分复水或为下列目的进行其他处理，但必须保持干果的特征：

（1）为保藏或保持其稳定性（例如，经适度热处理或硫化处理、添加山梨酸或山梨酸钾）。

（2）为改进或保持其外观（例如，添加植物油或少量葡萄糖浆）。

三、归类要点

1. 本章产品经过加工成粉状的，归入品目 11.06。

2. 超出上述方法制作或保藏的食用水果、坚果、甜瓜皮及柑橘属的果皮，归入第二十章。

3. 烘焙果实及坚果（例如，栗子、杏仁及无花果），不论是否磨碎，一般用作咖啡代用品，归入品目 21.01。

4. 本章的水果及坚果即使用密封包装（例如，听装梅脯或干坚果），仍应归入本章。

5. 本身经均化的产品不能作为本章产品归类，而应归入第二十章的制品。

第九章　咖啡、茶、马黛茶及调味香料

一、本章概述

本章共有 10 个品目，按照咖啡、茶、马黛茶和调味香料的顺序排列。这些产品可以是完整的，也可以是捣碎或制成粉状的。

二、类注及章注要点

1. 品目 09.04 至 09.10 所列产品的混合物，应按下列规定归类：

（1）同一品目的两种或两种以上产品的混合物仍应归入该品目。

（2）不同品目的两种或两种以上产品的混合物应归入品目 09.10。

品目 09.04 至 09.10 的产品，如添加了其他物质，只要所得的混合物保持了原产品的基本特性，其归类应不受影响。基本特性已经改变的，则不应归入本章；构成混合调味品的，应归入品目 21.03。

2. 本章包括由归入不同章（例如，第七章、第九章、第十一章、第十二章）的香料作物及其部分品、香料子仁或香料果实（完整、切开、捣碎、磨碎或研粉）组成的混合物。这些混合物可直接用作饮料香精或用于制造饮料的调制精汁，并且：

（1）其基本特征来源于品目 09.04 至 09.10 中某一品目所列的一种或多种产品（酌情归入品目 09.04 至 09.10）。

（2）其基本特征来源于品目 09.04 至 09.10 所列两种及两种以上产品的混合物（品目 09.10）。

3. 本章不包括：

（1）虽能用作调味香料，但多用于制造香料及药物的某些果实、子仁及植物部分（品目 12.11）（例如，肉桂果、迷迭香、野茉乔栾那、罗勒、琉璃苣、海索草、各种薄荷、芸香及鼠尾草）。

（2）混合调味品（品目 21.03）。

三、归类要点

（一）品目09.01

本品目不包括：

1. 咖啡蜡（品目15.21）。

2. 咖啡精汁或浓缩物（有时称为"速溶咖啡"）及以这些汁、精或浓缩物为基本成分的制品；不含咖啡的焙炒咖啡代用品（品目21.01）。

3. 咖啡碱，即咖啡中的生物碱（品目29.39）。

（二）品目09.02

品目09.02的茶，包括从茶属（山茶属）植物获得的各种不同的茶。

绿茶主要是鲜茶叶经加热、揉捻、干燥等工序制得。红茶则是先将茶叶揉捻、发酵，然后再烘焙或干燥制得。

本品目也包括半发酵的茶（例如，乌龙茶）。

本品目还包括茶花、茶芽、茶渣、结成小球或小片的茶末（叶、花、芽的碎末）及压制成各种形状和尺寸的茶。

在蒸制过程（例如，发酵过程）加入精油（例如，柠檬油或佛手柑油）、人造香精（可呈晶体状或粉末状）、各种芳香植物的某部分或果实（例如，茉莉花、干橙皮或干丁香）的茶，也应归入本品目。

带有预防或治疗性质的药用茶，归入品目30.03。

本品目包括浸除咖啡碱的茶，但不包括咖啡碱本身（品目29.39）。

本品目不包括虽名为"茶"，但却不是用茶属植物的叶制得的产品，例如：

1. 马黛茶（巴拉圭茶）（品目09.03）。

2. 供制草本植物浸泡剂或草本植物"茶"的产品。它们应归入品目08.13、09.09、12.11或21.06等。

3. 人参"茶"（一种掺乳糖或葡萄糖的人参精混合品）（品目21.06）。

典型案例

案例：八角茴香辣椒粉（八角茴香粉90%，辣椒粉10%）。

解析：本货品属于调味品，故可考虑第九章和第二十一章品目21.03。

第九章章注有如下说明："一、品目09.04至09.10所列产品的混合物，应按下列规定归类：……（二）不同品目的两种或两种以上产品的混合物应归入品目09.10。

品目09.04至09.10的产品［或上述（一）或（二）项的混合物］如添加了其他物质，只要所得的混合物保持了原产品的基本特性，其归类应不受影响。基本特性已经改变的，则不应归入本章；构成混合调味品的，应归入品目21.03。"

因此，本货品不属于品目21.03，应归入子目0910.91。

第十章 谷 物

一、本章概述

本章共有 8 个品目，按照列名的谷物顺序排列。

二、类注及章注要点

除稻谷外，其他谷物的加工程度不能超出脱粒加工的范围。

本章仅包括谷物，不论是否成捆或成穗。从未成熟的谷类植物打下的带壳谷粒按普通谷粒归类。新鲜谷物（第七章的甜玉米除外），不论是否适合作蔬菜用，仍归入本品目。

去壳、碾磨、上光、磨光、半熟或破碎的稻米，如果未经其他加工，仍归入品目10.06。但其他谷物，如果去壳或经其他加工，例如，经品目 11.04 所列的加工，则不归入本章。

第十一章 制粉工业产品；麦芽；淀粉；菊粉；面筋

一、本章概述

本章共有 9 个品目，按照谷物粉、经其他加工的谷物、马铃薯粉、干豆粉、果粉、麦芽、淀粉、面筋的顺序排列。

二、类注及章注要点

1. 表 2-1 所列谷物碾磨产品按干制品重量计如果同时符合以下两个条件，应归入本章；但是，整粒、滚压、制片或磨碎的谷物胚芽均归入品目 11.04：

（1）淀粉含量（按修订的尤艾斯旋光法测定）超过表 2-1 第（2）列的比例；以及

（2）灰分含量（除去任何添加的矿物质）不超过表 2-1 第（3）列的比例。否则，应归入品目 23.02。

表 2-1　谷物碾磨产品归类比照表

谷物 (1)	淀粉含量 (2)	灰分含量 (3)	通过下列孔径筛子的比率	
			315 微米（4）	500 微米（5）
小麦及黑麦	45%	2.5%	80%	—
大　麦	45%	3%	80%	—
燕　麦	45%	5%	80%	—
玉米及高粱	45%	2%	—	90%
大　米	45%	1.6%	80%	—
荞　麦	45%	4%	80%	—

2. 应注意第十章章注二（二）的规定。

三、归类要点

本章商品范围包括：碾磨或经其他方法加工第十章的谷物及第七章的甜玉米所得的产品（如细粉、粗粉、粗粒、细粒、团粒，以及经去壳、滚压、制片、制成粒状、切片或粗磨的谷物）；将第十章的谷物按本章所列其他方法（如发芽、提取淀粉或面筋）加工的产品，以及将其他章的原料（如干豆、马铃薯、果实等）用类似上述方法加工的产品。

这些产品如果再进一步加工，一般归入第十九章。

品目 11.08 不包括：

1. 品目 19.01 的淀粉制品。

2. 以淀粉制得的珍粉及其代用品。

3. 制成香粉及盥洗用品的淀粉（第三十三章）。

4. 品目 35.05 的糊精及其他改性淀粉。

5. 以淀粉为基料的胶（品目 35.05 或 35.06）。

6. 用淀粉制成的上光料或浆料（品目 38.09）。

7. 分离淀粉所得的离析支链淀粉及离析直链淀粉（品目 39.13）。

典型案例

案例：小麦胚芽，400 克/罐。加工方法是新鲜采收，低温烘焙。功效是富含维生素 E，帮助补充体力、养颜美容。

解析：该小麦胚芽经低温烘焙，属于干燥处理，故应按列名归入品目 11.04 "谷物胚芽，整粒、滚压、制片或磨碎"。然后再按照列名归入子目 1104.3000。

第十二章　含油子仁及果实；杂项子仁及果实；工业用或药用植物；稻草、秸秆及饲料

一、本章概述

本章共有 14 个品目，按照含油子仁及果实、种植用的种子、工业用或药用植物、稻草及秸秆、青饲料的顺序排列。本章主要包括具有特定用途、主要作为各种工业原料用的植物产品。

"大豆"相关的货品归类如图 2-1 所示。

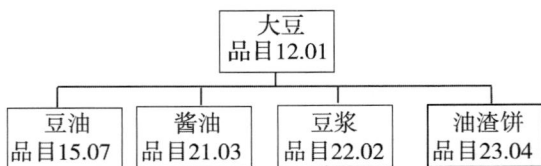

图 2-1　"大豆"相关的货品归类

二、类注及章注要点

1. 品目 12.07 主要包括油棕果及油棕仁、棉子、蓖麻子、芝麻、芥子、红花子、罂粟子、牛油树果，但不包括品目 08.01 或 08.02 的产品及油橄榄（第七章或第二十章）。

2. 品目 12.08 不仅包括未脱脂的细粉和粗粉，而且包括部分或全部脱脂及用其本身的油料全部或部分复脂的细粉和粗粉。但不包括品目 23.04 至 23.06 的残渣。

3. 甜菜子、草子及其他草本植物种子、观赏用花的种子、蔬菜种子、林木种子、果树种子、巢菜子（蚕豆除外）、羽扇豆属植物种子，可一律视为种植用种子，归入品目 12.09。

4. 下列各项即使作种子用，也不归入品目 12.09：

（1）豆类蔬菜或甜玉米（第七章）。

（2）第九章的调味香料及其他产品。

（3）谷物（第十章）。

（4）品目 12.01 至 12.07 或 12.11 的产品。

第十三章　虫胶；树胶、树脂及其他植物液、汁

本章共有 2 个品目，即虫胶，树胶、树脂及其他植物液、汁。

以某种工业的材料作为主要用途的天然树脂不归入本章。

第十四章　编结用植物材料；其他植物产品

一、本章概述

本章共有 2 个品目，按照用途（编结用、填充用、制帚制刷用、其他未列名植物产品）的顺序排列。

二、类注及章注要点

1. 品目 14.01 主要包括竹（不论是否劈开、纵锯、切段、圆端、漂白、磨光、染色或进行不燃处理）、劈开的柳条、芦苇及类似品和藤心、藤丝、藤片。但不包括木片条（品目 44.04）。

2. 品目 14.04 不包括木丝（品目 44.05）及供制帚、制刷用成束、成簇的材料（品目 96.03）。

第三类 动、植物油、脂及其分解产品；精制的食用油脂；动、植物蜡

第十五章 动、植物油、脂及其分解产品；精制的食用油脂；动、植物蜡

一、本章概述

本章共有 22 个品目，按照原料的属性（动物、植物、混合）和加工程度（简单、复杂）的顺序排列。

二、类注及章注要点

1. 应注意本章不包括的货品。
2. 品目 15.09 不包括用溶剂提取的橄榄油（品目 15.10）。
3. 品目 15.18 不包括变性的油、脂及其分离品，这些货品应归入其相应的未变性油、脂及其分离品的品目。
4. 皂料、油脚、硬脂沥青、甘油沥青及羊毛脂残渣，归入品目 15.22。

三、归类要点

品目 15.17 包括：本章的各种动、植物油、脂及其分离品混合制成的人造黄油及其他食用油脂或制品，但品目 15.16 所列的除外。这类混合食用油脂或制品通常为液体或固体，由以下成分组成：

（1）不同的动物油、脂及其分离品。
（2）不同的植物油、脂及其分离品。
（3）动物和植物油、脂及其分离品。

本品目还包括不论是否氢化，但经乳化、搅拌、改变结构等的单一油、脂（或其分离品）制成的食品。

本品目包括氢化、相互酯化、再酯化或反油酸化的油、脂及其分离品，其中超过一种油或脂发生改性的。

本品目不包括：

仅经精制而未进一步处理的单一油、脂，这类油脂即使零售包装，也应各自归入其相应品目项下。本品目也不包括按重量计含黄油或其他乳脂超过 15% 的制品（通常归入第二十一章）。

本品目还不包括用压榨牛羊脂或猪油制得的产品（品目 15.03），以及氢化、相互酯化、再酯化或反油酸化的油、脂及其分离品，仅有一种油或脂发生改性的

（品目 15.16）。

典型案例

案例：食用调和油。含橄榄油 20%，葵花籽油 80%（如图 2-2 所示）。

图 2-2　某食用调和油

解析：该产品虽含葵花籽油最多，但由于品目 15.17 描述的就是混合的、可食用的油，因此该产品应归入品目 15.17，而不按含量最大的葵花籽油归类。

第四类 食品；饮料、酒及醋；烟草、烟草及烟草代用品的制品

《协调制度》第一、二、三及四类货品归类规律如表 2-2 所示。

表 2-2 货品加工程度对照表

加工程度	归类				
简单加工	第二、三、五章	第四、十、十一章	第七、八、十二章	第九章	第二、三、十二章
深加工	第十六章	第十九章	第二十章	第二十一章	第十五章

第十六章 肉、鱼、甲壳动物、软体动物及其他水生无脊椎动物的制品

一、本章概述

本章共有 5 个品目，按照经加工的肉、食用杂碎、甲壳动物、软体动物及其他水生无脊椎动物制品顺序排列。

二、类注及章注要点

1. 本章的食品按重量计必须含有 20% 以上的香肠、肉、食用杂碎、动物血、鱼、甲壳动物、软体动物或其他水生无脊椎动物及其混合物。

对于含有两种或两种以上前述产品的食品，则应按其中重量最大的产品归入第十六章的相应品目。但品目 19.02 的包馅食品和品目 21.03 及 21.04 的食品除外。

2. 子目 1602.10 的"均化食品"，是指用肉、食用杂碎或动物血经精细均化制成供婴幼儿食用或营养用的零售包装食品（每件净重不超过 250 克）。为了调味、保藏或其他目的，均化食品中可以加入少量其他配料，还可以含有少量可见的肉粒或食用杂碎粒。归类时该子目优先于品目 16.02 的其他子目。

三、归类要点

（一）品目 16.02

本品目包括：

1. 经煮、蒸、烤、煎、炸、炒或其他方法烹饪的肉或食用杂碎。

2. 鱼肉馅、肉酱、肉冻及肉糜，其特征不同于品目 16.01 所列香肠及类似品的。

3. 第二章或品目 05.04 所列加工范围以外的经制作或保藏的肉及食用杂碎，包括仅涂面浆、撒面包屑、加香蕈、放作料（例如，放胡椒和盐）或经精细均化的在内。

4. 动物血食品，但品目 16.01 的血香肠及类似品除外。

5. 按重量计含有 20% 的肉、食用杂碎或动物血的配制食品（包括所谓"配餐"）。

本品目不包括：

1. 包馅面食（饺子等），以肉或食用杂碎做馅的（品目 19.02）。

2. 调味汁及其制品、混合调味品（品目 21.03）。

3. 汤料及其制品、均化混合食品（品目 21.04）。

（二）品目 16.04

该品目不包括：

1. 卵巢膜包着的鱼子，第三章所列制作或保藏范围以内的。

2. 鱼精及鱼汁（品目 16.03）。

3. 鱼馅面食（品目 19.02）。

4. 调味汁及其制品、混合调味料（品目 21.03）。

5. 汤料及其制品和均化混合食品（品目 21.04）。

典型案例

案例：包心鱼丸，100 克/袋。配料包括鳗鱼肉、面粉、猪肉、河虾、香菇（重量比分别为 50%、20%、5%、5%）。制作过程是将鳗鱼肉泥与少量面粉混合加水搅拌，挤捏成丸状，以猪肉、河虾、香菇剁碎做馅，煮熟、冷却后装袋速冻。

解析：由于该产品已经过深加工，故应到第四类"食品；饮料、酒及醋"查找。

第十六章章注二规定，"本章的食品按照重量计必须含有 20% 以上的香肠、肉、食用杂碎、动物血、鱼、甲壳动物、软体动物或其他水生无脊椎动物及其混合物。对于含有两种或两种以上前述产品的食品，则应按其中重量最大的产品归入第十六章的相应品目。但本条规定不适用于品目 19.02 的包馅食品和品目 20.13 及 20.14 的食品"。由于鱼肉、猪肉、虾的含量合计 75%，远超 20%，故应归入第十六章（该鱼丸尽管是包馅的，但其外皮主要是鳗鱼肉泥制成，因此不属于面食。故不能归入品目 19.02）。

同样地根据第十六章章注二的规定，由于鱼的含量超过了猪肉和虾的含量，故应按照鱼的加工产品归入品目 16.04。

由于鱼丸已经剁碎，故应归入一级子目"其他制作或保藏的鱼"，然后三级子目和四级子目都按"其他"归入子目 1604.2099。

案例：大麻哈鱼，经切块加入调料烹饪加工后制成罐头。

解析：该大麻哈鱼由于已经烹饪加工，超出了第三章的范围，故应到第十六章"肉、鱼、甲壳动物、软体动物及其他水生无脊椎动物的制品"中查找，然后归入品目 16.04"制作或保藏的鱼"。由于已经切块，故应归入一级子目"鱼，整条或切块，但未绞碎"。

根据第十六章子目注释二规定，"品目 16.04 或 16.05 项下各子目所列的是鱼及甲壳动物的俗名，它们与第三章中相同名称的鱼及甲壳动物种类范围相同"，在第三章中查到品目 03.02 项下有二级子目"大麻哈鱼"的列名，而该二级子目属于其一级子目"鲑鱼"项下，即大麻哈鱼应该属于鲑鱼的范围。故该大麻哈鱼罐头应该归入二级子目"鲑鱼"，然后归入三级子目 1604.1190"其他"。

提示：该货品易误归入子目 1604.1990。

第十七章　糖及糖食

一、本章概述

本章共有 4 个品目，不仅包括糖，还包括糖浆、人造蜜、焦糖、提取或精炼糖时所剩的糖蜜及糖食。

二、类注及章注要点

应注意本章不包括的货品。

三、归类要点

品目 17.04 包括大部分通常可供直接食用的糖制食品。该类食品商业上为固体或半固体形状，统称为糖食或糖果。

1. 本品目主要包括：
（1）含糖胶（包括甜味口香糖及类似品）。
（2）硬糖（包括含麦精的在内）。
（3）硬糖果、口香片、砂糖糖果、果仁糖、软糖、糖衣杏仁、拌砂软糖。
（4）蛋白杏仁糖果。
（5）喉片或止咳糖，主要含糖（不论是否加有明胶、淀粉或细粉等其他食物）及香料（包括具有药性的物质，例如，苯甲基醇、薄荷、桉树脑及吐鲁香脂）。但如果喉片或止咳糖所含具有药性的物质并非香料，而且其含量比例足以起到预防或治疗疾病作用的，应归入第三十章。
（6）白巧克力，由糖、可可脂、奶粉及香料组成，绝不含可可（可可脂不应视为可可）。
（7）含蔗糖重量在 10% 以上的甘草精（饼状、块状、条状、锭状等）。如果制成糖食，不论是否加香料，也不论其含糖量多少，均归入本品目。
（8）糖果包装的果子冻及果子膏。
（9）以糖为基料但不含（或稍含）脂肪的糖膏，不仅可直接制作本品目的糖果，而且还可做本品目或其他品目产品的糖馅，例如：
①用蔗糖、蔗糖浆、葡萄糖浆或转化糖浆制得的软糖膏，不论是否加香料，用于制软糖，或糖果及巧克力等的糖馅。

②果仁糖膏，即糖、水及胶状物（例如，蛋清）的充气混合物，有时也加有少量脂肪，不论是否加有果仁、水果或其他适当的植物产品，用于制果仁糖或作巧克力的夹心馅等。

③杏仁糖膏，主要用杏仁及糖制得，基本上用于制蛋白杏仁糖果。

2. 本品目不包括：

（1）含蔗糖重量在 10% 及以下的甘草精（未制成糖果的）（品目 13.02）。

（2）含可可糖食（品目 18.06）（可可脂在此不视为可可）。

（3）糖渍蔬菜、果实、果皮等的糖食（品目 20.06）及果酱、果子冻等（品目 20.07）。

（4）含替代糖的合成甜味剂（例如，山梨醇）的糖果、口香糖及类似品（主要供糖尿病患者用）；加有大量脂肪，有时还加有乳、果仁的糖膏，不适合供直接制糖食的（品目 21.06）。

（5）第三十章的药品。

典型案例

案例：棒棒糖。

解析：棒棒糖是一种常见的糖果，属于"糖食"，故应归入品目 17.04"不含可可的糖食"，然后归入子目 1704.9000。

第十八章　可可及可可制品

一、本章概述

本章共有 6 个品目，包括各种形状的可可（包括可可豆）、可可脂、可可油及任何含量的可可食品。

二、类注及章注要点

1. 应注意本章不包括的货品。

2. 谷物、水果或坚果（不论是否成块）嵌于整个巧克力当中的实心块状或条状巧克力，不视为"夹心"。

第十九章　谷物、粮食粉、淀粉或乳的制品；糕饼点心

一、本章概述

本章货品范围包括通常用谷物细粉、粗粒及粗粉、淀粉、果粉等植物质粉或乳晶

制成的食品。

二、类注及章注要点

应注意本章不包括的货品。

三、归类要点

（一）品目 19.02

该品目的面食是用硬麦粗粉或用面粉、玉米粉、米粉、土豆粉等制成的未发酵产品。

这些粉（或混合粉）先用水混合，然后揉成面团，也可加入其他配料（例如，菜蓉、菜汁、菜泥、蛋、乳、谷朊、淀粉酶、维生素、色料、香料）。

揉好的面团通过挤出后切割、滚轧后切割、压制、模制、在旋转筒内成团等方法加工成为特定形状（例如，管状、条状、丝状、蛤壳状、珠粒状、颗粒状、星状、弯肘状、字母状），加工过程中有时加少量的油。产品常因其形状而得名（例如，通心粉、面条等）。

这些产品出售前通常经干制以便于运输、储藏及保存，但干制品很脆。本品目还包括湿的（即潮润的或刚做好的）及冻藏的产品，例如，新鲜的意大利汤团及冻饺子。

本品目的面食可以煮熟、包有任何比例的肉馅、鱼馅、奶酪馅或其他料馅，或经其他方法制作（例如，制成含蔬菜、调味汁、肉等其他配料的菜式）。烹煮只是使面食松软，并不改变其原来的基本形状。

包馅面食可完全包裹（例如，饺子）、尾端张开（例如，锥形奶油面卷）或层叠（例如，千层饼）。

本品目还包括古斯古斯面食，一种经热处理的硬麦粗粉制作的面食。本品目的古斯古斯面食可经烹煮或用其他方法制作（例如，与肉、蔬菜及其他配料一起作为一个同样名为"古斯古斯"面食的菜式）。

（二）品目 19.04

1. 谷物或谷物产品经膨化或烘炒所得的食品（例如，玉米片）。

本组包括用经膨化或烘炒处理变得松脆的谷粒（玉米、小麦、大米、大麦等）制得的一系列食品，主要用作加乳或不加乳的早餐食品。产品生产过程中或生产后可加入盐、糖、糖蜜、麦精、水果或可可等。

本组还包括用膨化或烘炒细粉或糠麸制得的类似食物。

爆米花及爆麦花也属于本组范围。

本组也包括把潮湿的谷粒（整粒或碎粒）通过热处理使其膨化，然后对这些食品撒上植物油、奶酪、酵母膏、盐和谷氨酸单钠所制成的咸脆食品。

用油炸面团制成的类似食品不归入本品目（品目 19.05）。

2. 未烘炒谷物片制成的食品及未烘炒的谷物片与烘炒的谷物片或膨化的谷物混合制成的食品。

本组包括未烘炒谷物片制成的食品及未烘炒的谷物片与烘炒的谷物片或膨化的谷物混合制成的食品。这些产品（经常称作"穆斯利"）可含有干果、坚果、糖、蜜等。它们通常作为早餐食品。

3. 预煮或经其他方法制作的其他谷粒（玉米除外）。

本组包括速食谷粒或其他方法加工的谷粒（包括碎谷粒），因而本组包括完全或部分煮熟后脱水从而改变米粒结构的大米。全煮熟大米只需泡入水中煮沸即可食用，而半煮熟大米则须煮沸 5 分钟~12 分钟方能食用。同时，本组包括在速食大米中加入了蔬菜、调味料等配料的产品，但所加配料不得改变其大米食品的特征。

本品目不包括仅经第十章或第十一章所列加工范围的谷粒。

（三）品目 19.05

本品目包括各式烘焙的面包糕点。本品目的产品也可用马铃薯的细粉、粗粉或粉末和成的面团制成。包括：

1. 普通面包，通常只含谷物细粉、酵素及盐。

2. 糖尿病患者食用的谷蛋白面包。

3. 未发酵的面包。

4. 黑麦脆面包片（也称"黑面包圈"），一种刺有小孔的长方形或圆形的干脆薄饼。黑麦脆面包片是用黑麦、燕麦、大麦或小麦的细粉、粗粉、谷物碎片、未去麸粗面粉和成的面团通过酵母、发面、其他酵素或通过压缩气体发酵制成，其水分含量按重量计不超过 10%。

5. 面包干、吐司及类似的烤面包，不论是否切片或磨碎，也不论是否加有黄油或其他脂肪、糖、蛋或其他营养物质。

6. 姜饼及类似品，一种松软，通常还富有弹性的产品，用裸麦或小麦的细粉制成，加糖（例如，蜂蜜、葡萄糖、转化糖、精制糖蜜）、香料或调味香料，不论是否还含有蛋黄或水果。某些姜饼还裹巧克力、脂肪或可可。另一些则含糖或裹糖。

7. 椒盐脆饼，一种浇糖浆的咸脆食品，通常由长条圆形面团扭成麻花状。

8. 饼干。为了使产品耐于保存，其烘焙时间一般较长，而且往往还使用密封包装。

9. 华夫饼及薄脆饼，一些分量极轻的精细烘烤食品，夹在有图案的金属盘中烤制而成。这类食品还包括滚压制成的夹心华夫饼，即每层中间有美味夹心的两层或多层华夫饼，以及用专门机器挤压华夫面团制成的华夫饼（例如，冰淇淋用的锥形蛋筒）。华夫饼也可用巧克力包裹。薄脆饼与华夫饼相类似。

10. 糕饼点心，所含成分包括细粉、淀粉、黄油或其他脂肪、糖、乳、奶油、蛋、可可、巧克力、咖啡、蜜、水果、利口酒、白兰地、白蛋白、奶酪、肉、鱼、香料、酵母或其他发酵剂。

11. 某些不含细粉的烘焙产品（例如，用蛋清及糖制的奶白酥皮筒）。

12. 小薄烤饼及薄煎饼。

13. 馅饼，用点心皮包馅制成。可用各种材料制馅，例如，奶酪、蛋、奶油、黄油、盐、胡椒、肉豆蔻。如果是"洛林馅饼"，馅中还有咸肉或火腿。

14. 比萨饼（预烘烤或已烘烤的），在比萨饼基料（面团）表面放上奶酪、西红柿、油、肉、鳀鱼等其他各种配料制成。但未烘烤的比萨饼应归入品目 19.01。

15. 咸脆食品，例如，用马铃薯的细粉、粗粉、粉末或玉米粗粉和成面团并加奶酪、味精及盐调味，然后用植物油烹炸，制成后可即供食用。

典型案例

案例： 桶装方便面，内有一块面饼、两包调料和一把塑料餐叉。

解析： 这是一种符合归类总则三（二）规定的零售成套货品，根据该条规则的规定，零售成套货品应按其"基本特征"归类，显然该桶装方便面的"基本特征"是面饼，故应按面饼归类。面饼属于品目 19.02 的"面食"，故应归入品目 19.02。由于方便面中的面饼已经加工，故应归入子目 1902.3030"即食或快熟面条"。

重要提示

归类总则三（二）"零售的成套货品"，是指同时符合以下三个条件的货品：

1. 由至少两种看起来可归入不同品目的不同物品构成的（例如，上述货品中六把乳酪叉不能视为本款规则所称的成套货品）。

2. 为了迎合某项需求或开展某项专门活动而将几件产品或物品包装在一起的。

3. 其包装形式适于直接销售给用户而无须重新包装的（例如，装于盒、箱内或固定于板上）。

第二十章　蔬菜、水果、坚果或植物其他部分的制品

一、本章概述

本章货品范围包括用蔬菜、水果、坚果或植物的其他部分制成的食品。

二、类注及章注要点

1. 应注意本章不包括的货品。

2. 子目注释要点：

（1）子目 2005.10 所称"均化蔬菜"，是指蔬菜经精细均化，制成供婴幼儿食用或营养用的零售包装食品（每件净重不超过 250 克）。为了调味、保藏或其他目的，均化蔬菜中可以加入少量其他配料，还可以含有少量可见的蔬菜粒。归类时，子目 2005.10 优先于品目 20.05 的其他子目。

（2）子目 2007.10 所称"均化食品"，是指果实经精细均化，制成供婴幼儿食用或营养用的零售包装食品（每件净重不超过 250 克）。为了调味、保藏或其他目的，均化食品中可以加入少量其他配料，还可以含有少量可见的果粒。归类时，子目 2007.10 优先于品目 20.07 的其他子目。

（3）子目 2009.12、2009.21、2009.31、2009.41、2009.61 及 2009.71 所称"白利糖度值"，是指在 20℃时直接从白利糖度计读取的度数或从折射计直接读取的以蔗糖百分比含量计的折射率，在其他温度下读取的数值应折算为 20℃时的数值。

三、归类要点

（一）品目 20.05

该品目所称"蔬菜"，仅限于本章章注三所列产品。这些产品（不包括品目 20.01 用醋或醋酸制作或保藏的蔬菜、品目 20.04 的冷冻蔬菜及品目 20.06 的糖渍蔬菜）如果制作或保藏程度超过第七章或第十一章所列范围的，应归入本品目。

这类产品不论用何种容器包装（常见的是罐头装或其他密封容器装）均归入本品目。

这类产品不论是整个、切开或破碎的，可用水或番茄调味汁浸渍，也可加有其他配料，可即供食用；还可均化或混合（沙拉）。

归入本品目的食品包括：

1. 食用油橄榄，用苏打溶液专门处理或长时间用盐水浸泡制得（仅用盐水临时保藏的油橄榄仍归入品目 07.11）。

2. 德式泡菜，通过将盐腌卷心菜丝半发酵制得。

3. 甜玉米棒子及甜玉米粒、胡萝卜、豌豆等，经过预煮或与黄油或调味汁一同包装的。

4. 马铃薯细粉制成的长方形薄片产品，加盐和少量味精，连续增湿、增稠使其部分糊精化制成。本产品在油里炸上几秒钟即可成为食用炸土豆片。

（二）品目 20.09

本品目的水果汁及蔬菜汁一般通过压榨熟的且质量好的新鲜水果或蔬菜制得。

本品目还包括非常罕见地从干果中制取的果汁，这些干果必须是新鲜时含有果汁的果实。例如，"梅脯汁"，将梅脯放入浸提器，放水加热几小时将汁提出。

但本品目不包括从那些几乎不含果汁的新鲜果实或干果实（例如，刺柏果、蔷薇果）用水加热制得的稍呈液状的产品。这类产品通常归入品目 21.06。

本品目的液汁可以浓缩（不论是否冷冻）；也可以为结晶体或粉末状，但其晶体和粉末必须完全或几乎完全溶于水。这类产品一般是通过热加工（不论是否在真空中加热）或冷加工（冻干）制得。

某些浓缩果汁可根据其白利糖度值与相应的非浓缩果汁区分开来。

本品目蔬菜汁可含有添加的盐（氯化钠）、调味香料或香料。

同时，同类或不同类的水果汁和蔬菜汁之间的混合汁仍归入本品目。复制汁（即在浓缩汁中加入不超过非浓缩汁正常含量的水制得的汁）也归入本品目。

但在正常的水果汁或蔬菜汁中加入的水，或在浓缩汁中加入的水超出复制原天然汁所需的量，其稀释品即具有品目 22.02 所列饮料的特征。二氧化碳含量超过处理时所需正常含量的水果汁（充气水果汁）或蔬菜汁、柠檬水和果汁汽水都不归入本品目

（品目 22.02）。

本品目还包括各种用途的未发酵酿酒葡萄汁。酿酒葡萄汁因为加工方法与其他水果汁非常相似，所以与普通葡萄汁极为相像。酿酒葡萄汁可为浓缩液或晶体（其晶体商业上称为"葡萄糖"或"葡萄蜜"，用于制姜饼、糖果等精细点心或糖食）。

半发酵的酿酒葡萄汁，不论其发酵是否已经中止，以及加酒精的未发酵酿酒葡萄汁，如果按容量计酒精浓度已超过 0.5% 的，应归入品目 22.04。

本品目也不包括：

1. 番茄汁，其干量在 7% 及以上的（品目 20.02）。
2. 按容量计酒精浓度已超过 0.5% 的水果汁或蔬菜汁（第二十二章）。

典型案例

案例：已煮熟的芦笋罐头。

解析：芦笋属于一种蔬菜，由于已经煮熟，其加工程度超出了第七章的有关品目条文的规定，故应到第二十章"蔬菜、水果、坚果或植物其他部分的制品"中查找，然后按"未冷冻蔬菜"归入品目 20.05，再按列名归入子目 2005.6010。

第二十一章　杂项食品

一、本章概述

本章货品范围主要包括：咖啡、茶、马黛茶的浓缩品及其制品，烘焙咖啡代用品；酵母和发酵粉；调味品；汤料及其制品；均化混合食品；冰淇淋及其他冰制品；其他品目未列名的食品。

二、类注及章注要点

咖啡代用品的精汁归入品目 21.01。

品目 21.04 所称"均化混合食品"，是指两种或两种以上的基本配料，例如，肉、鱼、蔬菜或果实等，经精细均化制成供婴幼儿食用或营养用的零售包装食品（每件净重不超过 250 克）。这类货品为了调味、保藏或其他目的，可以加入少量其他配料，还可以含有少量可见的小块配料。

三、归类要点

（一）品目 21.01

1. 咖啡精汁及浓缩品，可用真咖啡（不论是否去咖啡碱）制得或用真咖啡与任何比例的咖啡代用品混合制得，呈液状或粉状，通常浓缩程度很高。这类产品还包括名为"速溶咖啡"的产品，即经浸提并脱水或经浸提后冷冻及真空干燥的咖啡。

2. 茶或马黛茶的精汁及浓缩品，其加工方法在必要的地方稍加修改后，与上款所述情况相同。

3. 以上述咖啡、茶或马黛茶精汁或浓缩品为基本成分的制品。它们是以咖啡、茶、马黛茶的精汁或浓缩品（而不是以咖啡、茶、马黛茶本身）为基本原料制成的制品，包括加有淀粉或其他碳水化合物的精汁等。

4. 以咖啡、茶、马黛茶为基本成分的制品，主要有：

（1）"咖啡膏"，由磨碎、烘炒咖啡和植物脂肪，有时还加其他配料混合组成。

（2）茶制品，由茶、奶粉及糖混合组成。

5. 烘焙菊苣和其他烘焙咖啡代用品及其精汁和浓缩品。它们是用于替代、仿制咖啡（用热水冲开）或用于掺入咖啡内的各种烘炒产品，有时人们把它们称为"咖啡"，但在"咖啡"两字之前加上其基本物料的名称（例如，"大麦咖啡""麦芽咖啡""橡果咖啡"）。

烘焙菊苣是通过烘炒品目12.12的菊苣根制得，为棕黑色，有苦香味。

其他的烘焙咖啡代用品包括用甜菜、胡萝卜、无花果、谷物（特别是大麦、小麦及裸麦）、分瓣的豌豆、白羽扇豆、食用橡果、大豆、椰枣核、杏仁、蒲公英根或栗子制得的产品。本品目还包括其包装式样明显看得出是用作咖啡代用品的烘炒麦芽。

6. 本品目不包括：

（1）含任何比例咖啡的烘焙咖啡代用品（品目09.01）。

（2）加香料的茶（品目09.02）。

（3）焦糖（焦糖化的糖蜜及糖）（品目17.02）。

（4）第二十二章的产品。

（二）品目21.04

根据本章章注三的规定，本品目的均化混合食品是指两种或两种以上的基本配料，例如，肉、鱼、蔬菜或果实等，经精细均化混合制成供幼婴儿食用或营养用的零售包装食品（每件净重不超过250克）。除以上基本配料外，这类食品可含有少量奶酪、蛋黄、淀粉、糊精、盐或维生素等。含有这些添加物质是为了增加营养（饮食疗法用）、调味、保存或其他目的。这类食品还可含有可见的少量小块配料，但所加配料不得改变均化食品的特征。

均化混合食品一般用作婴幼儿食品，呈细腻糊状，稠度不一，适于直接食用或加热后食用，通常装于密封的瓶或罐内，其量相当于一餐。

均化食品的归类思路如表2-3所示。

表2-3　均化食品对照表

单一基本配料制作			多种基本配料制作
肉、食用杂碎、动物血等	蔬菜	果品	
子目1602.1000	子目2005.1000	子目2007.1000	子目2104.2000

典型案例

案例：精细均化制作、供婴幼儿食用的牛肉土豆胡萝卜泥（如图 2-3 所示）。190 克/瓶。

图 2-3　某均化食品

解析：该产品加工工艺、用途及包装符合均化食品，由于是多种基本配料制作的，因此应归入子目 2104.2000。

（三）品目 21.06

1. 本品目主要包括：

（1）制早餐用奶油、果冻、冰淇淋或类似食品的粉，不论是否甜的。

以细粉、粗粉、淀粉、麦精或品目 04.01 至 04.04 所列货品作基料的粉，不论是否含可可，应按其可可含量酌情归入品目 18.06 或 19.01。其他含可可的粉归入品目 18.06。制柠檬水或类似品用的具有加味糖或着色糖特征的粉则酌情归入品目 17.01 或 17.02。

（2）制饮料的香料粉，以碳酸氢钠、甘草甜或甘草精为基料，不论是否是甜的（作"可可粉"出售）。

（3）以黄油或其他乳脂或乳油为基料的制品，用于制面包等。

（4）以糖为基料的膏，加有相当大量的脂肪，有时还加乳或坚果，不适于直接制糖食，但可作巧克力、夹心饼干、馅饼、糕点等的馅或夹心料。

（5）加蜂王浆的天然蜂蜜。

（6）主要由氨基酸和氯化钠混合组成的水解蛋白质，用于制食品（例如，调味）；通过去除脱脂豆粉的某些成分而制得的浓缩蛋白质，用于增强食品中的蛋白质；改善了组织结构的大豆粉及其他蛋白质。但本品目不包括非组织化的脱脂大豆粉，不论是否适于供人食用（品目 23.04）及蛋白质纯分离体（品目 35.04）。

（7）制造各种无酒精饮料或酒精饮料用的无酒精或酒精制品（不是以芳香物质为基料的）。有关饮料通常可以仅用水、葡萄酒或酒精对制品进行稀释即可制得，不论是否添加诸如糖或二氧化碳气体等物质。这些产品有的专门制成供家庭使用，但更为广泛的是用于工业，以避免大量的水、酒精等不必要的运输。这些制品报验时并不适于作饮料饮用，因而可与第二十二章的饮料区别开来。

本品目不包括以一种或多种芳香物质为基料的制造饮料用的制品（品目 33.02）。

（8）以天然或人造香料（例如，香草）为基料的食用香片。

（9）含替代糖的合成甜味剂（例如，山梨醇）的甜食、橡皮糖及类似品（特别是供糖尿病人用）。

（10）由糖精及某种食物（例如，乳糖）组成的制品（例如，甜味片），用于增加甜味。

（11）自溶酵母及其他酵母萃，通过水解酵母制得。这些产品不能引起发酵，但含朊值很高，主要用于食品工业（例如，制某些调味品用）。

（12）制柠檬水或其他饮料用的制品。

这类制品仅简单用水稀释或作进一步处理即可作饮料饮用。某些这类制品则用于加入其他食品中。

（13）人参精与其他配料（例如，乳糖或葡萄糖）的混合物，用于制造人参"茶"或其他饮料。

（14）由不同种类的植物或植物某部分（包括子仁或果实）组成的产品，或由单一品种或不同种类的植物或植物某部分（包括子仁或果实）与一种或多种植物精汁等其他物质混合组成的产品，它们不能直接食用，而是用于制造草本植物浸泡剂或草本植物"茶"，例如，具有通便、催泻、利尿或祛风作用的产品，包括那些据说能消除病痛或强身健体的上述产品。

本品目不包括服（使）用一定剂量后对某种病痛具有防治作用的药剂（品目 30.03 或 30.04）。

本品目也不包括归入品目 08.13 或第九章的产品。

（15）归入不同章（例如，第七章、第九章、第十一章、第十二章）或归入品目 12.11 的不同种类的植物、植物某部分、子仁、果实（完整、切割、捣碎、磨碎或研粉）混合制成的产品，它们不能直接食用，而是直接用作饮料香精或用于制造饮料的调制精汁。

但是，以所含第九章的货品构成基本特征的上述产品，不应归入本品目（第九章）。

（16）通称为"食品补充剂"的制品，以植物精汁、果子精、蜜、果糖等为基料，加维生素，有时还加微量的铁化合物制成，其包装上一般标明有强身健体作用。但用于预防或治疗疾病的类似制品不包括在内（品目 30.03 或 30.04）。

2. 本品目还不包括：

（1）品目 20.08 所列用水果、坚果或植物的其他食用部分制作的食品，因为这些食品已经具有上述水果、坚果或植物的其他食用部分的基本特征（品目 20.08）。

（2）品目 21.02 所列作为供人食用的食品补充剂出售的微生物（品目 21.02）。

典型案例

案例：蜂胶胶囊，400 粒/瓶。成分包括蜂胶、玉米油、甘油、明胶等，长期服用可调节血糖、降血脂、增强免疫力。

解析：根据第三十章章注一（一），"本章不包括食品及饮料（例如，营养品、糖尿病食品、强化食品、保健食品、滋补饮料机矿泉水）（第四类）"，蜂胶胶囊不是药品，而是一种营养保健品，故应按食品归入第四类。

由于第四类中并无列名的品目条文符合该商品的条件，故应按"未列名"的食品归入品目21.06"其他品目未列名的食品"。

然后归入子目2106.9090。

案例： 三合一速溶咖啡，咖啡色粉状固体，主要成分为白砂糖41.3%、葡萄糖浆30.7%、植物油19.2%、速溶咖啡7%，还添加有少量的稳定剂、乳化剂、抗结剂、色素等。零售包装，13克/条，主要用于咖啡厅或家庭冲饮。

解析： 该货品是以咖啡浓缩物为基本成分的制品，添加的白砂糖、葡萄糖浆及植物油等主要用来调节咖啡口感，根据归类总规则一，应归入子目2101.1200。

第二十二章　饮料、酒及醋

一、本章概述

本章所包括的货品与《协调制度》本章以前各章的食品种类完全不同。它们分为4个大类：

1. 水、其他无酒精饮料及冰。
2. 经发酵的酒精饮料（啤酒、葡萄酒、苹果酒等）。
3. 经蒸馏的酒和酒精饮料（利口酒、烈性酒等）及乙醇。
4. 醋及其代用品。

二、类注及章注要点

应注意本章不包括的货品。

三、归类要点

（一）品目22.02

本品目包括本章章注三所规定范围的无酒精饮料，它们不归入其他品目，尤其不归入品目20.09或22.01。

1. 加味、加糖或其他甜物质的水，包括矿泉水及汽水。
本组主要包括：
（1）加甜物质或香料的矿泉水（天然或人造）。
（2）饮料，例如，柠檬水、橘子水、可乐，即加有水果汁、果子精或加复合精汁的香味的普通饮用水，不论是否是甜的。香味剂中有时加入柠檬酸或酒石酸。这些饮料通常充入二氧化碳气体，用瓶子或其他密封容器包装。

2. 其他无酒精饮料，但不包括品目 20.09 的水果汁或蔬菜汁。

本组主要包括：

（1）罗望子果饮料，加有水、糖并经过滤，可即供饮用。

（2）某些可即供饮用的饮料，例如，用乳及可可为基料制成的饮料。

3. 本品目不包括：

（1）含可可、水果或香料的液状酸乳及其他发酵或酸化乳及奶油（品目 04.03）。

（2）品目 17.02 的糖浆及品目 21.06 的加香料糖浆。

（3）水果汁及蔬菜汁，不论是否用作饮料（品目 20.09）。

（4）品目 30.03 或 30.04 的药品。

（二）品目 22.03

本品目不包括：

1. 某些虽然有时也称为啤酒，却不含酒精的饮料（例如，用水和焦糖制得的饮料）（品目 22.02）。

2. 名为无醇啤酒的饮料，含麦芽酿制的啤酒，其酒精浓度按容量计已降至 0.5% 及以下的（品目 22.02）。

3. 品目 30.03 或 30.04 的药品。

典型案例

案例：芒果汁，将芒果的果肉打成果浆，加入配料后经过滤、高温杀菌等工艺制得。规格为 180 毫升/罐。芒果汁的成分为鲜芒果汁 35%、水 60.81%、糖 5.50%、柠檬酸 0.07%。

解析：根据《商品及品目注释》品目 20.09 的注释，该品目不包括在正常水果汁或蔬菜汁中加入水的稀释品，其已具有饮料的特征。上述货品不属于品目 20.09 的范围。"正常的水果汁或蔬菜汁"可以是通过压榨等工艺制得的"原天然汁"，也可由其他方法制得，例如，浓缩汁中加入适量的水，复制成具有"原天然汁"特征的产品。在正常的水果汁或蔬菜汁中加入水或在浓缩汁中加入的水超出复制原天然汁所需的量，其已不具有"原天然汁"的原有特征，属于"原天然汁"的稀释品。根据归类总规则一，"芒果汁"应归入子目 2202.9900。

提示：该货品在实际工作中常被误按水果汁归入品目 20.09 项下。

案例："加多宝"凉茶，易拉罐装，含有水、白砂糖、仙草、布渣叶、菊花、金银花、夏枯草、甘草等成分，有清热去火的功效。

解析：易拉罐装的凉茶，打开即可饮用，故属于一种饮料，应归入品目 22.02 "加味、加糖或其他甜物质的水，包括矿泉水及汽水，其他无酒精饮料，但不包括品目 20.09 的水果汁或蔬菜汁"。由于该凉茶是在水中加入少量的具有清热去火功效的植物液汁，故应归入子目 2202.1000 "加味、加糖或其他甜物质的水，包括矿泉水及汽水"。

第二十三章　食品工业的残渣及废料；配制的动物饲料

一、本章概述

本章包括食品加工业所用植物原料的残渣及废料，还包括某些动物质产品。这些货品大部分单独或与其他物料混合，主要用作动物饲料，但有些也适于供人食用。某些产品（例如，酒糟、粗酒石、油渣饼）则用于工业。

二、类注及章注要点

本章所称的"团粒"，是指直接挤压或加入按重量计比例不超过 3% 的黏合剂（糖蜜、淀粉物质等）制成的粒状产品。

第二十四章　烟草、烟草及烟草代用品的制品

一、本章概述

本章不仅包括烟草及烟草制品，还包括不含烟草的烟草代用品的制品。

二、类注及章注要点

烟草的收获方法及烤制工艺，要视烟草种类而定。有在烟草普遍成熟时将植物整株砍下的（割茎），也有按烟叶成熟情况将叶分别摘下的（摘叶）。因而，烟草有整株（叶连茎）制作，也有烟叶（不连茎）制作。

制作方法有多种，有晒烟（露天晒制）、晾烟（在空气自由流通的封闭棚内制得）、烘烤烟（通过热气烟道烤制）、熏烤烟（用明火烤制）。

第五类 矿产品

第二十五章 盐；硫磺；泥土及石料；石膏料、石灰及水泥

一、本章概述

本章仅包括天然的或经洗涤（包括用化学物质清除杂质但不改变产品本身结构的洗涤）、砸碎、磨碎、研粉、淘洗、细筛、粗筛以及用浮选、磁选或其他机械或物理方法（不包括结晶法）精选的矿产品。

二、类注及章注要点

本章货品可经加热，以除去水分、杂质或达到其他目的，但此种热处理不应改变产品的化学或晶形结构。但是，除了品目条文有明确规定的以外，其他热处理（例如，焙烧、熔融或煅烧）是不允许的。例如，促使品目25.13及品目25.17的产品发生化学或晶形结构变化的热处理是允许的，因为这些品目的品目条文已列明可进行热处理。

本章货品可含有添加的防尘剂，其所加剂料并不使产品改变其一般用途而适用于某种特殊用途。经其他方法加工的矿物（例如，通过再结晶法提纯的产品、将本章同品目或不同品目的矿物加以混合获得的产品、经模制或雕刻的产品等）一般归入以后的各章（例如，第二十八章或第六十八章）。

在特定情况下，有关品目仍包括：

1. 天然状态就已超出本章章注一所述加工方法的具体列名货品。例如，纯氯化钠（品目25.01）、某些形状的精制硫（品目25.03）、陶渣（品目25.08）、熟石膏（品目25.20）、生石灰（品目25.22）及水凝水泥（品目25.23）。

2. 其状况或加工方法虽然已超出本章章注一所允许范围，但在品目上已列名的货品。例如，毒重石（品目25.11）、硅质化石粗粉和类似的硅质土（品目25.12）及白云石（品目25.18）可经煅烧；菱镁矿及镁氧矿（品目25.19）可经熔凝或煅烧［僵烧（烧结）或轻烧］。对于僵烧（烧结）镁氧矿，为了便于烧结，可加入其他氧化物（例如，氧化铁、氧化铬）。同样，品目25.06、25.14、25.15、25.16、25.18及25.26的材料可用锯或其他工具修整或简单切割成矩形（包括正方形）板、块状。

对于既可归入品目25.17，又可归入本章其他品目的产品，一律归入品目25.17。

本章不包括第七十一章的宝石或半宝石。

第二十六章　矿砂、矿渣及矿灰

一、本章概述

本章包括各种冶金工业的金属矿砂、矿渣及矿灰，主要用于提取第七十一章所列的贵金属和第十五类所列的贱金属。

二、类注及章注要点

品目 26.01 至 26.17 仅限于下列金属矿砂及精矿：

1. 用于冶金工业中提炼第十四类或第十五类的金属、水银及品目 28.44 所列金属的矿物，即使这些矿物实际上不用于冶金工业。

2. 未经非冶金工业正常方法处理的。

品目 26.01 至 26.17 所称"精矿"，适用于用专门方法部分或全部除去异物的矿砂。

品目 26.01 至 26.17 的产品可经过包括物理、物理—化学或化学加工，只要这些工序在提炼金属上是正常的。除煅烧、焙烧或燃烧（不论是否烧结）引起的变化外，这类加工不得改变所要提炼金属的基本化合物的化学成分。

本品目不包括经煅烧或焙烧以外其他处理后改变了基本矿砂的化学成分或晶体结构的精矿（通常归入第二十八章），也不包括由于多次物理变化（分级结晶、升华作用等）制得的几乎纯净的产品，即使其基本矿砂的化学成分并未发生变化。

除条文另有规定的以外，含有一种以上矿物的矿砂及精矿，应根据归类总规则三（二）或三（三）归入品目 26.01 至 26.17 中的相应品目。

第二十七章　矿物燃料、矿物油及其蒸馏产品；
沥青物质；矿物蜡

一、本章概述

本章包括煤及其他天然矿物燃料、石油及从沥青矿物提取的油及其蒸馏产品，以及用任何其他方法获得的类似产品，也包括矿物蜡及天然沥青物质。

二、类注及章注要点

本章的货品可以是天然的，也可以是精制的；除甲烷及丙烷以外，其余如果是单独的已有化学定义的有机化合物或处于商业纯状态的，应归入第二十九章。甲烷及丙烷，即使是纯净的，也归入品目 27.11。

本章章注二及品目 27.07 所称"芳族成分"，是指含有芳香素的整个分子（不论其侧链多少及长短），而不是仅指这些分子的芳香部分。

第六类　化学工业及其相关工业的产品

《商品及品目注释》中关于本类货品的归类总注释如下。

一、注释一

1. 所有的放射性化学元素、放射性同位素及这些元素与同位素的化合物（不论是无机或有机，也不论是否已有化学定义），即使本来可以归入《协调制度》的其他品目，也一律归入品目 28.44。因此，例如，放射性氯化钠及放射性甘油应归入品目 28.44 而不分别归入品目 25.01 或 29.05。同样，放射性乙醇、放射性金及放射性钴也都一律归入品目 28.44。但应注意，放射性矿砂则归入《协调制度》的第五类。

对于非放射性同位素及其化合物，本注释规定它们（不论无机或有机，也不论是否已有化学定义）只归入品目 28.45 而不归入《协调制度》的其他品目。因此，碳的同位素应归入品目 28.45，而不归入品目 28.03。

2. 品目 28.43、28.46 或 28.52 所述货品如果不是放射性的或不是同位素形式的（放射性的或同位素形式的则归入品目 28.44 或品目 28.45），应归入以上品目中最合适的一个，而不应归入第六类的其他品目。根据本注释该款的规定，酪朊酸银应归入品目 28.43 而不归入品目 35.01；硝酸银，即使已制成零售包装供摄影用，也应归入品目 28.43 而不归入品目 37.07。

重要提示

品目 28.43、28.46 及 28.52 只在第六类中优先于其他品目。如果品目 28.43、28.46 或 28.52 所述货品也可归入《协调制度》的其他类时，其归类取决于有关类或章的注释及《协调制度》的归类总规则。因此，硅铍钇矿，一种稀土金属化合物，看起来应归入品目 28.46，却因为第二十八章章注三（一）规定该章不包括所有归入第五类的矿产品，而应归入品目 25.30。

二、注释二

由于制成一定剂量或零售包装而归入品目 30.04、30.05、30.06、32.12、33.03、33.04、33.05、33.06、33.07、35.06、37.07 或 38.08 的货品，不论是否可归入《协调制度》的其他品目，应一律归入上述品目（品目 28.43 至 28.46 或 28.52 的货品除外）。例如，供治疗疾病用的零售包装硫应归入品目 30.04，而不归入品目 25.03 或 28.02；作为胶用的零售包装糊精应归入品目 35.06，而不归入品目 35.05。

三、注释三

本注释涉及由两种或两种以上独立组分（部分或全部归入第六类）的配套货品的

归类问题，它仅限于混合后构成第六类或第七类所列产品的配套货品。这些配套货品的组分如果符合本类类注的相关规定，则按混合后的产品归入相应的品目。

例如，这些配套货品有品目 30.06 的牙科粘固剂及其他牙科填料，品目 32.08 至 32.10 的某些油漆及清漆及品目 32.14 的胶粘剂等。至于未带必要的硬化剂的配套货品，其归类参见《商品及品目注释》第三十二章的总注释和品目 32.14 的注释。

重要提示

由两种或两种以上独立组分（部分或全部归入第六类）组成的配套货品，如果组分不需事先混合而是逐个连续使用的，不属于本类类注三的规定范围。制成零售包装的这类货品，应按《协调制度》归类总规则［一般是规则三（二）］的规定进行归类；对于未制成零售包装的则应分别归类。

第二十八章　无机化学品；贵金属、稀土金属、放射性元素及其同位素的有机及无机化合物

一、本章概述

除条文另有规定的以外，第二十八章仅限于单独的化学元素及单独的已有化学定义的化合物。

二、类注及章注要点

1. 已有化学定义的元素及化合物。

含有杂质或溶于水的单独化学元素和已有化学定义的单独化合物仍归入第二十八章。

单独的已有化学定义的元素及化合物，如果为了保存或运输的需要加入了稳定剂，仍应归入本章。例如，加入硼酸稳定的过氧化氢仍归入品目 28.47；但与催化剂混合的过氧化钠（为了产生过氧化氢用）不归入第二十八章而应归入品目 38.24。

为保持某些化学品原有的物理状态而添加的产品，也可视为稳定剂，但所加入的量不得超过为达到预期效果而必需的量，且添加的产品不得改变基本产品的性质，使之专门适合于某些特殊用途而不是适合于一般用途。根据本规定，本章产品可加有抗结块剂。另一方面，加进了防水剂的产品不归入本章，因为防水剂改变了产品原有的性质。

如果所添加的物品并不改变产品的一般用途而使之专门适合某些特殊用途，仍归入本章的产品还可含有抗尘剂和着色物质。但为了其他原因而加入着色物质的［例如，硅胶加入了钴盐以作为湿度指示剂（品目 38.24）］不应归入本章。

2. 本章不包括的某些单独化学元素及单独的已有化学定义的无机化合物。

某些单独的化学元素及某些单独的已有化学定义的无机化合物，即使是纯净的，

也一律不得归入本章。

3. 可归入本章两个或两个以上品目的货品。

第六类类注一明确了有关货品在以下品目的归类问题：

（1）可归入品目28.44或28.45，也可归入第二十八章的其他品目，优先归入品目28.44或28.45。

（2）可归入品目28.43、28.46或28.52，也可归入第二十八章的其他品目（品目28.44或28.45除外），应优先归入品目28.43、28.46或28.52。

（3）由一个非金属酸（属于第二分章）和一个金属酸（属于第四分章）组成的已有化学定义的络酸应归入品目28.11。

（4）除条文另有规定的以外，复合或络合无机酸盐应归入品目28.42。

第二十九章　有机化学品

一、本章概述

除本章章注一另有规定的以外，本章仅限于单独的已有化学定义的化合物。

二、类注及章注要点

1. 已有化学定义的化合物。

单独的已有化学定义的化合物如含有在其制造（包括纯化）过程中或制造后故意加入的其他物质，不归入本章。因此，如为了使糖精适于作甜味剂而掺入乳糖，所得的货品不归入本章。

本章中单独的已有化学定义的化合物可含有杂质。但品目29.40所述的糖是这项规定的一个例外，该品目的糖仅限于化学纯糖。

2. 第二十八章化合物与第二十九章化合物的区别。

贵金属、放射性元素、同位素、稀土金属、钇、钪的有机化合物，以及第二十八章章注二所列的其他含碳化合物不归入第二十九章。

除第二十八章章注二所列的以外，有机—无机化合物应归入第二十九章。

3. 不是单独的已有化学定义的化合物但仍归入第二十九章的货品。

4. 不包括在第二十九章内的单独的已有化学定义的化合物。

（1）某些单独的已有化学定义的化合物即使是纯净的，也一律不归入第二十九章。

（2）某些原应归入第二十九章的单独的已有化学定义的有机产品，如果制成一定形状或经过某些不改变其化学成分的处理后，就不能再归入第二十九章。

5. 可归入第二十九章内两个及两个以上品目的货品。

这类货品应按顺序归入有关品目中的最后一个品目。例如，抗坏血酸既可作为内酯（品目29.32），也可作为维生素（品目29.36），因此应归入品目29.36。同样道理，烯丙雌醇是一种环醇（品目29.06），但也是一种具有原甾烷结构的甾族化合物，主要用作激素（品目29.37），因此应归入品目29.37。

品目 29.40 条文最后一句明确规定不包括品目 29.37、29.38 及 29.39 的产品。

6. 盐类。

除第六类类注一及第二十八章章注二另有规定的以外：

（1）第一分章至第十分章或品目 29.42 的有机化合物（例如，酸、酚或烯醇基化合物或有机碱）的无机盐，应归入相应的有机化合物的品目。

（2）第一分章至第十分章或品目 29.42 的有机化合物之间反应生成的盐，应按生成这种盐的相应碱或酸（包括酚或烯醇基化合物）归入本章有关品目的最后一个品目中。

第三十章 药 品

一、本章概述

本章包括具有治病或防病价值的药品及本身没有治病或防病价值但可单独供医疗、外科、牙科或兽医用的其他物质。具体如表 2-4 所示。

表 2-4 与药品有关的货品归类

商品描述	归类
单一成分未配定剂量或制成零售包装的制药用化工原料	第二十八或第二十九章
单一成分未配定剂量或制成零售包装的制药用植物浸膏	品目 13.02
单一成分制成零售包装的药品	品目 30.04
两种及以上成分混合而成的未配定剂量或制成零售包装的药品	品目 30.03
两种及以上成分混合而成的已配定剂量或制成零售包装的药品	品目 30.04
供治疗或预防疾病用的人体或动物制品	品目 30.01
各种疫苗	品目 30.02

二、类注及章注要点

1. 应注意本章不包括的货品。

2. 品目 30.06 仅适用于第三十章章注四所列物品（这些物品只能归入品目 30.06 而不得归入本《协调制度》其他品目）。

三、归类要点

（一）品目 30.03

本品目包括用以防治人类或动物疾病的内服或外用药品。这些药品是通过将两种或两种以上物质混合制成。

（二）品目 30.04

1. 本品目包括的货品。

由混合或非混合产品构成的下列药品：

（1）已配定剂量或为片剂、安瓿、胶囊剂、扁囊剂、滴剂、锭剂、制成皮肤摄入形式的制剂或小量粉剂的药品，已制成一次使用剂量供治病或防病用。

本品目还包括已配成一定剂量的通过皮肤摄入的药品。这些药品通常制成自粘贴片形状（一般为长方形或圆形），直接施敷于患者皮肤上。这些货品不应与品目 30.05 的医疗用橡皮膏相混淆。

（2）供治病或防病用零售包装的药品，即其包装形式，尤其是所附的说明（注明适应症、用法、用量）明显为不需重新包装即可直接售给用户（个人、医院等）的防病或治病用货品。

品目 28.43 至 28.46 及 28.52 的未混合产品，即使符合上述所述条件，也不归入品目 30.04。例如，胶态银，即使已配定剂量或包装成药物形式，仍应归入品目 28.43。

本品目还包括仅适于作药用的锭剂、片剂、滴剂等，例如，以硫磺、炭、四硼酸钠、苯甲酸钠、氯酸钾或氧化镁为基本成分的药品等。

但主要由糖（不论是否含有明胶、淀粉、谷物细粉等食品）和芳香剂（包括具有药物性质的物质，例如，苯甲醇、薄荷醇、桉叶油素及吐鲁香脂）组成的喉糖、咳嗽糖（不具有预防或治疗疾病作用）应归入品目 17.04。含有药性物质（芳香剂除外）的喉糖、咳嗽糖，如果已配定剂量或制成零售包装，而且每粒糖所含的药性物质已具有治病或防病的作用，则仍应归入本品目。

2. 本品目不包括：

（1）通常含有硬化剂（固化剂）和活化剂的骨骼粘固剂，这些产品用于现有骨骼的移植修复等（品目 30.06）。

（2）本品目条文不适用于下述货品。

①食物或饮料，例如，营养品、糖尿病食品、强化食品、滋补饮料或矿泉水（天然或人造），尤其是仅含营养物质的食品，它们应分别归入各自的适当品目。

②加有药性物质的食品和饮料，如果所加入的药性物质仅仅是为了保证产品的营养平衡、增加能量供给和营养价值，或改善产品的味道，而且还保持着食品或饮料的特征，也不归入本品目。

③由植物或植物部分品混合构成的产品或由植物或植物部分品与其他物质混合构成的产品，用于制草药浸剂或草本植物"茶"，例如，具有通便、催泻、利尿或祛风作用的产品，虽然标明能够解除某些病痛或能强身健体，也不归入本品目（归入品目 21.06）。

④本品目还不包括含有维生素或天然盐的保健食品，这些食品用于强身健体，但并无标明治疗或预防疾病用途。这些产品通常为液态，也可制成粉末或片状，一般归入品目 21.06 或第二十二章。

⑤若制品中的食品或饮料部分仅仅是药性物质的支持剂、载体或甜味剂（例如，

为了便于服用），则仍应归入本品目。

（3）本品目也不包括：

①未制成药剂的蛇毒液及蜂毒液（品目30.01）。

②品目30.02、30.05或30.06的货品，不论如何包装。

③精油水馏液及水溶液和品目33.03至33.07的制剂，即使它们具有治病或防病作用（第三十三章）。

④药皂，不论如何包装（品目34.01）。

⑤未制成内服或外用药品的品目38.08的杀虫剂、消毒剂等。

⑥用于帮助吸烟者戒烟的制剂，例如，片剂、咀嚼胶或透皮贴片（品目21.06或38.24）。

（三）品目30.05

1. 本品目包括：

用药物（反刺激剂、杀菌剂等）浸、涂的织物、纸、塑料等制成的软填料、纱布、绷带及类似物品，供医疗、外科、牙科或兽医用。

这些物品包括浸渍碘或水杨酸甲酯等的软填料、各种调好的敷料和泥罨剂（例如，亚麻子或芥子泥罨剂）、药物橡皮膏等。它们可以成张，也可以为圆片状或其他任何形状。

未经药物浸涂，供作敷料（通常为脱脂棉花）和绷带等用的软填料及纱布，倘若它们不需重新包装，只能直接出售（例如，受所附标签或特殊折叠方式所限）给用户（个人、医院等）用于医疗、外科、牙科或兽医方面，则仍应归入本品目。

本品目也包括下列类型的敷料：

（1）皮肤敷料，由制好的成条冰冻或冻干动物皮组织（通常是猪的）构成，用作临时性生物敷料，直接敷于失去皮肤的创伤面、暴露的组织创伤及外科感染面等。它们有各种不同的规格，装于外面贴有使用说明的无菌容器中（零售包装）。

（2）液体敷料，装于喷罐（零售包装）中，用以在创口上覆盖一层透明的保护性薄膜。这种敷料由一种溶于挥发性有机溶剂（例如，乙酸乙酯）的塑料（例如，改性乙烯共聚物或甲基丙烯酸塑料）无菌溶液及一种推进剂组成，不论是否添加了药物（特别是消毒剂）。

2. 本品目不包括：

未制成零售形式或包装的供医疗、外科、牙科或兽医用的含氧化锌绷带、橡皮膏及骨折用石膏绷带。

本品目也不包括下述货品。

（1）经过特殊煅烧或精细研磨的牙科用熟石膏及以熟石膏为基本成分的牙科用制品（分别归入品目25.20及34.07）。

（2）通过皮肤摄入的药品（品目30.04）。

（3）本章章注四所列的货品（品目30.06）。

（4）品目96.19的卫生巾（护垫）及止血塞、婴儿尿布及尿布衬里和类似品。

（四）品目 30.06

本品目仅包括下列货品。

1. 无菌外科肠线、类似的无菌缝合材料及外伤用的无菌黏合胶布。

本组包括各种外科缝合用的无菌缝合材料。这些缝合材料通常装于消毒液中或密封无菌容器内。

它们包括：

（1）肠线（用牛肠、羊肠或其他动物肠子制得的已加工胶质）。

（2）天然纤维（棉、丝、亚麻）。

（3）聚酰胺（尼龙）、聚酯等的合成聚合纤维。

（4）金属（不锈钢、钽、银、青铜）。

本组还包括诸如由氰基丙烯酸丁酯及染料组成的黏合胶布。由于敷用后这种单体会聚合，因此该产品用于代替人体内外创伤缝合用的普通缝合材料。

本品目不包括未消毒的缝合材料。这些货品应按其属性归类，例如，肠线（品目42.06）、蚕肠线、纺织纱线等（第十一类）、金属丝（第七十一章或第十五类）。

2. 无菌昆布及无菌昆布塞条。

本组范围仅限于无菌昆布及无菌昆布塞条（如小段海藻，有时为棕色，表面粗糙且带有沟纹）。它们与潮湿物质接触后大为膨胀并变得平滑柔韧。因此，它们用于外科作为扩张的手段。

本品目不包括未消毒的产品（品目12.12）。

3. 外科及牙科用无菌吸收性止血材料。

本组包括供外科或牙科用作止血材料且具有被体液吸收特性的无菌产品。它包括常制成纱布或纤维（"毛"）、垫块、小拭子或带状的氧化纤维素；明胶海绵或泡沫；"毛发"或"薄膜"状的藻酸钙纱布。

4. 外科或牙科用无菌抗粘连阻隔材料，不论是否可吸收。

5. 血型试剂。

6. X光检查造影剂及用于病人的诊断试剂，为已配定剂量的非混合产品或由两种及以上成分相互混合组成的产品。

造影剂用于内脏器官、动脉、尿道及胆道等的X光检查。它们主要是硫酸钡或对X光不透光的其他物质，可制成注射剂或口服剂（例如，钡餐）。

本品目的诊断试剂（包括微生物诊断试剂）为口服剂、注射剂等。

本品目不包括非病人用的诊断试剂（例如，病人体外验血、验尿等用的试剂或实验室用试剂）。它们应按其构成的材料归入相应的品目（例如，第二十八章、第二十九章、品目30.02或38.22）。

7. 牙科用粘固剂及填料、骨骼粘固剂。

牙科粘固剂及填料通常制成粉状或片状，有时还配有调配时需用的液体，并在包装上标明供牙科用。

本品目也包括用以填塞牙根管的尖子（例如，由银、古塔波胶、纸制成的）。

本品目还包括骨骼粘固剂，通常含有硬化剂（固化剂）和活化剂，这些产品供现有骨骼的移植修复之用等。这些粘固剂通常在体温下固化。

本品目不包括经特殊煅烧或精细研磨的牙科用熟石膏及以熟石膏为基本成分的牙科用制品（分别归入品目25.20及34.07）。

本品目也不包括骨移植替代品，例如，由外科用硫酸钙制得的骨移植替代品，这些产品具有晶体基质，当基质被吸收后，在其上面可长成新骨（品目30.04）。

8. 急救药箱、药包。

这些药箱、药包内装有几样少量普通药品（如双氧水、碘酊、红汞、山金车花酊剂等），以及少量敷料、绷带、膏药等，偶尔还有一些剪刀、镊子等器具。

本品目不包括医生用的较复杂的医药包。

9. 以激素、品目29.37其他产品或杀精子剂为基本成分的化学避孕药物，不论是否零售包装。

10. 专用于人类或兽药的凝胶制剂，作为外科手术或体检时躯体部位的润滑剂，或者作为躯体和医疗器械之间的耦合剂。

这些制剂通常含有多元醇（如甘油、丙二醇等）、水及增稠剂，一般在医疗或兽医方面用作体检时躯体部位的润滑剂（例如，阴道润滑）或躯体部位与外科医生的手、手套或医疗器材之间的润滑剂，还可用作躯体和医疗器械（例如，心电描记器、超声波扫描仪）之间的耦合剂。

11. 可确定用于造口术的用具，即裁切成型的结肠造口术、回肠造口术、尿道造口术用袋及其具有黏性的片或底盘。

12. 废药物。

本品目包括因超过有效保存期等而不适合于作原用途的药品。

典型案例

案例： 某头孢类药品，0.5克/粒，12粒/盒。

解析： 该药品由于已配定剂量（0.5克/粒），故应归入品目30.04"由混合或非混合产品构成的治病或防病用药品，已配定剂量（包括制成皮肤摄入形式的）或制成零售包装"，然后按列名归入子目3004.2013"头孢西丁制剂"。

第三十一章　肥　料

一、本章概述

本章包括通常作天然或人造肥料用的绝大多数货品。
肥料的归类要素包括：成分、含量、用途及包装状态。

二、类注及章注要点

本章不包括用于改良土壤，而非使土壤肥沃的货品，例如，石灰（品目25.22）、泥灰及沃土（不论是否天然含有少量的肥效元素氮、磷或钾）（品目 25.30）、泥煤（品目 27.03）。

本章也不包括用于种子、植物或土壤中用以帮助种子发芽及植物生长的微量营养素制品。它们可含有少量的肥效元素氮、磷、钾，但不作为基本成分（例如，品目 38.24）。

本章还不包括已制成的植物生长培养介质，例如，盆栽土，以泥煤、泥煤与砂的混合物、泥煤与黏土的混合物（品目 27.03）或泥土、砂、黏土等的混合物（品目 38.24）为基料制成。所有这些货品均可含有少量的氮、磷或钾肥效元素。

三、归类要点

（一）品目 31.02

本品目仅包括未制成品目 31.05 所述形状或包装的下列货品。

1. 符合下列任何一条规定的货品：

（1）硝酸钠，不论是否纯净。

（2）硝酸铵，不论是否纯净。

（3）硫酸铵和硝酸铵的复盐（不论是否纯净）。

（4）硫酸铵，不论是否纯净。

（5）硝酸钙和硝酸铵的复盐（不论是否纯净）或混合物。硝酸钙和硝酸铵的某些混合物可作为"硝酸钙化肥"出售。

（6）硝酸钙和硝酸镁的复盐（不论是否纯净）或混合物。这些产品是通过用硝酸处理白云石制得的。

（7）氰氨化钙，不论是否纯净或用油处理。

（8）尿素（碳酸二酰胺），不论是否纯净。主要作肥料用，但也可作为动物饲料，还可用于制脲甲醛树脂、有机合成等。

重要提示

1. 以上列出的矿产品或化学产品，即使明显不作为肥料使用，也应归入本品目。

2. 以上未列出的含氮产品，即使作为肥料使用，也不归入本品目（例如，氯化铵应归入品目 28.27）。

2. 由以上第 1 条所述任何货品相互混合而成的肥料（例如，由硫酸铵和硝酸铵混合而成的肥料）。

3. 由氯化铵或以上第 1 或第 2 条所述任何货品与白垩、石膏或其他无肥效无机物混合而成的肥料（例如，通过将硝酸铵混入或附于上述无肥效无机物而制得的肥料）。

4. 液体肥料，由硝酸铵（不论是否纯净）、尿素（不论是否纯净）或这些货品混合物的水溶液或氨溶液构成。

上述第 2、3 或 4 条所述的混合物只有在作肥料用时才归入本品目。

（二）品目 31.03

本品目仅适用于未制成品目 31.05 所述形状或包装的下列货品。

1. 符合下列任何一条规定的货品：

（1）过磷酸钙（一过磷酸钙、二过磷酸钙或三过磷酸钙）（可溶磷酸钙）。一过磷酸钙是通过硫酸作用于天然磷酸盐或骨粉制得的。二过磷酸钙或三过磷酸钙是通过磷酸作用于天然磷酸盐或骨粉制得的。

（2）碱性熔渣（也称作"托马斯炉渣""托马斯磷酸盐""含磷熔渣"或"冶金磷酸盐"）。它是在碱性熔炉或碱性转炉中用磷铁炼钢时所得的副产品。

（3）品目 25.10 的天然磷酸盐，已经焙烧或超出清除杂质范围的热处理。

（4）以干燥无水产品计含氟重量不少于 0.2% 的磷酸氢钙。以干燥无水产品计含氟重量少于 0.2% 的磷酸氢钙归入品目 28.35。

重要提示

1. 上述矿物或化学产品，即使明显不作为肥料使用，也应归入本品目。

2. 以上未列名的含磷产品（例如，品目 28.35 的磷酸钠），即使作为肥料使用，也不归入本品目。

2. 由以上第 1 条所述任何货品相互混合而成的肥料（例如，由过磷酸钙与磷酸氢钙混合而成的肥料），不受以上第 1 条第（4）项所述氟含量的限制。

3. 由以上第 1 或 2 条所述任何货品与白垩、石膏或其他无肥效无机物混合而成的肥料（例如，由过磷酸钙与白云石或过磷酸钙与硼砂混合而成的肥料），不受以上第 1 条第（4）项所述氟含量的限制。

第 2 或第 3 条的混合物只有是用作肥料的才归入本品目。据此，这些混合物可以是按任何比例混合而成的，且不受以上第 1 条第（4）项所述氟含量的限制。

（三）品目 31.04

本品目仅包括未制成品目 31.05 所述形状或包装的下列货品。

1. 符合下列任何一条规定的货品：

（1）氯化钾，不论是否纯净，但不包括品目 38.24 所列每颗重量不低于 2.5 克的氯化钾培养晶体（光学元件除外），也不包括氯化钾光学元件（品目 90.01）。

（2）硫酸钾，不论是否纯净。

（3）天然粗钾盐（如光卤石、钾盐镁矾、钾盐等）。

（4）硫酸镁钾，不论是否纯净。

重要提示

1. 以上列出的矿物或化学产品，即使明显不作为肥料使用，也应归入本品目。

2. 以上未列出的含钾产品，不论是已有化学定义（例如，品目 28.36 的碳酸钾），还是未有化学定义，即使作为肥料使用，也不归入本品目。

2. 由以上第 1 条所述任何货品相互混合而成的肥料（例如，由氯化钾与硫酸钾混合而成的肥料）。

与以上第 1 条所述情况相反，第 2 条所述的混合物只有是用作肥料的才归入本品目。

（四）品目 31.05

1. 本品目包括：

（1）磷酸二氢铵和磷酸氢二铵，不论是否纯净，以及其相互之间的混合物，不论是否作为肥料使用。

本品目不包括品目 31.02 至 31.04 未列名的其他已有化学定义的化合物，即使它们也可作肥料用［例如，硝酸钾（品目 28.34）、磷酸钾（品目 28.35）］。

（2）混合及复合肥料（单独的已有化学定义的化合物除外），即由肥效元素氮、磷及钾中的两种或三种组成的矿物肥料或化学肥料。

（3）所有其他肥料（单独的已有化学定义的化合物除外），例如：

①肥料物质（即含有氮、磷或钾的物质）与硫等无肥效物质的混合物。其中含氮或磷的许多混合肥料归入品目 31.02 或 31.03，而其他混合肥料则归入本品目。

②天然硝酸钠钾肥，为一种硝酸钠和硝酸钾的天然混合物。

③动物或植物肥料与化学或矿物肥料的混合物。

本品目也包括制成片及类似形状或每包毛重不超过 10 千克的本章各项货品。

2. 本品目不包括：

（1）本章章注二至章注五未列出，但可作肥料用的单独的已有化学定义的化合物，例如，归入品目 28.27 的氯化铵。

（2）废氧化物（品目 38.25）。

第三十二章　鞣料浸膏及染料浸膏；鞣酸及其衍生物；染料、颜料及其他着色料；油漆及清漆；油灰及其他类似胶粘剂；墨水、油墨

一、本章概述

本章包括用于鞣制及软化皮革的制剂［植物鞣膏、合成鞣料（不论是否与天然鞣料混合）及人造脱灰碱液］。

本章也包括植物、动物或矿物着色料及有机合成着色料，以及用这些着色料制成的大部分制剂（例如，油漆、陶瓷着色颜料、墨水等），还包括清漆、干燥剂及油灰等各种其他制品。

二、类注及章注要点

除品目 32.03 及 32.04 的货品、用作发光体的无机产品（品目 32.06）、品目 32.07

所述形状的熔融石英或其他熔融硅石制成的玻璃、制成零售形式或包装的染料及其他着色料（品目32.12）外，本章不包括由已有化学定义的化学元素或化合物构成的货品，这些货品一般归入第二十八章或第二十九章。

品目32.08至32.10的某些油漆及清漆或品目32.14的胶粘剂，如果各种混合组分或某些添加组分（例如，硬化剂）必须在使用时才进行调配的，其组分若符合下列条件仍应归入上述品目：

1. 其包装形式足以表明这些成分不需经过改装就可一起使用的。

2. 一起报验的。

3. 这些成分的属性及相互比例足以表明是相互配用的。

但是对于使用时应加入硬化剂的产品，如报验时无硬化剂，只要这些产品的组分或包装形式足以表明用于调制油漆、清漆或胶粘剂，则仍应归入这些品目。

第三十三章　精油及香膏；芳香料制品及化妆盥洗品

1. 本章包括：

品目33.03至33.07包括适合作这些品目所列用途的零售包装货品，不论是否混合（精油水馏液及水溶液除外）。

品目33.03至33.07的货品，不论是否含有起辅助作用的药物或消毒成分，也不论是否具有辅助治疗或预防作用，都应归入这些品目。但室内除臭剂即使其消毒性能已超出辅助作用，仍应归入品目33.07。

除适合作上述用途外还适合作其他用途的制剂（例如，清漆）及未混合产品（例如，未加香料的滑石粉、漂白土、丙酮、明矾），如果符合下列任一条件，仍应归入上述品目：

（1）零售包装并贴有标签、说明或其他标志，表明用作芳香料制品、化妆盥洗品或室内除臭剂。

（2）包装形式足以表明专供这些用途的（例如，配有涂指甲用小刷子的小瓶装指甲油）。

2. 应注意本章不包括的货品。

典型案例

案例：眼线液笔。它主要是由丁烯甘醇、油酸、色料等基本成分配制而成，呈笔状。使用该产品勾画眼部轮廓，可起到赋予色彩、美化眼睛的作用。

解析：该产品属于眼用化妆品，应归入子目3304.2000。

第三十四章　肥皂、有机表面活性剂、洗涤剂、润滑剂、人造蜡、调制蜡、光洁剂、蜡烛及类似品、塑型用膏、"牙科用蜡"及牙科用熟石膏制剂

一、本章概述

本章主要包括通过工业处理各种油、脂或蜡而得的产品（例如，肥皂、某些润滑剂、调制蜡、某些光洁剂、蜡烛），也包括某些人造产品，例如，表面活性剂、表面活性制品及人造蜡。

二、类注及章注要点

本章不包括单独的已有化学定义的化合物，也不包括未混合或未经处理的天然产品。

典型案例

案例：某品牌车用机油，由全合成机油加上特有的添加剂配制而成，用于汽车发动机的润滑。

解析：车用机油即汽车发动机用的润滑油，由于该润滑油并不是石油产品，而是化学合成产品，故应按化工品归入品目34.03"润滑剂及用于纺织材料、皮革、毛皮或其他材料油脂处理的制剂。但不包括以石油或从沥青矿物中提取的油类为基本成分（按重量计不低于70%）的制剂"。由于该润滑油不含石油或沥青矿物提取的油类，故应按"其他"归入子目3403.9900。

第三十五章　蛋白类物质；改性淀粉；胶；酶

应注意本章不包括的货品。

第三十六章　炸药；烟火制品；火柴；引火合金；易燃材料制品

本章包括发射药及配制炸药，即以本身含有燃烧所必需的氧气并在燃烧中产生大量高温气体为特征的混合物。

本章还包括引爆时所需的辅助产品（例如，雷管或火帽、引爆管等）。

用爆炸、发火、易燃或可燃的材料制成的用以产生光、声、烟、火焰或火花的制品（例如，烟火制品、火柴、铈铁及某些易燃材料制品）也归入本章。

本章不包括单独的已有化学定义的化合物（通常归入第二十八章或第二十九章）。本章也不包括第九十三章的弹药。

第三十七章　照相及电影用品

一、本章概述

本章包括不论是否曝光或冲洗的照相感光硬片、软片、纸、纸板及纺织物制品。

二、类注及章注要点

本章不包括废碎料。主要用于回收贵金属的含贵金属或贵金属化合物的摄影或电影废碎料应归入品目71.12。其他的摄影或电影废碎料应根据其构成材料归类（例如，塑料的应归入品目39.15，纸的应归入品目47.07）。

第三十八章　杂项化学产品

一、本章概述

归入第三十八章的化工产品必须是其他章所列名的化学品以外的货品。

二、类注及章注要点

本章不包括单独的已有的化学定义的元素及化合物（通常归入第二十八章或第二十九章），但下列除外：

1. 人造石墨（品目38.01）。

2. 制成品目38.08所述形状或包装的杀虫剂、杀鼠剂、杀菌剂、除草剂、抗萌剂、植物生长调节剂、消毒剂及类似产品。

3. 灭火器的装配药及已装药的灭火弹（品目38.13）。

4. 每颗重量不低于2.5克的氧化镁、碱金属或碱土金属卤化物制成的培养晶体（光学元件除外）（品目38.24）。

5. 零售包装的除墨剂（品目38.24）。

三、归类要点

（一）品目38.08

1. 本品目包括：

（1）用以杀灭致病病菌、害虫（如蚊子、飞蛾、科罗拉多甲虫、蟑螂等）、苔藓、霉菌、杂草、鼠类、野鸟等的一系列产品（不包括药剂及兽药，归入品目 30.03 或 30.04）。用于驱赶害虫或种子杀菌的产品也归入本品目。

（2）本品目还包括用以抑制或促进植物生理进程的抗萌剂及植物生长调节剂。这些制剂有各种各样的使用方法，其作用也各不相同，如破坏植物生长、增强植物生长活力、提高作物收成等。

重要提示

这些产品只有在下列情况下才归入本品目：

1. 制成零售包装（例如，金属容器或纸板盒）作消毒剂、杀虫剂等用，或其形状已明显表明通常供零售用（例如，圆球形、串球形、片剂形或板状）。制成这些形状的产品可以是混合物，也可以是非混合物。非混合产品主要是已有化学定义的化合物，如果该化合物（例如，萘或 1，4-二氯苯）不制成上述形状，则应归入第二十九章。

2. 制成制剂，不论其形状如何（例如，呈液状或粉状）。

需进一步混合才能用作杀虫剂、杀菌剂、消毒剂等的中间制剂，如果已具有杀虫、杀菌等作用的，也应归入本品目。

食物（如小麦粒、糠、糖蜜等）与毒剂混合而成的毒饵也应归入本品目。

3. 制成制品，例如，经硫处理的带条、杀虫灯芯及蜡烛（供瓷、住宅等的消毒、熏蒸用）；捕蝇纸（包括表面涂胶而不含毒物的纸）；果树用的涂油带（包括不含毒物的）；供保藏果酱用的水杨酸浸渍纸；用于燃烧灭虫的高丙体六六六（ISO、INN）涂布纸或小木梗；等等。

2. 本品目不包括：

（1）不符合上述规定的具有消毒、杀虫等作用的产品。

（2）《协调制度》其他品目更为具体列名的制品或消毒、杀虫等仅为辅助性能的制剂。

（3）具有药物（包括兽用药）基本特性的消毒剂、杀虫剂等（品目 30.03 或 30.04）。

（4）室内除臭剂，不论是否具有消毒性质（品目 33.07）。

（二）品目 38.22

本品目包括附于衬背上的诊断或实验室用试剂，以及诊断或实验室用配制试剂，但品目 30.02 的诊断试剂、品目 30.06 的诊断病人用的诊断试剂和血型试剂除外。本品目也包括检定参照物。

诊断试剂用于对动物和人类体内物理、生物物理、生物化学过程及状况的评估。其功能是以构成试剂的生物或化学物质中所发生的可测量或可观察的变化为基础。本品目的诊断用配制试剂在功能上可能与病人用的诊断试剂（子目 3006.30）相似，其区别在于它们是用于体外而非用于体内。

实验用配制试剂不仅包括诊断试剂，还包括除了用于检测或诊断以外的其他分析试剂。诊断和实验室用配制试剂可用于医疗、兽医、科研或工业实验室，也可用于医院、工业、农田，在某些情况下，还可以在家庭中使用。

但具有品目 30.02 或品目 30.06 所列产品基本特征的诊断试剂盒（例如，单克隆抗体或多克隆抗体的试剂盒）不包括在内。

本品目的试剂必须可明显判别为仅可作诊断或实验室用试剂，可以清楚地根据产品的成分、标签、用于体外或实验室的使用说明、具体诊断测试的指示或物质形态（例如，附于衬背或载体上）加以判别。

除第二十八章或第二十九章的产品外，检定参照物应优先归入品目 38.22。

（三）品目 38.26

生物柴油可从植物油（例如，油菜籽、大豆、棕榈植物、向日葵、棉籽、小油桐）、动物脂肪（例如，猪油、牛脂）或者从已使用过的油脂（例如，煎炸油、回收烹饪油脂）制得。

生物柴油本身既不含石油也不含从沥青矿物中提取的油类，但可以与从石油或从沥青矿物中得到的馏分燃料（例如，柴油、煤油、汽油）混合。生物柴油可用作压燃式内燃机的燃料、供热或类似用途。

本品目不包括：

1. 含有按重量计 70% 或以上的石油或从沥青矿物中提取油类的混合物（品目 27.10）。

2. 从植物油中得到的经完全脱氧仅含脂肪链烃的产品（品目 27.10）。

典型案例

案例： 修正带（双轴式），用于修改手写稿和印刷稿。该货品包含一个塑料分配器，分配器由两个卷轴构成，一个缠绕着修正带，另一个用来收集使用过的修正带，修正带表面附着白色颜料涂层。使用时，将分配器延伸出来的压嘴紧密地压在需要修正的部分上，沿表面滑动直到完全覆盖需要修正的部分，最后将压嘴竖直向上提起。

解析： 根据第三十八章章注三（四），"零售包装的蜡纸改正液、其他改正液及改正带（品目 96.12 的产品除外）"，该修正带（双轴式）应归入子目 3824.9920。

提示： 该货品在实际工作中常被按办公室或学校用的塑料制品误归入子目 3926.1000。

案例： 铝工业用锰添加剂，外观为灰色圆饼状，构成成分为纯金属锰粉、助熔剂（铝无机盐与纯铝粉的混合物或纯铝粉）、表面活性剂（油脂类碳氢化合物），各种成分含量为锰 85%±2%，表面活性剂 0.5%~2%，余量为助熔剂，铁、硅等杂质小于 1%。该货品生产工艺为将纯锰粉、助熔剂和表面活性剂按一定的粒度和配比，加入高速搅拌机中混匀后出料，用高压液压机压成圆饼状。该添加剂主要在铝合金熔铸生产中起调节锰含量的作用，其中锰粉的作用是增加铝合金中的锰元素，助熔剂的作用是降低熔点，表面活性剂的作用是促进锰的高效熔化，并稳定其熔化性能。

解析： 该添加剂中各组分需要配合使用，均属于货品的重要组成部分。根据该货品的属性和品目 38.24 的规定，应将其按"其他品目未列名化学工业及其相关工业的化学产品及配制品"归入子目 3824.9999。

第七类 塑料及其制品；橡胶及其制品

《商品及品目注释》中关于本类货品的归类总注释如下。

一、注释一

本注释是关于由两种或两种以上单独成分配套而成，其部分或全部组分属于第七类的货品的归类问题；并仅适用于其各组分准备于混合后构成第六类或第七类产品的配套货品。这类配套货品只要其组分符合本类类注一（一）至（三）款的条件，则应按其混合后的产品归入相应的品目。

必须注意，本类注释一不包括虽由两种或两种以上单独成分配套而成，其部分或全部组分也属于第七类范围以内，但在使用时却是相继加入而不是预先混合的货品。这些货品如属零售包装，应按归类总规则［一般按规则三（二）］归类；如属非零售包装，则按各单独成分分别归类。

二、注释二

品目 39.18 的货品（塑料地衣品或糊墙品）及品目 39.19 的货品（胶粘塑料板等），即使以所印的花纹、字符或图画为其主要用途，仍归入上述品目而不归入第四十九章。但所有其他本类所列的塑料或橡胶货品，如以所印花纹、字画作为主要用途，均应归入第四十九章。

第三十九章 塑料及其制品

一、本章概述

本章分为两个分章，第一分章包括初级形状的聚合物，第二分章包括废碎料及下脚料、半制品及制成品。

二、类注及章注要点

（一）聚合物

聚合物是由以一种或多种重复单体单元为特征的分子所组成。

（二）塑料

所称"塑料"，是指由本章章注一所规定的品目 39.01 至 39.14 的材料。这些材料能够在聚合时或聚合后在外力（一般是热力和压力，必要时加入溶剂或增塑剂）作用下通过模制、浇铸、挤压、滚轧或其他工序制成一定的形状，成形后除去外力，其形状仍保持不变。《协调制度》所称"塑料"，还包括钢纸。

本章中的材料，如果可反复加热软化成形而制成制品（例如，浇铸后冷却固化），称为"热塑性塑料"；如果可通过或已通过化学或物理方法（例如，加热）制成不熔性产品，称为"热固性塑料"。

（三）共聚物及聚合物混合体

所称"共聚物"，是指在整个聚合物中按重量计没有一种单体单元的含量在95%及以上的聚合物。

由96%的丙烯单体单元及4%的其他烯烃单体单元组成的聚合物，不能视为是一种共聚物。

共聚物包括共缩聚产品、共加聚产品、嵌段共聚物及接枝共聚物。

共聚物及聚合物混合体的归类，应按本章章注四的规定办理。除条文另有规定的以外，这些产品应按聚合物中重量最大的那种共聚单体所构成的聚合物归入相应品目。为此，聚合物所含的归入同一品目的共聚单体单元，应整体视作一种单一的共聚单体单元对待。

如果没有任何一种共聚单体单元（或其各种聚合物均归入同一品目的多种共聚单体单元）重量为最大，共聚物或聚合物混合体应按号列顺序归入其可归入的最末一个品目。

例1 氯乙烯-乙酸乙烯酯共聚物，如果含有55%的氯乙烯单体单元应归入品目39.04，但如果含有55%的乙酸乙烯酯单体单元，则归入品目39.05。

例2 由45%乙烯、35%丙烯及20%异丁烯的单体单元组成的共聚物应归入品目39.02，因为丙烯及异丁烯单体单元的聚合物均归入品目39.02，两者合起来占共聚物的55%，超过了乙烯单体单元。

例3 由55%的聚氨基甲酸酯（以二异氢酸甲苯及聚醚多羟基化合物为基料的）及45%聚亚二甲苯基氧化物组成的聚合物混合体应归入品目39.09，因为聚氨基甲酸酯的单体单元超过了聚亚二甲苯基氧化物的单体单元。根据聚氨基甲酸酯的定义，它的所有单体单元，包括构成聚氨基甲酸酯一部分的聚醚多羟基化合物的单体单元，均作为归入品目39.09的聚合物的单体单元对待。

（四）化学改性聚合物

"化学改性聚合物"，即聚合物主链上的支链通过化学反应发生了变化的聚合物，应按未改性的聚合物的相应品目归类（参见本章章注五）。本规定不适用于接枝共聚物。

例如：

1. 氯化聚乙烯及氯磺化聚乙烯，应归入品目39.01。

2. 聚合物经化学改性形成活性环氧基团，成为环氧树脂，应归入品目39.07。

3. 用表氯醇进行化学改性的酚醛树脂，应作为环氧树脂归类，而不能作为品目

39.09 的化学改性酚醛树脂归类。

聚合物混合体中所含任何一种聚合物如已化学改性，则整个混合体均视为已经化学改性。

（五）初级形状

品目 39.01 至 39.14 仅包括初级形状的货品。所称"初级形状"的范围，本章章注六已有规定，仅适用于下列形状：

1. 液状及浆状。

此类材料可以是需经加热或其他方法"熟化"以制成材料的基本聚合物，也可以是分散体（乳液及悬浮液）或未熟化或部分熟化材料的溶液。除了"熟化"所需的物质［例如，硬化剂（交联剂）或其他共反应剂及促进剂］外，此类材料可含有增塑剂、稳定剂、填料及着色料等主要使成品具有特殊的物理性能或其他所需特性的物质。这些液状和浆状材料可用于浇铸、压挤等，也可用作浸渍材料、表面涂料、清漆或油漆的基料、胶水、增稠剂及絮凝剂等。

如果加入了某种物质，所得产品更为具体地列入《协调制度》的其他品目的，这些产品则不归入第三十九章，例如，调制胶、制成的矿物油添加剂（品目 38.11）。

以品目 39.01 至 39.13 所列的任何产品溶解在挥发性有机溶剂中所构成的溶液（胶棉除外），如果溶剂重量超过溶液总重的 50%，则不归入本章而应归入品目 32.08。

不含溶剂的液状聚合物，明显只能作为清漆使用（靠加热、大气中水分或氧的作用而不需加入硬化剂来成膜），应归入品目 32.10。不是明显只能作为清漆使用的归入本章。

2. 粉状、粒状及鳞片状。

此类形状的材料可用于模型、制造清漆及胶水等，还用作增稠剂和絮凝剂等。它们由在模塑及熟化处理时变为塑料的未塑化材料构成，或由加入了增塑剂的材料构成；这些材料可以混有填料（例如，木粉、纤维素、纺织纤维、矿物质、淀粉）、着色料及上述第 1 条所列的其他物质。粉末可用于通过静电或非静电加热涂覆物品等。

3. 不规则块状、团状及类似散装形状，不论是否含有上述第 1 条所列的填料、着色料或其他物质。

规则几何状的块料不属于初级形状范围，应视为"板""片""膜""箔""带"。

由单一种类的热塑性材料的废碎料及下脚料制得的初级形状材料，应归入品目 39.01 至 39.14（根据构成材料归类），而不能归入品目 39.15。

（六）管子

品目 39.17 所称"管子"，是指通常用于输送或供给气体或液体的空心制品或半制品（例如，肋纹浇花软管、多孔管），还包括香肠用肠衣及其他扁平管。除肠衣及扁平管外，内截面如果不呈圆形、椭圆形、矩形（其长度不超过宽度的 1.5 倍）或正几何形，则不能视为管子，而应视为异型材。

（七）品目 39.20 或 39.21 的板、片、膜、箔、带

此类板、片等，不论是否经表面加工（包括将板、片等切成矩形或正方形），如果

经磨边、钻孔、铣削、卷边、绞拧、镶框及其他加工，或切成矩形（包括正方形）以外的其他形状，一般应归入品目 39.18、39.19 或 39.22 至 39.26。

（八）泡沫塑料

所称"泡沫塑料"，是指在整体内部遍布无数微孔（敞开、封闭或两者兼有）的塑料，包括多孔塑料、海绵塑料及微孔塑料。它们有软有硬。

泡沫塑料的生产方法有多种，包括在塑料中混入气体（例如，机械混合、低沸点溶剂蒸发、产气材料降解）、混入中空的微型球体（例如，玻璃或酚醛树脂球体）、烧结塑料微粒及混入可从塑料沥出后留下空洞的水或溶剂溶解材料。

（九）塑料与纺织品的复合制品

糊墙品（适用于墙壁或天花板装饰用的宽度不小于 45 厘米的成卷产品，这类产品是将塑料牢固地附着在除纸张以外任何材料的衬背上，并且在塑料面起纹、压花、着色、印制图案或用其他方法装饰），应归入品目 39.18。其他塑料与纺织品的复合制品则主要按照第十一类类注一（八）、第五十六章章注三和第五十九章章注二的规定进行归类。本章还包括下列产品：

1. 以塑料浸渍、涂布、包覆或层压的毡，其中纺织材料占总重量的 50% 及以下，以及完全嵌入塑料中的毡。

2. 完全嵌入塑料的或两面均完全涂以或覆以塑料的纺织物及无纺织物，但所涂覆的塑料须能够用肉眼分辨出来（涂覆引起的颜色变化不计在内）。

3. 经塑料浸渍、涂布、包覆或层压的纺织物，在温度 15℃~30℃ 时用手将其绕在一个直径为 7 毫米的圆筒上会断裂的。

4. 泡沫塑料与纺织物（第五十九章章注一所规定的）、毡或无纺织物复合制成的板、片及带，其中的织物仅起增强作用的。

对此，无花式、未漂白、漂白或匀染的纺织物、毡或无纺织物如仅附在这些板、片及带的一面，应视为仅起增强作用。而使用花式、印花或更为精细加工（例如，拉绒）的纺织品及特种产品，如起绒织物、网眼薄纱、花边及品目 58.11 的纺织产品，均应视为超出仅起增强作用的范围。

两面均用纺织物盖面的泡沫塑料板、片及带，不论织物的性质如何，都不归入本章（通常归入品目 56.02、56.03 或 59.03）。

（十）塑料与纺织品以外其他材料的复合制品

本章还包括由一道或多道工序制成的下列产品，只要这些产品仍保持塑料制品的基本特征：

1. 嵌有其他材料（例如，金属丝、玻璃纤维等）制成的增强物或支撑网的塑料板、片等。

2. 用其他材料（例如，金属箔、纸板等）隔层的塑料板、片等。

两面均用一层薄塑料保护膜覆盖的纸或纸板制成的纸品，如仍保留纸或纸板的基本特征，不应归入本章（一般归入品目 48.11）。

3. 纸质增强层压塑料片，以及在一层纸或纸板上涂以或覆以一层塑料，其塑料层厚度超过总厚度一半以上的产品，但品目48.14的壁纸除外。

4. 由浸渍了塑料的玻璃纤维或纸张压制而成的产品，但应具有硬挺的特征（如其只具有纸张或玻璃纤维制品的特征时，则应酌情归入第四十八章或第七十章）。

上述规定也适用于化纤单丝、条、杆、管等型材及制成品等。

贱金属制成的纱、网仅简单地用塑料浸渍，即使由于浸渍网眼为塑料所填的，也不包括在本章内（第十五类）。

对于木片与塑料片夹层构成的板、片，如果木片仅起支撑或增强作用的，仍归入本章；如果塑料仅起辅助作用（例如，作为高级贴面薄板的衬基），则不归入本章（第四十四章）。另外请注意，由木片与塑料片夹层构成的建筑用镶板，一般都归入第四十四章。

（十一）子目注释的适用

本章子目注释为聚合物（包括共聚物）、化学改性聚合物及聚合物混合体的子目归类规则。在产品归入子目前，必须首先根据本章章注四及章注五的规定确定适当的品目。

（十二）聚合物（包括共聚物）、化学改性聚合物的归类

聚合物（包括共聚物）及化学改性聚合物，应视同级子目中有无列明为"其他"的子目，而分别按照本章子目注释的相应规定确定归类。

列明为"其他"的子目，不包括诸如"其他聚酯"和"其他塑料制"之类的子目。

1. 在同级子目中有列明为"其他"的子目的归类。

（1）本章子目注释第一条（一）款规定，聚合物名称冠有"聚（多）"的（例如，聚乙烯及聚酰胺-6，6），是指列名的该种聚合物单体单元含量在整个聚合物中按重量计必须占95%及以上。对于以类列名的聚合物名称冠有"聚（多）"的（例如，子目3911.10的多萜树脂），所有该类的单体单元（例如，多萜树脂的各种单体单元）含量在聚合物中按重量计必须占95%及以上。

值得强调的是，这一规定仅适用于子目所列的聚合物，且它们的同级子目中又有一个列明为"其他"的子目。

例 由96%的乙烯单体单元和4%的丙烯单体单元组成，比重在0.94及以上的聚合物（根据本章章注四的规定，它属于一种品目39.01的聚合物），应作为聚乙烯归入子目3901.20，因为乙烯单体单元含量在整个聚合物中已占95%以上，且在同级子目中又有一个列明为"其他"的子目。

上述关于聚合物名称冠有"聚（多）"的规定对于聚乙烯醇来说，并不要求名为乙烯醇的单体单元按重量计占95%及以上。然而，乙烯乙酸酯和乙烯醇两者的单体单元含量在聚合物中按重量计必须达到95%及以上。

（2）本章子目注释第一条（二）款是关于子目3901.30、3903.20、3903.30及3904.30所列产品的归类问题。归入这四个子目的共聚物，其子目所列聚合物的单体单

元含量按重量计必须占 95% 及以上。

例 1　由 61% 的氯乙烯、35% 的乙烯乙酸酯和 4% 的马来酐的单体单元组成的共聚物（一种品目 39.04 的聚合物），应作为氯乙烯-乙烯乙酸酯共聚物归入子目 3904.30，因为氯乙烯和乙烯乙酸酯两者的单体单元含量在整个聚合物中已占 96%。

例 2　由 60% 的苯乙烯、30% 的丙烯腈和 10% 的甲苯乙烯的单体单元组成的共聚物（一种品目 39.03 的聚合物），应归入子目 3903.90（列明为"其他"的子目），而不归入子目 3903.20，因为苯乙烯和丙烯腈两者的单体单元含量在整个聚合物中仅占 90%。

（3）本章子目注释第一条（三）款是关于化学改性聚合物的归类问题。这些聚合物如未在其他子目中具体列名，应归入列明为"其他"的子目内。本子目注释意在说明，化学改性聚合物与未改性聚合物并非归入同一个子目，除非未改性聚合物本身也归入列明为"其他"的子目。

例 1　氯化或氯磺化聚乙烯，为品目 39.01 的化学改性聚乙烯，应归入子目 3901.90（"其他"子目）。

例 2　通过水解聚乙烯乙酸酯制取的聚乙烯醇，应归入已具体列名的子目 3905.30。

（4）本章子目注释第一条（四）款规定：不能根据第一条（一）、（二）或（三）款规定归类的聚合物应归入列明为"其他"的子目，除非在该同级子目中有列名更为具体的子目，该子目包括了与其他各种单体单元相比重量最大的那种单体单元的聚合物。为此，归入同一子目的聚合物的单体单元应作为一种单体对待。只有在同级子目中的聚合物的单体单元才可以进行比较。

具体列名的子目所列名称具有一定的格式，如聚×××、×××共聚物或×××聚合物〔例如，丙烯共聚物（子目 3902.30）、含氟聚合物（子目 3904.61 及 3904.69）〕。

要归入这些子目，仅需要有关子目所列名的单体单元含量超过每种同级子目所列的其他单体单元即可，也就是说，有关子目所列名的单体单元在同级子目的聚合物总含量中不一定超过 50%。

例 1　由 40% 的乙烯和 60% 的丙烯的单体单元组成的乙烯-丙烯共聚物（一种品目 39.02 的聚合物），应作为一种丙烯共聚物归入子目 3902.30，因为丙烯是归类时应考虑的唯一所含单体单元。

例 2　由 45% 的乙烯、35% 丙烯和 20% 异丁烯的单体单元组成的共聚物（一种品目 39.02 的聚合物），应归入子目 3902.30，因为只有丙烯和异丁烯的单体单元进行比较（乙烯单体单元不参与比较），而丙烯单体单元超过了异丁烯单体单元。

例 3　由 45% 的乙烯、35% 异丁烯和 20% 丙烯的单体单元组成的共聚物（一种品目 39.02 的聚合物），应归入子目 3902.90，因为只有异丁烯和丙烯的单体单元进行比较，而异丁烯单体单元超过了丙烯单体单元。

2. 在同级子目中没有列明为"其他"的子目的归类

（1）本章子目注释第二条（一）款规定了如果在同级子目中没有列明为"其他"的子目，按重量计超过其他各种单体单元并且在有关子目列名的那种单体单元的聚合物应如何归类的问题。为此，归入同一子目的单体单元应作为一种单体对待。

本规定与本章章注四所述的聚合物在品目上的归类方法相类似。

所规定的"最大单体单元"的概念，不包括聚合物含有不归入有关同级子目中的单体单元的情况。因此，只有在有关同级子目中的聚合物单体单元才可以进行比较。

例1 由尿素和苯酚与甲醛缩聚而成的共缩聚物（一种品目39.09的聚合物），如果尿素单体单元超过了苯酚单体单元，应归入子目3909.10；如果苯酚单体单元超过了尿素单体单元，则应归入子目3909.40。因为在同级子目中没有列明为"其他"的子目。

本章子目注释第一条（一）款关于聚合物名称冠有"聚（多）"的规定，不适用于这里所述的子目。

例2 含有聚碳酸酯和聚对苯二甲酸乙二酯的单体单元的共聚物，如果前者重量大于后者，应归入子目3907.40；如果后者重量大于前者，应归入子目3907.60。因为在同级子目中没有列明为"其他"的子目。

（2）本章子目注释第二条（二）款是关于化学改性聚合物的归类问题。如果在有关同级子目中没有列明为"其他"的子目，它们应与未改性聚合物归入同一子目。

例 乙酰化的酚醛树脂（一种品目39.09的聚合物）应作为酚醛树脂归入子目3909.40，因为在同级子目中没有列明为"其他"的子目。

（十三）聚合物混合体的归类

本章子目注释一的最后一段是关于聚合物混合体归类的规定。它们应按单体单元比例相等、种类相同的聚合物归入相应子目。

例1 由96%的聚乙烯和4%的聚丙烯组成，比重大于0.94的聚合物混合体，应作为聚乙烯归入子目3901.20，因为乙烯单体单元占整个聚合物含量的95%以上。

例2 由60%的聚酰胺-6和40%的聚酰胺-6，6组成的聚合物混合体应归入子目3908.90（"其他"子目），因为聚合物中两者的单体单元含量均未达到整个聚合物含量的95%及以上。

例3 由聚丙烯（45%）、聚对苯二甲酸丁二酯（42%）和聚间苯二甲酸乙二酯（13%）组成的混合体应归入品目39.07，因为其所含两种聚酯单体单元的含量合起来超过了聚丙烯单体单元的含量。考虑聚对苯二甲酸丁二酯和聚间苯二甲酸乙二酯单体单元时，不应考虑其在混合体中如何化合成独立的聚合物。在这个例子中，一个聚对苯二甲酸丁二酯单体单元和另一个聚间苯二甲酸乙二酯单体单元均与聚对苯二甲酸乙二酯所含的单体单元为相同的单体单元。然而，该混合体应归入子目3907.99，因为在仅考虑聚酯的单体单元的情况下，按照正确的化学计量比，所含"其他聚酯"的单体单元超过了聚对苯二甲酸乙二酯的单体单元。

三、归类要点

第一分章　初级形状

（一）品目39.01

本品目包括聚乙烯及化学改性聚乙烯（例如，氯化聚乙烯及氯磺化聚乙烯），还包括乙烯为主要共聚单体单元的乙烯共聚物（例如，乙烯-乙酸乙烯酯共聚物及乙烯-丙烯共聚物）。

低密度聚乙烯大量用作包装薄膜，特别是用于食品包装，以及作为纸张、纤维板、铝箔等的涂层、电器绝缘材料，还可用于制造各种日用品和玩具等。

乙烯-乙酸乙烯乙酯共聚物适用于制造卡口盖、容器内包装衬里及拉伸包装薄膜。

（二）品目 39.02

本品目包括除乙烯外的所有烯烃聚合物（即含一个或多个双键的无环烃）。本品目中重要的聚合物有：聚丙烯、聚异丁烯及丙烯共聚物。

聚丙烯及丙烯共聚物用于制造包装薄膜，汽车、仪表及家用器具等的模制零件，电缆、电线的外皮，食物容器的封盖，涂层及层压制品，瓶，托盘，精密设备的包装容器，导管，槽罐衬里，化工厂的管道系统，以及簇绒地毯的衬背。

（三）品目 39.03

本品目包括聚苯乙烯及苯乙烯共聚物。最主要的苯乙烯共聚物有苯乙烯-丙烯腈（SAN）共聚物、丙烯腈-丁二烯—苯乙烯（ABS）共聚物及苯乙烯-丁二烯共聚物。大部分以丁二烯为主要成分的苯乙烯-丁二烯共聚物都符合第四十章章注四的规定，因而作为合成橡胶归入第四十章。

未发泡聚苯乙烯是一种无色透明的热塑材料，广泛应用于无线电和电器工业方面，也用于包装，例如，用作食品及化妆品的包装材料，还可用于制造玩具、钟壳及唱片。

发泡（微孔）聚苯乙烯由于含有发泡过程中产生的气体而具有较低的堆积密度，广泛地作为绝热材料用于电冰箱门、空调机隔套、冷藏装置、冷藏展销柜，以及应用于建筑业中，还可用于制造一次性包装及餐具。

具有高抗张强度、良好的可塑性及抗化学性的苯乙烯-丙烯腈（SAN）共聚物，可用于制杯子、打字机键、冰箱零件、滤油杯及某些厨房设备。具有高抗冲击强度及耐久性的丙烯腈-丁二烯-苯乙烯（ABS）共聚物可用于制造机动车车体、电冰箱门、电话机、瓶子、鞋跟、机器外壳、水管、建筑板材及船舶等的零、附件。

（四）品目 39.04

本品目包括聚氯乙烯（PVC）、氯乙烯共聚物、亚乙烯基二氯聚合物、氟聚合物及其他卤化烯烃聚合物。有关聚合物（包括共聚物）、化学改性聚合物及聚合物混合体的归类，参见上述本章"类注及章注要点"相关内容。

柔韧的聚氯乙烯片材广泛地作为防水材料，用于制造帘幕、围裙、雨衣等，以及作为高级人造革用于各种客运工具、家具及内部装饰。硬质聚氯乙烯片材可用于制造盖子、管道、槽罐衬料及其他许多种类的化工厂设备，还有常见的聚氯乙烯地面砖。

最重要的氯乙烯共聚物是氯乙烯-乙酸乙烯酯共聚物，主要用于制造唱片和地衣品。

偏二氯乙烯共聚物大量用于制造食品包装材料、家具革、纤维、鬃丝、乳胶涂料及化工生产装置的管道。

聚四氟乙烯（PTFE）是最重要的氟聚合物之一，广泛应用于电子、化工、机械工业中。由于具有耐高温性能，是优异的绝缘材料；同时又具有耐化学品性，基本不为化学物质所毁损。

第二分章　废碎料及下脚料；半制品；制成品

（五）品目 39.17

根据本章章注八，所称"管子"是指：

1. 一般用于输送、引流或分配气体或液体的中空制品（例如，园艺用波纹管、多孔管），不论是半制品或制成品，只要其内横截面为圆形、椭圆形、矩形（长宽比不超过 1.5 倍）及正多边形。

2. 香肠用肠衣（不论是否捆扎或经其他进一步加工的）及其他扁平管。

本品目还包括管子的塑料附件（例如，接头、肘管、法兰）。

管子及其附件可以为硬质，也可以为软质，可以用其他材料增强，也可以与其他材料合制。

（六）品目 39.18

本品目第一部分包括通常作为铺地制品的成卷或砖瓦状的塑料制品。应该注意，本品目还包括胶粘的铺地制品。

本品目第二部分，其范围以本章章注九的规定为限，包括塑料糊墙品，以纺织物为衬基的也包括在内，但不包括以塑料涂覆的壁纸或类似的纸质糊墙品（品目 48.14）。

必须注意，本品目包括印有花纹、字符或图画的物品，即使所印的花纹、字画作为其主要用途（参见第七类类注二）。

（七）品目 39.19

本品目包括除品目 39.18 的铺地制品、糊墙品以外的所有胶粘扁平状塑料，不论是否成卷。但本品目的货品仅限于在常温下无须润湿或加入其他助剂，一经与各种不同的表面接触，仅用手指或手按压，即可永久牢固地粘着（单面或双面）的扁平状材料。

重要提示

本品目包括印有花纹、字符或图画的物品，即使所印的花纹、字画作为其主要用途。

（八）品目 39.20

本品目包括除品目 39.18 或 39.19 所列货品以外的塑料板、片、膜、箔及扁条，未以其他材料增强、层压、支撑或以类似方法合制的。

本品目也包括平均 1 毫米长的松散聚乙烯或聚丙烯纤维（原纤维）组成的合成纸浆片，它们一般含有 50% 的水分。

本品目不包括以其他非塑料材料增强、层压、支撑或以类似方法合制的产品（品目 39.21）。为此，所称"以类似方法合制"必须是用非塑料材料与塑料合制以提高塑料材料的强度（例如，嵌金属网及玻璃纤维机织物、矿物纤维、金属须及长丝）。

然而，用塑料与粉状、粒状、小圆球状或粉片状填料合制而成的产品可归入本品目。另外，简单的表面加工，例如，上色、印制（应符合第七类类注二的规定）、真空喷涂金属并不视为本品目所称的增强或以类似方法合制。

本品目也不包括泡沫塑料产品（品目 39.21）及表观宽度不超过 5 毫米的塑料带（第五十四章）。

根据本章章注十，所称"板、片、膜、箔及扁条"仅指板、片、膜、箔、扁条及正几何形块，不论是否经印制或其他表面加工（例如，抛光、压纹、着色、简单弯曲或制成瓦楞形），以及未切割或切割成矩形（包括正方形）但未作进一步加工的（即使切割后成为可即供使用的制品，例如，桌布）。

经磨边、钻孔、铣削、卷边、搓捻、镶框或其他加工以及切成除矩形（包括正方形）以外其他形状的板、片等，不论是否经表面加工（包括切割成小块正方形或其他矩形），一般均作为品目 39.18、39.19 或 39.22 至 39.26 的货品归类。

（九）品目 39.21

本品目包括除品目 39.18、39.19、39.20 或第五十四章货品以外的塑料板、片、膜、箔及扁条，即仅包括泡沫塑料产品及用其他材料增强、层压、支撑或以类似方法合制的产品（有关与其他材料合制而成的板等的归类，参见上述"类注及章注要点"）。

根据本章章注十，所称"板、片、膜、箔及扁条"仅适用于板、片、膜、箔、扁条及正几何形块，不论是否经印制或其他表面加工（例如，抛光、压纹、着色、简单弯曲或制成瓦楞形），以及未切割或切割成矩形（包括正方形）但未作进一步加工的（即使切割后成为可即供使用的制品）。

经磨边、钻孔、铣削、卷边、搓捻、镶框或其他加工，以及切割成除矩形（包括正方形）以外其他形状的板、片等，不论是否经表面加工（包括切割成小块正方形或其他矩形），一般均作为品目 39.18、39.19 或 39.22 至 39.26 的货品归类。

（十）品目 39.22

塑料的坐便器水箱，不论是否装有机械装置，仍归入本品目。

本品目不包括：

1. 便携式的小型卫生器具，例如，便盘和便壶（品目 39.24）。

2. 肥皂盘、毛巾架、牙刷架、卫生纸架、毛巾钩及类似的浴室、盥洗室和厨房器具；这些器具如果是供永久固定安装在墙内、墙上或建筑物的其他地方，应归入品目 39.25，否则应归入品目 39.24。

（十一）品目 39.23

本品目包括所有通常用于包装或运输各种货物的塑料制品。这些制品有：

1. 容器，例如，盒、箱、板条箱、包袋（包括锥形袋及垃圾袋）、桶、罐、坛及瓶。

本品目还包括：

（1）具有容器特征，用于盛装及运输某些食物的无把柄的杯，不论其是否可附带用作餐具或盥洗器具。

（2）初制成型的塑料瓶，为管状的中间产品，其一端封闭而另一端为带螺纹的瓶口，瓶口可用带螺纹的盖子封闭，螺纹瓶口下面的部分准备膨胀成所需尺寸和形状。

2. 卷轴、纤子、筒管及类似品，包括无磁带的录像带盒或录音带盒。

3. 塞子、盖子及类似品。

本品目不包括家庭用具（例如，垃圾箱）和不具备盛装或运输货物容器特征的餐用或盥洗用杯子，不论其是否有时用作货物容器（归入品目 39.24），以及品目 42.02 的容器和品目 63.05 的散装货物储运软袋。

（十二）品目 39.24

本品目包括下列塑料制品：

1. 餐具，例如，茶具或咖啡用具、餐盘、汤碗、沙拉碗、各种碟子及托盘、咖啡壶、茶壶、糖缸、啤酒杯、其他杯、酱油碟、水果盘、调味品瓶、盐瓶、芥末瓶、蛋杯、茶壶架、餐桌垫、餐刀架、餐巾环、刀、叉及汤匙。

2. 厨房用具，例如，水盘、果子冻模子、厨用壶、贮藏罐、箱和盒（茶罐、面包箱等）、漏斗、长柄勺、刻度厨房量器及擀面杖。

3. 其他家庭用具，例如，烟灰缸、热水瓶、火柴盒架、垃圾箱、桶、喷壶、食品储藏容器、窗帘、幕帘、台布及家具防尘罩套。

4. 卫生及盥洗用具（不论是否家用），例如，盥洗物品（大口水壶、碗等）、卫生桶、便盘、尿壶、便壶、痰盂、冲洗罐、洗眼杯；婴儿奶瓶的奶嘴（哺乳奶嘴）和护手手指护套；肥皂盘、毛巾架、牙刷架、卫生纸架、毛巾钩及非供永久固定安装于或嵌入墙上的浴室、盥洗室或厨房用的类似物品。但是，本品目不包括供永久固定安装（例如，用螺丝钉、钉子、螺栓或胶粘剂）在墙内、墙上或建筑物的其他地方的上述物品（品目 39.25）。

本品目还包括不具备盛装或运输货物容器特征的餐用或盥洗用无把杯，不论其是否有时用作货物容器，但本品目不包括具有盛装或运输货物的容器特征的无把杯（品目 39.23）。

（十三）品目 39.26

本品目包括其他品目未列名的塑料（即本章章注一所述的材料）制品及品目 39.01 至 39.14 所列其他材料的制品。

它们包括：

1. 用塑料片缝合或焊接而成的衣着及衣着附件（玩具除外），例如，围裙、腰带、婴儿围兜、雨衣、衣服腋下汗垫吸汗护垫等。可摘除的塑料兜帽和所属的塑料雨衣一起报验的，仍归入本品目。

2. 家具、车厢或类似品的附件。

3. 小雕塑品及其他装饰品。

4. 挡尘片、防护袋、遮篷、文件夹、公文套、书籍封面、读物封套及用塑料片缝合或粘合的类似防护用品。

5. 镇纸、裁纸刀、吸墨水纸滚台、笔架、书签等。

6. 螺丝、螺栓、垫圈及类似的通用紧固件。

7. 环状、裁成一定长度并首尾相接或用紧固件连接的传动带、输送带或升降机带。

任何种类的传动带、输送带或升降机带及带料，只要和与其配套的机器设备一起报验，则不论其是否已经装配在机器设备上，均按所属机器设备归类（例如，归入第十六类）。此外，本品目也不包括用塑料浸渍、涂布、包覆或层压的纺织材料制成的传动带或输送带及带料（第十一类，例如，品目59.10）。

8. 装有品目39.14的聚合物的离子交换柱。

9. 装有羧甲基纤维素的塑料容器（用作冰袋）。

10. 未制成特定形状或未在内部装有配件，专门适于盛装工具（带或不带附件）的工具箱、盒。

11. 婴儿奶嘴；冰袋；冲洗袋、灌肠袋及其附件；病残者及类似人士用的护理用垫；阴道环；避孕套；注射器用圆球、洗肠用的胶球。

12. 其他各种物品，例如，手袋紧固件、衣箱包角、挂钩、装于家具底部的防护碗及滑轨、工具和刀叉等的手柄、穿孔小珠、表"玻璃"、数码及字母、行李标签夹。

典型案例

案例： TPU 薄膜，规格为 300 毫米×100 米。用于制作手机按键。

解析： TPU 薄膜（TPU 是"Thermoplastic Urethane"的缩写，中文名称为"热塑性聚氨酯弹性体"）即以热塑性聚氨酯弹性体为原料制得的一种塑料薄膜，应归入品目39.20"其他非泡沫塑料板、片、膜、箔及扁条，未用其他材料强化、层压、支撑或用类似方法合制"。

由于一级子目中并没有"聚氨酯"的列名，故判断"聚氨酯"属于哪一种类型就成为关键。由于聚氨酯在品目39.09有列名，故"聚氨酯"不属于"聚酯"，则一级子目应归入"其他塑料制"。同样，在二级子目中既没有"聚氨酯"的列名，"聚氨酯"也不属于已列名的二级子目条文的范围，故也应归入"其他塑料制"，然后归入子目3920.9990。

案例： 热缩套管，为塑料类的电线电缆附件，套在电缆线束外面，用于电缆线束的绝缘防护，无爆破压力，可耐电压600伏，是一种阻燃型的热收缩管。主要成分为乙烯醋酸乙烯酯50%、氢氧化镁40%、磷系阻燃剂5%、四季戊四醇酯1%、色母4%。规格为直径1.5毫米、盘卷状、长度100米以上。

解析： 该货品的结构未超出第三十九章章注八对"管子"的定义，且该货品由乙烯醋酸乙烯酯与氢氧化镁等无机材料合制，根据归类总规则一，该货品应归入子目3917.3200。

第四十章　橡胶及其制品

一、本章概述

本章包括符合上述定义的橡胶原料或半制品，不论是否硫化或硬化，以及完全由橡胶制成或以橡胶为基本特征的制品，但本章章注二所列不包括的产品除外。

二、类注及章注要点

（一）橡胶

"橡胶"的定义见本章章注一。在本章及其他章中如无特殊规定，所称"橡胶"仅指下列产品：

1. 天然橡胶、巴拉塔胶、古塔波胶、银胶菊胶、糖胶树胶及类似（橡胶状）的天然树胶。

2. 本章章注四所列的合成橡胶。此类不饱和合成物质或章注四（三）所列物质（为未硫化原料）的胶样经用硫磺硫化后，应符合注释四所述试验的延伸及回复要求。如果进行试验的胶样含有注释四规定不能含有的物质，例如，矿物油，则必须以不含有关物质或已将这些物质除去的该种材料进行试验。对于不能进行前述试验的硫化橡胶制品，则应以制成该制品的未硫化原材料胶样进行试验。但根据定义，聚硫橡胶可视为合成橡胶，这种橡胶可免予试验。

3. 从油类提取的油膏。

4. 再生橡胶。

所称"橡胶"，包括未硫化、硫化或硬化的上述产品。

所称"硫化"，一般是指橡胶（包括合成橡胶）与硫磺或其他硫化剂（例如，氯化硫、某些多价金属氧化物、硒、碲、二硫化秋兰姆及四硫化秋兰姆、某些有机过氧化物及合成聚合物）反应而产生交联，使橡胶从主要为塑性状态转化为弹性状态，不论是否需加热、加压及通过高能或辐射。必须注意，有关用硫磺硫化的标准仅适用于章注四，即为了确定一种物质是否合成橡胶。一旦某种物质被确定为合成橡胶，不论其是以硫磺还是其他硫化剂硫化的，其产品均可作为品目40.07至40.17的硫化橡胶产品对待。

为了进行硫化，除加入硫化剂外，通常还要加入其他物质，例如，促进剂、活性剂、防焦剂、增塑剂、增量剂、填料、增强剂及其他本章章注五（二）款所述的添加剂。此类可硫化混合物应作为混合橡胶，并根据其所呈形状分别归入品目40.05或40.06。

硬质橡胶（例如，纯硬质胶）是用含硫磺比例较高而变得非常硬实和无弹性的硫化橡胶制得。

（二）初级形状（品目 40.01 至 40.03 及 40.05）

"初级形状"的定义见本章章注三。必须注意，"初级形状"的定义中特别包括了预硫化胶乳，因此，预硫化胶乳应作为未硫化对待。因为品目 40.01 及 40.02 不包括加有有机溶剂的橡胶或橡胶混合物（参见章注五），所以章注三所称的"其他分散体和溶液"只适用于品目 40.05。

（三）板、片及带（品目 40.01、40.02、40.03、40.05 及 40.08）

"板、片及带"的定义参见本章章注九。它还包括正几何形块。这些板、片及带可经表面加工（如印制、压纹、铣槽、起肋等）或仅简单地切割成矩形（包括正方形），不论其是否因此而具备制成品的特征，但不得切割成其他形状或进一步加工。

（四）泡沫橡胶

泡沫橡胶是指有大量微孔（可以开孔、闭孔或开闭孔兼有）分散于胶体中而形成的橡胶，包括海绵或泡沫橡胶、膨胀橡胶及微孔或多孔橡胶，并且可以是软质，也可以是硬质的（例如，纯硬质海绵橡胶）。

（五）章注五

本章章注五规定了区分非复合（品目 40.01 及 40.02）与复合（品目 40.05）的初级形状、板、片或带状橡胶或橡胶混合物的标准。本注释对于是凝结前还是凝结后复合不加区别，并允许品目 40.01 及 40.02 的橡胶或橡胶混合物含有某些物质，只要这些橡胶或橡胶混合物仍保持原料的基本特征。允许含有的物质包括矿物油、乳化剂、防粘剂、少量（一般不超过5%）乳化剂的分解产物，以及非常少量（一般低于2%）的特殊添加剂。

（六）橡胶与织物的复合物

橡胶与织物复合物的归类主要根据第十一类类注一（九）、第五十六章章注三及第五十九章章注四的规定办理，其中传动带或输送带则按照第四十章章注八及第五十九章章注六（二）的规定办理。下列产品归入本章：

1. 以橡胶浸渍、涂布、包覆或层压的毡，其中纺织材料占总重量的50%及以下，以及完全嵌入橡胶的毡。

2. 完全嵌入橡胶或两面均完全涂以或覆以橡胶的无纺织物，只要仅凭肉眼就可辨别出橡胶涂层或覆层（涂层或覆层引起的颜色变化不计在内）。

3. 以橡胶浸渍、涂布、包覆或层压的第五十九章章注一所述的纺织物，其重量超过每平方米 1500 克，所含纺织材料的重量在50%及以下的。

4. 泡沫橡胶与纺织物（如第五十九章章注一所述的）、毡或无纺织物复合制成的板、片及带，其中的织物仅起增强作用的。

典型案例

案例：链轨用硫化橡胶制密封圈，连接在挖掘机履带链轨部件销轴、销套之间，起到密封轴套间润滑脂的作用，且密封圈还可防止异物进入轴套间缝隙增加摩擦损耗，延长履带使用寿命。

解析：当密封垫应用于第八十四章、八十五章和九十章的货品时，才可认定为"机器及仪器用零件"。该硫化橡胶制密封圈用于挖掘机履带链轨部件销轴、销套之间，直接应用的对象为链轨，而链轨是第七十三章的货品，因此链轨用硫化橡胶制密封圈不应作为"机器及仪器用零件"。根据归类总规则一，该货品应归入子目4016.9390。

（参见海关总署商品归类决定J2010-0005）

案例：热塑丁苯橡胶，型号为SEPTON 4033，粉状，由苯乙烯、异戊二烯和丁二烯共聚而得，氢化度大于97%，主要用于工艺品、玩具、涂料等。该产品经硫磺硫化后，在常温下可拉长至原长度的3倍而不致断裂，拉长到原长度的2倍时，在5分钟内能回复到不超过原长度的1.5倍。

解析：该商品货合第四十章章注四（一）的规定，根据归类总规则一，应归入子目4002.9911。

（参见海关总署商品归类决定Z2008-0027）

第八类　生皮、皮革、毛皮及其制品；鞍具及挽具；旅行用品、手提包及类似容器；动物肠线（蚕胶丝除外）制品

第四十一章　生皮（毛皮除外）及皮革

本章包括生皮和皮革，毛皮除外，并按照加工程度由低到高排列。

切成特殊形状的小块皮革应作为其他章的制品归类，特别是归入第四十二章或第六十四章。

本章不包括以真皮革以外的其他材料为基本成分的仿皮革，例如，塑料仿皮革（第三十九章）、橡胶仿皮革（第四十章）、纸及纸板仿皮革（第四十八章）或涂布纺织品（第五十九章）。

第四十二章　皮革制品；鞍具及挽具；旅行用品、手提包及类似容器；动物肠线（蚕胶丝除外）制品

一、本章概述

本章主要包括皮革或再生皮革的制品。

二、类注及章注要点

品目 42.01 及 42.02 也包括某些具有皮革业产品特征，但是用其他材料制成的制品。本章还包括某些肠线、肠膜、膀胱或筋腱制品。

三、归类要点

品目 42.02

1. 本品目仅包括本品目具体列名的货品及类似容器。

这些容器可以是硬的或具有硬基底的，也可以是软的并且无基底的。

除另有规定的以外，本品目第一部分所包括的物品可用任何材料制成。这里所指的"类似容器"，包括帽盒、相机附件套、弹药盒、猎刀鞘及野营刀鞘、制成专门形状或内部装有配件以适合盛装特定工具（不论是否带附件等）的手提式工具箱或工具盒等。

但本品目第二部分所包括的货品，必须是用本品目所列材料制成，或全部或主要

用这些材料或纸（基底可以是木头、金属等）包覆的。所称"皮革"，包括油鞣皮革（包括结合鞣制的油鞣皮革）、漆皮、层压漆皮和镀金属皮革。这里所指的"类似容器"，包括皮夹子、文具盒、笔盒、票证盒、针线盒、钥匙袋、雪茄烟盒、烟丝盒、工具或珠宝卷包、鞋盒、刷盒等。

本品目的货品可装有贵金属、包贵金属、天然或养殖珍珠、宝石或半宝石（天然、合成或再造）制的零件，即使这些零件不是仅作为小配件或小饰物的，只要其未构成物品的基本特征，仍归入本品目。因此，装有缟玛瑙钩扣的银框皮手袋仍归入本品目。

"运动包"，包括高尔夫球袋、体操袋、网球拍提袋、滑雪袋和钓鱼袋。

"首饰盒"，不仅包括为存放首饰而专门设计的盒子，也包括其形状和配件专门适于盛装一件或多件首饰的各种规格的类似有盖容器，不论是否装有铰链或扣件。它们一般用纺织材料衬里。这些容器盛装首饰后可一同展示及出售，适于长期使用。

"食品或饮料保温包"，包括在运输或临时保存期间保持食物及饮料温度用的可重复使用的保温包。

2. 本品目不包括：

（1）本章章注三（一）1所列的购物袋，包括由两层塑料外层夹住一层泡沫塑料内层构成的袋子，不适合长期使用。

（2）编结材料制品（品目46.02）。

（3）虽具有容器的特征，但与本品目所列货品不同的物品，例如，全部或主要用皮革、塑料片等包覆的书籍封皮及护套、卷宗皮、公文袋、吸墨水纸滚台、相框、糖果盒、烟草罐、烟灰缸、陶瓷或玻璃瓶等。这些物品如果用皮革或再生皮革制成（或包覆）的，应归入品目42.05；如果用其他材料制成（或包覆）则应归入其他章。

（4）网线袋及类似品（品目56.08）。

（5）仿首饰（品目71.17）。

（6）非制成专门形状或内部装有配件以适合盛装特定工具（不论是否带附件）的工具箱或工具盒（通常归入品目39.26或73.26）。

（7）剑、刺刀、匕首或类似兵器的鞘或套（品目93.07）。

（8）第九十五章的物品（例如，玩具、游戏品及运动用品）。

3. 子目4202.31、4202.32及4202.39。

这些子目适用于通常置于口袋或手提包内的物品，包括眼镜盒、皮夹子、钱夹、钱包、钥匙包、香烟盒、雪茄烟盒、烟斗盒及烟袋。

典型案例

案例：PU革公文包。

解析：本货品看起来可归入下述两个品目，即以皮革、再生皮革、漆皮做面的箱包（包括提箱、公文包、书包及类似容器，但不包括衣箱）（子目4202.1190），以塑料或纺织材料做面的箱包（包括提箱、小手袋、公文包、书包及类似容器）（子目4202.1290）。

《商品及品目注释》对品目41.15项下"再生皮革"的定义如下："再生皮革是以

真皮革或皮革纤维为基本成分制成的，但不包括以真皮革以外的其他材料为基本成分的仿皮革，例如，塑料仿皮革（第三十九章）、橡胶仿皮革（第四十章）、纸及纸板仿皮革（第四十八章）或涂布纺织品（第五十九章）。"

该货品为 PU（聚氨酯）人造革，所以，应按塑料做面的公文包归入子目 4202.1290。

提示： 该 PU 革公文包在实际工作中经常被错误归入子目 4202.1190。

归类错误的原因是对"再生皮革"的定义认识不清，把再生皮革和人造革、PU 革或 PU 皮等搞混。

再生皮革也被称为"黏合皮革"，可用下列方法制成：用胶水或其他黏合剂将皮革边角料及小块废料黏合而成，或不用任何黏合剂而用高压将皮革边角料及小块废料压合而成。将皮革边角废料置于热水中加热后分解为细纤维（像纸一样不用黏合剂），所得的皮浆经过筛滤、滚压及研光制成皮张。再生皮革可以染色、压花、抛光、粒面或压印，用金刚砂或刚玉砂起绒，也可涂清漆或镀金属。

案例： 笔记本电脑包，由纺织物或皮革等材质制成，包括拎包、斜背包和双肩背包。拎包、斜背包大小与所装笔记本电脑相匹配，一般内部带防震隔层及固定带；包的内层或外层常带插袋，以放置电脑配件（例如，光驱、电源线等）或其他随身携带物件文具；带把手和肩带，可手提也可单肩背。双肩背包外观类似双肩背旅行背包，内部带防震隔层及固定带；在包的内层或外层常带插袋，以放置电脑配件（例如，光驱、电源线等）或其他随身携带物件文具。

解析： 从电脑包的设计功能看，该货品用于放置电脑，属于制成特定形状用于放置特定物品的容器。根据归类总规则一及六，"笔记本电脑包"应归入子目 4202.9 项下。

（参见海关总署商品归类决定 Z2008-0138）

第四十三章　毛皮、人造毛皮及其制品

本章归类要点如下。

1. 所称"毛皮"，是指已鞣的各种动物的带毛毛皮，但不包括品目 43.01 的生毛皮。

2. 应注意本章不包括的货品。

3. 品目 43.03 包括加有其他材料缝合的毛皮和毛皮部分品，以及缝合成衣服、衣服部分品、衣着附件或其他制品的毛皮和毛皮部分品。

4. 以毛皮或人造毛皮衬里或作面（仅饰边的除外）的衣服及衣着附件，应分别归入品目 43.03 或 43.04，但毛皮或人造毛皮仅作为装饰的除外。

5. 所称"人造毛皮"，是指以毛、发或其他纤维黏附或缝合于皮革、织物或其他材料之上而构成的仿毛皮，但不包括以机织或针织方法制得的仿毛皮（一般应归入品目 58.01 或 60.01）。

6. 本章还包括由毛皮制成的或毛皮构成主要特征的各种其他制品及其零件。例如，小地毯、床罩、未装填的坐垫套、罩套、手提包、狩猎袋及干粮袋、供机器及机械器具或工业用的物品及附件（例如，抛光帽、涂色或装饰用滚筒的袖筒）。

第九类　木及木制品；木炭；软木及软木制品；稻草、秸秆、针茅或其他编结材料制品；篮筐及柳条编结品

第四十四章　木及木制品；木炭

一、本章概述

本章包括未加工的木材、木的半制成品及普通的木制品。

二、类注及章注要点

凡属木板与塑料构成的建筑板材应归入本章。但这些板材应根据用途按其具有主要特性的表面进行归类。例如，用于屋顶、墙壁或地板作结构件的建筑板材，由一碎料板外层和一绝缘塑料层组成，不论塑料层有多厚，都应归入品目 44.10，因为是坚硬的木板部分使之能作为结构件，而塑料层只具有辅助的绝缘功能。另一方面，外层为塑料而木材仅起背衬支撑作用的板材则一般归入第三十九章。

三、归类要点

（一）品目 44.08

本品目适用于锯成、刨切或旋切制成厚度不超过 6 毫米的薄板，不论其是否实际用于饰面、制胶合板或其他方面（用于制小提琴、雪茄烟盒等），也不论其是否光滑、染色、涂布、浸渍、用纸或织物作背衬加强或制成仿镶嵌木的装饰薄板。

本品目的薄板可经拼接（例如，将薄板的边与边用胶带、胶水黏合在一起制成大块的薄板，用于制胶合板及类似多层板）。另外，薄板可经刨平、砂光或端接，例如，指榫接合。再者，用纸、塑料或木补片补于胶合板用的薄板以覆盖或加强其疵点（例如，节孔）并不影响薄板在本品目的归类。

用于家具饰面的木纹细腻的饰面用薄板多是用锯或刨切制得。

本品目还包括近似正方形截面及大约 3 毫米厚的短木材。它们用于制烟火、盒子、玩具、模型等。

本品目不包括经刨切或旋切成窄条，用作编织材料或制片条篮、药丸盒等的木片条（品目 44.04）。

（二）品目 44.09

本品目包括锯开或劈方后在其任何一边、端或面制成连续形状，以便于日后装拼或成为以下第 4 条所列装饰线板或珠缘线板的木料，尤其是厚板、中厚板形状的木料，

不论是否刨平、砂光或端接，例如，指榫接合。连续形状的木材包括整个长度或宽度
上截面均为一致的产品及具有一种重复浮雕图案的产品。

本品目也包括制成一定长度的圆形木条或同样截面形状的木杆，其直径通常为
2毫米~75毫米，长度为45厘米~250厘米，用于木制家具各部件的接合。

本品目还包括作地板用的窄板条及窄缘板，但这些物品的边或面须制成连续形状，
例如，制舌榫及槽榫。如果仅经刨平、砂光或端接（例如，指榫接合）而未经其他加
工，则应归入品目44.07。

用于拼花地板的胶合木板条或饰面木板条不归入本品目（品目44.12）。

本品目还不包括：

1. 已刨平或经其他加工的配成整套报验的木箱板（品目44.15）。

2. 端部制成雌雄榫、鸠尾榫或经类似加工的木料，以及已拼装成建筑用木工制品
的木板（例如，由木块、板条、缘板等拼制的已装拼地板，包括拼花地板，不论是否
置于一层或多层支撑木料之上）（品目44.18）。

3. 由粗锯板条组成并为了便于运输或日后加工的用胶水黏合的镶板（品目
44.21）。

4. 将一装饰板条叠放在另一装饰或非装饰木料上所制得的装饰木料（品目44.18
或44.21）。

5. 除刨平或砂光以外还经过其他表面加工（例如，饰面、抛光、镀青铜色或用金
属片饰面，但不包括仅涂油漆、着色剂或清漆）的木料（通常归入品目44.21）。

6. 明显为组装于家具上的木板条，例如，碗橱及书橱架等用的带槽木板条（品目
94.03）。

（三）品目44.11

纤维板可以是单层板，也可以是几层板黏合在一起的多层板。

本品目不包括：

1. 不论是否与一层或几层纤维板胶合的碎料板（品目44.10）。

2. 由纤维板作芯层的多层胶合木（品目44.12）。

3. 两面为纤维板的蜂窝结构镶板（品目44.18）。

4. 纸板，例如，复合纸板、"压板"及草纸板，一般可通过它们切面明显的纸层
结构与纤维板区分开来（第四十八章）。

5. 明显作为家具零件的纤维板镶板（一般为第九十四章）。

（四）品目44.12

本品目不包括大型产品，例如，层积梁及层积拱（俗称"胶合层积材"的产品）
（通常归入品目44.18）。

本品目还包括作室内地板用的胶合板、单板饰面板及类似的多层板，有些地板被
称作"拼花地板"。这些板有一层薄薄的木质饰面板附于表面上，以仿效已装拼的地
板。

本品目还不包括：

1. 经刨切多层板制得的饰面用薄木板（品目 44.08）。

2. 多层强化木（品目 44.13）。

3. 蜂窝结构木镶板及已装拼的地板（包括拼花地板）或地砖，包括用木块、木条、缘板等在一层或多层支撑木料上拼装而成的在内，通称为"多层"拼花地板（品目 44.18）。

4. 镶嵌木（品目 44.20）。

5. 明显作为家具零件的镶板（一般归入第九十四章）。

（五）品目 44.15

1. 本品目的物品可由普通木材、碎料板或类似木质材料板、纤维板、层压板或强化木制成。

包装木箱、木盒、板条箱、圆桶及类似的包装容器包括：

（1）一般包装及运输用的具有固定箱边、盖子及底子的包装木箱及木盒。

（2）具有条板箱边，顶部无盖的板条箱、水果箱或蔬菜箱、蛋箱及其他容器（包括用于运输玻璃器皿、陶瓷产品、机器等的木制容器）。

（3）用刨切或旋切木片（编结用木片除外）制得的盒子，用于包装乳酪、药品等；火柴盒（包括带有摩擦面的火柴盒）及市面上卖黄油、水果等用的蛋筒形容器。

（4）非箍制的圆桶及琵琶桶形容器，用于运输干的颜料、化学品等。

上述容器可以没有盖，如大箱、板条箱等"敞开"容器。它们可以未经组装或部分组装，但各部分必须是配成整套，可装成一个完整的容器，或装成一个具有完整容器基本特征的不完整容器。对于不成套的木料，则应酌情按已锯开或已刨平的木材或胶合板等进行归类。

本品目的包装箱等可经简单钉装、鸠尾榫接合或用其他方法组装，也可装有铰链、把手、扣闩、支脚、护角或用金属、纸张等衬里。

用过的木箱、板条箱等如能按原用途继续使用仍归入本品目。但本品目不包括那些只能作柴火用的木箱、板条箱等（品目 44.01）。

2. 本品目还不包括：

（1）品目 42.02 的物品。

（2）品目 44.20 的小匣子、盒子及类似品。

（3）经特殊设计，装备适于一种或多种运输方式的集装箱（品目 86.09）。

（六）品目 44.20

本品目适用于镶嵌木（含细工镶嵌木）制的镶板，包括有部分为非木质材料制的镶板。

本品目也包括通常经精细加工和饰面的种类繁多的木制品（包括镶嵌木制品），例如，精细小家具（例如，小匣子及首饰盒）、小陈设品、装饰品。装有镜子的这类物品，只要具有本品目所述物品的基本特征，也归入本品目。同样，本品目包括全部或部分用真皮革或再生皮革、纸板、塑料、纺织物等作衬里的物品，只要这些物品主要是木制的。

1．本品目包括：

（1）漆器（中国式或日本式）盒；盛装刀子、刀具、科学仪器等的木盒及木箱；鼻烟盒及其他装于口袋、手袋或随身携带的小盒子；文具盒；针线盒；香烟筒及糖果盒。但本品目不包括厨房用的普通调味料盒等（品目44.19）。

（2）木制家具，但第九十四章的木家具除外。本品目包括衣帽架、衣刷挂架、办公用信件盘、烟灰盅、笔盘及墨水台。

（3）木制的小雕像（包括半身及全身雕像）、小动物及其他装饰品。

2．本品目不包括：

所列物品的木制零件（品目44.12）。

本品目也不包括如下货品。

（1）盛装乐器或枪支的木制箱、盒及包有皮革或再生皮革、纸或纸板、钢纸、塑料片或纺织材料的护套、箱、盒及类似容器（品目42.02）。

（2）随身武器用的鞘及护套（品目93.07）。

（七）品目44.21

1．本品目包括：

（1）卷轴、纤子、筒管、缝纫用线轴等。这些物品通常有车制的木芯以供纱线或细金属丝在上缠绕。本品目还包括在两端装有木或其他材料制的边的车制木芯，用于卷绕绝缘电线等。

（2）兔笼、鸡笼、蜂箱、鸟笼、狗屋、饲料槽、畜用轭。

（3）舞台背景；木匠工作台；带有可固定交叉线的旋紧装置的桌子，用于书籍的手工锁线装订；梯子及楼梯；搁凳；活字、路标、图案；招牌；园艺等用的标签牌；牙签；棚架及围栏板；平交路口栏木止挡；卷帘、威尼斯式或其他风格窗帘；塞子；模板；弹簧百叶窗用滚子；衣架；搓衣板；熨衣板；挂衣木钉；榫钉；橹、桨、舵；棺材。

（4）一般有统一尺寸并且通常为长方形的铺地木块。它们是经万能圆锯机切割制成。

（5）将拉拔木，更多的是将刨切或旋切木切割成火柴尺寸的火柴梗。它们也可将单块木冲切制得批量制品。火柴梗可浸渍化学物质（例如，磷酸铵），但具有易燃物质火柴头的不应归入本章。本品目还包括在一边切成齿状或开缝的木条，它们用于制小书本型火柴梗。

（6）用于鞋靴的木钉或木栓。它们的制作方法与火柴梗相同，但一端是尖的，截面可为圆形、正方形或三角形。在某些情况下，它们用以代替钉子来固定鞋靴的底部及后跟。

（7）容积量器，品目44.19的厨房用具除外。

（8）餐刀、餐匙及餐叉用的木柄。

（9）为了便于运输或日后加工，用胶合剂将粗锯木板条黏合而成的镶板。

（10）将一造型叠放在另一已经模制或未经模制的木料上所制成的模压木料（品目44.18的货品除外）。

2. 本品目不包括：

（1）用于制火柴梗的木条（品目44.04）。

（2）呈木条形状的未制成的鞋钉，其一端通过两边斜切成刃面，经切开即可制成木钉（品目44.09）。

（3）本品目不包括品目44.16所列物品的零件。

（4）品目44.17的刀具（餐刀除外）及其他工具或用具的木柄。

（5）第十六类的机器及其零件和电气货品（例如，品目84.80的木制阳模）。

（6）手杖及其零件、伞或马鞭（第六十六章）。

（7）第十七类的货品（例如，船、独轮车、两轮车及其他车辆、车辆部件）。

（8）枪托及其他武器零件（品目93.05）。

典型案例

案例：宠物玩具猫架，即将绳子绕在纸管上，将地毯包在经高温处理压制的刨花板上，然后用金属件连接，高约40厘米~50厘米的架子，用作宠物玩具。

解析：根据第九十五章章注四的规定，专供动物使用的物品，不作为玩具归入品目95.03。上述宠物玩具应根据材料属性确定归类。该货品以刨花板为构成的主要部件，根据归类总规则三（二），应将其作为木制品归入子目4421.9990。

提示：该货品易误按"玩具"归入品目95.03项下。

（参见海关总署商品归类决定Z2006-0312）

第四十五章　软木及软木制品

本章软木几乎全部来自生长在欧洲南部或非洲北部的栓皮槠树的外层树皮。

本章包括各种形状的天然软木及压制软木（包括制品），但下列物品除外：

1. 第六十四章的鞋靴及其零件，包括可换的内鞋底（鞋垫）。

2. 第六十五章的帽类及其零件。

3. 衬有软木圆片的贱金属制皇冠盖（品目83.09）。

4. 软木弹垫（品目93.06）。

5. 玩具、游戏品和运动用品及其零件，包括钓鱼竿浮子（第九十五章）。

第四十六章　稻草、秸秆、针茅或其他编结材料制品；
篮筐及柳条编结品

除丝瓜络制品以外，本章包括经交织、编织或类似方法将未纺材料组合起来的半制成品（品目46.01）及某些制成品（品目46.01和46.02）。

第十类 木浆及其他纤维状纤维素浆；回收（废碎）纸或纸板；纸、纸板及其制品

第四十七章 木浆及其他纤维状纤维素浆；回收（废碎）纸或纸板

本章的纸浆主要为从各种植物材料或植物质纺织废料中获得的纤维素纤维。

1. 机械木浆。

仅通过机械加工方法获得，即在水冲刷下通过机械碾磨将已去树皮及节瘤的木材离解或研磨成木质纤维。

由于机械木浆的纤维比较短，所得产品较为脆弱，因此机械木浆通常不单独使用。在造纸业上，机械木浆一般与化学木浆混合使用，新闻纸通常就是用这种混合浆制得的。

2. 化学木浆。

化学木浆是先将木材切成木片或木粒，然后用化学品加以处理制得。经过这种处理，去除了大部分木质素和其他非纤维素物质。

碱木浆或硫酸盐木浆，用于生产吸水产品（例如，纸绒和婴儿纸尿布）及需具有高抗撕裂度、抗张强度和耐破度的纸和纸板。

亚硫酸盐法制浆，可单独使用或与其他纸浆混合使用，用于制造各种书写或印刷纸张等，也用于制造防油纸或高光泽透明纸。

3. 通过机械和化学联合制浆法制得的木浆。

本品目包括通过机械和化学联合制浆法生产出来的木浆。这些木浆又分别称为半化学木浆、化学—机械木浆等。

化学—机械木浆主要用于生产新闻纸，也用于制造薄棉纸及图表纸。

第四十八章 纸及纸板；纸浆、纸或纸板制品

一、本章概述

本章包括用第四十七章的纸浆制造的纸及纸板和用这些纸浆、纸及纸板制成的制品，也包括复合纸或复合纸板的制品。

各种类型及规格的纸张的归类如表2-5所示。

表 2-5　不同规格纸制品的归类

品种	大规格	小规格
卫生纸	品目 48.03	品目 48.18
牛皮纸	品目 48.04	品目 48.23
滤纸	品目 48.05	品目 48.23
植物羊皮纸、防油纸描图纸、半透明纸	品目 48.06	品目 48.23
复写纸、拷贝纸等	品目 48.09	品目 48.16

二、类注及章注要点

1. 本章章注三规定了品目 48.01 至 48.05 所列纸、纸板、纤维素絮纸及纤维素纤维网纸允许加工的范围。

2. 品目 48.03 至 48.09 仅适用于下列规格的纸、纸板、纤维素絮纸及纤维素纤维网纸：

（1）成条或成卷，宽度超过 36 厘米。

（2）成张矩形（包括正方形），一边超过 36 厘米，另一边超过 15 厘米（以未折叠计）。

另一方面，品目 48.02、48.10 及 48.11 包括任何尺寸的成卷或成张矩形（包括正方形）的纸及纸板。但除本章章注七另有规定的以外，直接用手工制得的任何尺寸或形状的毛边手工制纸及纸板仍应归入品目 48.02。

3. 纸、纸板、纤维素絮纸及纤维素纤维网纸（不属于品目 48.02、48.10 及 48.11 至 48.14 的货品），成卷或成张，所切尺寸小于以上第 2 点规定的尺寸，或切成矩形（包括正方形）以外任何形状；以及纸浆、纸、纸板、纤维素絮纸及纤维素网纸的制品。这些货品归入品目 48.16 至 48.23 的其中一个品目。

4. 制成一定尺寸的成卷或成张复写纸、自印复写纸及其他拷贝或转印纸归入品目 48.09。

5. 成卷或成张的涂高岭土（中国黏土）或其他无机物质（不论是否加胶合剂）的纸及纸板，归入品目 48.10。

6. 成卷或成张的纸或纸板，如涂有焦油、沥青、塑料或其他有机物质，例如，蜡、硬脂、纺织纤维屑、锯末、软木粒、虫胶，均归入品目 48.11，但该品目列明不包括的货品除外。

7. 本章包括印制纸（例如，印有商家名字、商标、图案及商品使用说明，供某商家使用的包装纸），但其印刷内容必须仅起配合该纸的包装或书写等用途，不构成第四十九章的印刷品。

8. 浸渍纸及纸板。

浸渍纸及纸板包括：包装用油纸、复写用油纸或蜡纸、油印蜡纸、用塑料等浸渍的绝缘纸及纸板、橡胶浸渍纸、仅用焦油或沥青浸渍的纸及纸板。

某些纸（例如，壁纸原纸）可用杀虫剂或化学品浸渍。

9. 不归入本章的"纸"。

有些虽称作"纸"但因制造原料不同或经特殊加工已改变了"纸"的基本特征而不归入本章，如表2-6所示。

表2-6　"纸"的归类

序号	商品描述	归类
1	钢纸（采用氯化锌溶液处理纤维后层叠制得的变性加工纸）	品目39.20
2	赛璐玢纸（将化工用浆浸渍于氢氧化钠溶液中，使之生成碱化纤维素，再与二硫化碳作用生成纤维素磺酸钠黏液，从一条狭缝中喷出，经凝固后形成的薄膜）	品目39.20
3	照相纸（表面涂敷光敏材料的感光纸）	第三十七章
4	香纸及用化妆品浸渍或涂布的纸	第三十三章
5	用诊断或实验用试剂浸渍的纸，如pH试纸	品目38.22
6	用肥皂或洗涤剂浸渍、覆盖或涂布的纸或纤维素絮纸	品目34.01
7	用光洁剂、擦光膏及类似制剂浸渍、覆盖或涂布的纸或纤维素絮纸	品目34.05
8	捕蝇纸	品目38.08
9	纸制的公文包、手提包等	品目42.02
10	纸纱线或纸纱线纺织物	第十一类
11	用50%及以上的纺织纤维为原料抄造的纸（按无纺布归类）	品目56.03
12	砂纸	品目68.05

三、归类要点

（一）品目48.18

1. 本品目包括：

（1）下列卫生纸及类似纸、家庭或卫生用纤维素絮纸及纤维素纤维网纸。

①成条或成卷，宽度不超过36厘米。

②成张矩形（包括正方形），任一边长（以不折叠计）不超过36厘米。

③切成矩形（包括正方形）以外的其他形状。

（2）纸浆、纸、纤维素絮纸或纤维素纤维网纸制的家庭、卫生或医院用品、衣服及衣着附件。

本品目的货品通常用品目48.03的纸制成。

2. 本品目不包括：

（1）供医疗、外科、牙科或兽医用的纤维素絮纸，以药物浸渍或涂布，或制成零售包装的（品目30.05）。

（2）香水纸及用化妆品浸渍或涂布的纸（第三十三章）。

（3）用肥皂或洗涤剂浸渍、覆盖或涂布的纸及纤维素絮纸（品目34.01），或用光洁剂、擦光膏或类似制剂浸渍、覆盖或涂布的纸及纤维素絮纸（品目34.05）。

（4）第六十四章的物品。

（5）第六十五章的帽子及其零件。

（6）品目96.19的卫生巾（护垫）及止血塞、婴儿尿布及尿布衬里和类似品。

（二）品目48.23

1. 本品目包括：

（1）本章其他品目未包括的纸、纸板、纤维素絮纸及纤维素纤维网纸。

①成条或成卷，宽度不超过36厘米。

②成张矩形（包括正方形），任何一边（以未折叠计）均不超过36厘米。

③切成矩形（包括正方形）以外的其他形状。

重要提示

品目48.02、48.10和48.11所列的任何尺寸的成条、成卷或成张矩形（包括正方形）的纸及纸板仍归入这些品目。

（2）既不归入本章其他品目，也不属于本章章注二所列范围的纸浆、纸、纸板、纤维素絮纸或纤维素纤维网纸的制品，包括：

①滤纸及纸板（不论是否折叠），通常呈矩形（包括正方形）以外其他形状，例如，圆形滤纸及纸板。

②非矩形（包括正方形）的已印制的自动记录器用纸盘。

③本章其他品目未包括的切成矩形（包括正方形）以外其他形状的书写、印刷或类似用途的纸及纸板。

④纸或纸板制的盘、碟、盆、杯及类似品。

⑤模制或压制的纸浆制品。

⑥编结或其他用途的未经涂布的纸条（不论是否折叠），但书写、印刷或类似用途的纸条除外。

⑦纸丝（即缠成一团的窄纸条，用于包装）。

⑧糖纸、水果包装纸及其他切成一定尺寸的包装纸。

⑨糕饼卡纸及纸、果酱罐封纸、袋用成形纸。

⑩提花机或类似机器用的穿孔纸及纸板卡片（参见本章章注十一），即打有操作织机所需孔眼的纸及纸板卡片（"打孔"纸及纸板卡片）。

⑪纸花边及刺绣品、陈列架边饰。

⑫纸垫片及垫圈。

⑬集邮衬纸、相角及照片衬纸、手提箱的加固角。

⑭纸制纺织旋转罐，用作缠绕纱、带等的扁平纸卡，包装蛋品的模制纸片。

⑮纸制肠衣。

⑯服装纸样、模型及样板，不论是否装配。

⑰扇子及手携式面罩，具有纸质扇托或扇面及任何材料制的框架；单独报验的扇托。但贵金属作框架的扇子及手携式面罩应归入品目71.13。

2. 除本章章注二所列不包括的货品以外，本品目还不包括：

（1）捕蝇纸（品目38.08）。

（2）用诊断或实验室试剂浸渍的纸条（品目38.22）。

（3）纤维板（品目44.11）。

（4）品目48.02的书写、印刷或其他类似用途的未涂布纸条。

（5）品目48.10或48.11的涂布、覆盖或浸渍的纸条。

（6）彩票、"刮擦幸运卡"、销售抽彩券及奖券（通常归入品目49.11）。

（7）纸制太阳伞（品目66.01）。

（8）人造花、簇叶、果实及其部分品（品目67.02）。

（9）绝缘子及其他电气货品（第八十五章）。

（10）第九十章的物品（例如，矫形器具或示范装置、科学仪器用的标度盘）。

（11）钟面及表面（品目91.14）。

（12）弹壳及弹垫（品目93.06）。

（13）灯罩（品目94.05）。

典型案例

案例： 热敏传真纸，规格210毫米×30米，由热敏原纸为纸基，在其一面涂布一层热敏发色层，发色层是由胶粘剂、显色剂、无色染料组成。当热敏纸遇到发热的打印头时，打印头所打印之处的显色剂与无色染料即发生化学反应而变色并形成图文。

解析： 由于热敏传真纸是在热敏原纸的纸基上进行表面涂布处理，并且涂布的是胶粘剂、显色剂、无色染料等物质（非无机物质），故应归入品目48.11"成卷或成张矩形（包括正方形）的任何尺寸的经涂布、浸渍、覆盖、染面、饰面或印花的纸、纸板、纤维素絮纸及纤维素纤维网纸"。由于所用涂布材料并未在品目48.11项下列名，故应归入子目4811.9000"其他"。

案例： 牛奶包装盒用纸板，由漂白过的纸（每平方米重350克）与塑料薄膜复合而成，其中纸构成了基本特征，宽1.6米，成卷。

解析： 该牛奶包装盒所用材料是由纸与塑料两种不同材料构成的组合物，根据归类总规则三（二）的规定，"混合物、不同材料构成或不同部件组成的组合物以及零售的成套货品，如果不能按照规则三（一）归类时，在本款可适用的条件下，应按构成货品的基本特征的材料或部件归类"，纸构成了基本特征，故应按纸归类。由于是纸与塑料薄膜复合而成，故不能按普通纸归类，而应归入品目48.11"成卷或成张矩形（包括正方形）的经涂布、浸渍、覆盖、染面、饰面或印花的纸、纸板、纤维素絮纸及纤维素纤维网纸，任何尺寸"。然后再根据其加工（漂白过）和重量（每平方米重350克）归入子目4811.5199。

第四十九章　书籍、报纸、印刷图画及其他印刷品；手稿、打字稿及设计图纸

一、本章概述

除下列极个别的物品以外，本章包括所印花纹图案、文字或图画决定其基本性质及用途的各种印刷品。

二、类注及章注要点

除品目 48.14 或 48.21 的货品以外，纸、纸板或纤维素絮纸及其制品，如所印内容仅附属于主要用途（例如，印制的包装纸及文具），应归入第四十八章。同样，印制的纺织品（例如，围巾或手帕），如其所印内容主要是为了装饰或新颖，并不影响货品的基本性质，应归入第十一类。印有图案的刺绣织物和制成的装饰毯帆布也归入第十一类。

本章也不包括品目 39.18、39.19、48.14 或 48.21 的货品，即使它们所印花纹图案、文字或图画不仅仅是附属于货品的主要用途的。

本章还包括以手工绘制的类似品（包括手绘地图及设计图表），以及手稿或打字稿的复写本。

商店招牌或橱窗用的带印刷图画或文字内容的字母、数字、标志及类似符号，如果用陶瓷、玻璃或贱金属制成的，应分别归入品目 69.14、70.20 及 83.10，如果带有照明装置的，则应归入品目 94.05。

除较常见的印刷品（例如，书籍、报纸、小册子、图画、广告品）以外，本章还包括以下物品：印刷的转印贴花纸（移画印花法用图案纸）；印刷或图画明信片、贺卡；日历、地图、设计图表及绘画；邮票、印花税票及类似票证。本章物品的不透明底基缩微本应归入品目 49.11。缩微本是通过光学仪器制得的，该仪器大大缩小所拍照文件的尺寸，阅读缩微本通常需借助放大器具。

典型案例

案例：某品牌镭射印箔标签。

解析：镭射印箔标签为激光全息烫印箔，上有某商标的全息图案，是一种镀铝 PET 薄膜。激光全息烫印箔由聚酯薄膜片基和转印层构成，转印层又包括隔离层（又叫离型层）、全息图层、金属层（常见的为镀铝）、胶粘层。全息技术以激光摄影技术为基础，由激光束在载体面发生作用，形成记录物体全部信息的微小坑纹（又称光栅），以不同角度衍射反光，形成多维全息图。

该商品的制造工艺不符合第三十二章"压印箔"的解释，并且其所印的商标全息图案起到主要用途，依据第七类类注二，该货品应归入第四十九章。依据《商品及品

目注释》对品目 49.08 "转印贴花纸" 的解释，"图案或字母可以应用印刷或其他方法印在透明塑料薄片上，并将图案转移到一个永久性表面上"，并且依据归类总规则一，该商品应归入子目 4908.9000。

（参见海关总署商品归类决定 Z2006-0345）

案例：某充值卡，卡长 8.6 厘米，宽 5.4 厘米，材料为 PVC。卡正面印有名称及 "￥100" 字样，卡背面印有使用步骤、注意事项、系列号及使用期限，但 "系列号" 及 "使用期限" 所对应的数字还未印刷。该卡进口后，打上系列号及相应的密码，即可在装有预付费卡的手机上作 100 元话费使用。

解析：该货品正反两面都经印刷，其内容已经明确货品的用途和方法，具备印刷品的主要特征，根据第七类类注二和《商品及品目注释》第四十九章总注释，此货品应归入第四十九章子目 4911.9990。

（参见海关总署商品归类决定 Z2006-0348）

第十一类 纺织原料及纺织制品

第十一类货品包括纺织工业用的原料（丝、羊毛、棉、化纤等）、半成品（例如，纱线及机织物）以及用这些半成品制成的物品，但不包括某些材料和产品，例如，第十一类类注一所列的货品，本类某些章章注所列不包括的货品。

下列各项货品，一律不得归入第十一类：

1. 人发及人发制品（一般归入品目05.01、67.03或67.04），但用于榨油机或类似机器的滤布除外（品目59.11）。

2. 石棉纤维及石棉制品（纱线、织物、衣服等）（品目25.24、68.12或68.13）。

3. 碳素纤维和其他非金属矿物纤维（例如，碳化硅、岩石棉）及其制品（第六十八章）。

4. 玻璃纤维、纱线、织物及其制品，以及由玻璃纤维与纺织纤维混纺制成并具有玻璃纤维制品特征的货品（第七十章），但在可见底布上用玻璃丝刺绣的刺绣品除外。

第十一类共有十四章，这十四章可分为两部分：第一部分（第五十章至第五十五章）是根据纺织原料的性质分章的；第二部分（第五十六章至第六十三章）除品目58.09及59.02以外，品目一级所列产品，不分纺织原料性质。

本类货品归类要点如下。

一、第五十章至第五十五章

第五十章至第五十五章各章分别涉及一种或多种单一或混纺的纺织材料，包括织成本部分以下第（三）款所述机织物之前各工序的产品（含机织物）。因此，这些章主要包括原料、回收废料（包括拉松的废碎料，但未拉松的除外）、呈梳条或粗纱等形状的粗梳或精梳纤维、纱线及机织物。

（一）混纺产品的归类

可归入第五十章至第五十五章任何品目（废料、纱线、机织物等）或归入品目58.09或59.02的由两种或两种以上不同纺织材料混合制成的产品，应按其中重量最大的那种纺织材料归类。

当没有一种纺织材料的重量较大时，应按可归入的有关品目中最后一个品目所列的纺织材料归类。

凡以缝合、胶粘等方式将两种或多种不同成分的纺织物叠层拼合而成的产品（品目58.11的产品除外），应按归类总规则的规则三来确定归类。据此，第十一类类注二仅适用于需要确定其哪种纺织材料的重量最大，以便按这种纺织材料的织物进行归类的产品。

纺织材料与非纺织材料混合组成的产品，如果按照归类总规则的规定应作为纺织产品归类，则第十一类类注二同样适用于这些产品。

运用本类类注二时，应注意下列事项。

1. 如果一章或一个品目列出了由不同种类的纺织材料组成的产品，而所列材料又与其他材料混合制成了类似的产品，后者归类时所列的几种不同材料可合并计算；在确定适当的品目时应首先确定章，然后才是该章内适当的品目，不论所含材料是否都归入该章。

例 1 按重量计含有 40% 的合成纤维短纤、35% 的精梳羊毛、25% 的精梳动物细毛的机织物。

这种产品不归入品目 55.15（合成纤维短纤纺制的其他机织物）而归入品目 51.12 项下（精梳羊毛或精梳动物细毛的机织物），因为羊毛及动物细毛所占的比例应合并计算。

例 2 按重量计含有 40% 的棉、30% 的人造纤维短纤、30% 的合成纤维短纤的每平方米重量为 210 克的机织物。

这种产品不归入品目 52.11（棉机织物，按重量计含棉量在 85% 以下，主要或仅与化学纤维混纺，每平方米重量超过 200 克）或品目 55.14（合成纤维短纤制的机织物，按重量计合成纤维短纤含量在 85% 以下，主要或仅与棉混纺，每平方米重量超过 170 克），而归入品目 55.16（人造纤维短纤机织物）。上述产品在归类时应首先确定有关的章（在这里应归入第五十五章，因为合成纤维短纤与人造纤维短纤的比例必须合并计算），然后确定该章内的适当品目。这个例子所述产品应归入品目 55.16，因为该品目在可归入的品目中按序号为最末一个。

例 3 按重量计含有 35% 的亚麻、25% 的黄麻、40% 的棉的机织物。

这种产品不归入品目 52.12（其他棉机织物）而归入品目 53.09（亚麻机织物）。上述产品归类时应首先确定有关的章（在这里应归入第五十三章，因为亚麻与黄麻的比例必须合并计算），然后确定该章内的适当品目。这个例子所述产品应归入品目 53.09，因为亚麻重量大于黄麻，而根据本类类注二（二）2 的规定，含棉量可不予考虑。

2. 马毛粗松螺旋花线和含金属纱线应作为一种单一的纺织材料对待，其重量应为它们在纱线中的合计重量。

3. 在机织物的归类中，金属线应作为一种纺织材料对待。

4. 当归入第五十四章和第五十五章的货品与其他章的货品进行比较时，应将这两章作为一个单一的章对待。

例 按重量计含有 35% 的合成纤维长丝、25% 的合成纤维短纤、40% 的精梳羊毛的机织物。

这种产品不归入品目 51.12（精梳羊毛的机织物）而归入品目 54.07（合成纤维长丝纱线的机织物），因为合成纤维长丝及合成纤维短纤的比例必须合并计算。

5. 纺织纤维所含的浆料〔例如，对蚕丝增重（加重）浆料〕，以及浸渍、涂布、包覆或旋覆所用的产品，不应视为非纺织材料；换言之，纺织纤维的重量是按报验时其所处状态的重量计算的。

在确定一种混纺材料主要由哪种纺织材料构成时，应按混纺材料中重量超过所含其他任何一种纺织材料的那种纺织材料归类。

例 按重量计含有 55%的棉、22%的化纤、21%的羊毛、2%的丝的每平方米重量不超过 200 克的机织物。

这种产品不归入品目 52.12（其他棉机织物）而归入品目 52.10（棉机织物，按重量计含棉量在 85%以下，主要或仅与化学纤维混纺，每平方米重量不超过 200 克）。

（二）纱线

1. 概况。

纺织纱线可以是单纱、多股纱线或缆线。

纱线的规格是根据测得的某一定量来表示的。目前使用的细度计量或支数制度各种各样。《协调制度》使用通用的特数制是一种表示线密度的单位，相等于每千米纱线、长丝、纤维或其他纺织材料的克重，一分特等于 0.1 特克斯。以下是公制支数转换成分特数的公式：

$$\frac{10000}{公制支数}=分特$$

纱线可以未漂白，也可以经洗涤、漂白、半漂白、染色、印花、夹色等，还可以作烧毛（把造成纱线毛状外观的纤维烧去）、丝光（即在拉紧状态下用氢氧化钠进行处理）、润滑等处理。

但第五十章至第五十五章不包括：

品目 56.04 的用纺织材料包覆的橡胶线，以及用橡胶或塑料浸渍（包括浸泡）、涂布、包覆或套裹的纺织纱线；含金属纱线（品目 56.05）；粗松螺旋花线、绳绒线及纵行起圈纱线（品目 56.06）；编织的纺织纱线（酌情归入品目 56.07 或 58.08）；用金属线增强的纺织纱线（品目 56.07）；平行排列后用黏合剂黏合的纱线、单丝或纺织纤维（包扎匹头用带）（品目 58.06）；品目 59.06 的平行排列后用橡胶黏合的纺织纱线。

2. 第五十章至第五十五章的单纱、多股纱线或缆线与品目 56.07 的线、绳、索、缆及品目 58.08 的编带之间的区别。

第五十章至第五十五章并不包括所有的纱线。纱线应根据其特征（如规格、加光或上光与否、股数）归入第五十章至第五十五章有关纱线的品目，或作为线、绳、索、缆归入品目 56.07，或作为编带归入品目 58.08。

各种情况下纱线的正确归类如表 2-7 所示。

表 2-7 纺织材料制的纱线、线、绳、索、缆的归类

种类	确定归类的特征	归类
用金属线加强的	任何情况	品目 56.07
含金属纱线	任何情况	品目 56.05
粗松螺旋花线（品目 51.10 及 56.05 所列货品除外）、绳绒线及纵行起圈纱线	任何情况	品目 56.06

表2-7 续

种类	确定归类的特征	归类
编织的纺织纱线	1. 紧密编结，结构密实 2. 其他	品目56.07 品目58.08
其他：丝或绢丝制	1. 细度在20000分特及以下 2. 细度在20000分特以上	第五十章 品目56.07
羊毛或其他动物毛制	任何情况	第五十一章
亚麻或大麻制	1. 加光或上光的： （1）细度在1429分特及以上 （2）细度在1429分特以下 2. 未加光或上光的： （1）细度在20000分特及以下 （2）细度在20000分特以上	品目56.07 第五十三章 第五十三章 品目56.07
椰壳纤维制	1. 一股或两股的 2. 三股及以上的	品目53.08 品目56.07
纸制	任何情况	品目53.08
棉或其他植物纤维制	1. 细度在20000分特及以下 2. 细度在20000分特以上	第五十二章 或五十三章 品目56.07
化学纤维（包括第五十四章的两根及多根单丝制的纱线）制	1. 细度在10000分特及以下 2. 细度在10000分特以上	第五十四章 或五十五章 品目56.07

3. 供零售用的纱线。

第五十章、第五十一章、第五十二章、第五十四章及第五十五章的某些品目列出了供零售用的纺织纱线。纱线必须符合表2-8所列标准方能归入这些品目。

表2-8　供零售用的纱线（不包括的货品除外）

包装方式	纱线类型	供零售用纱线的条件
绕于纸板、线轴、纱管或类似芯子上	1. 蚕丝、绢丝或化纤长丝纱线	重量（包括芯子）在85克及以下
	2. 羊毛、其他动物细毛、棉或化纤短纤纱线	重量（包括芯子）在125克及以下
绕成团、绞或束	1. 细度在3000分特以下的化纤长丝纱线，蚕丝或绢丝纱线	重量在85克及以下
	2. 细度在2000分特以下的其他纱线	重量在125克及以下
	3. 其他纱线	重量在500克及以下

表2-8　续

包装方式	纱线类型	供零售用纱线的条件
绕成绞或束，每绞或每束中有若干用线分开使之相互独立的小绞或小束	1. 蚕丝、绢丝或化纤长丝纱线	每小绞或小束的重量相等（重量在85克及以下）
	2. 羊毛、其他动物细毛、棉或化纤短纤纱线	每小绞或小束的重量相等并且在125克及以下

但下列纱线一律不能视为供零售用：

（1）丝、绢丝、棉或化纤的单纱，不论何种包装。

（2）羊毛或动物细毛的单纱，经漂白、染色或印花的，细度在5000分特及以下，不论何种包装。

（3）丝或绢丝的未漂白多股纱线或缆线，不论何种包装。

（4）棉或化纤的未漂白多股纱线或缆线，成绞或成束的。

（5）丝或绢丝的多股纱线或缆线，经漂白、染色或印花的，细度在133分特及以下。

（6）任何纺织材料的单纱、多股纱线或缆线，交叉绕成绞或束的。

（7）任何纺织材料的单纱、多股纱线或缆线，绕于纱芯上（例如，绕于纱管、加捻管、纬纱管、锥形筒管或锭子上），或以其他方式卷绕（例如，绕成蚕茧状以供绣花机使用的，或离心式纺纱绕成饼状的），明显用于纺织工业的。

4. 缝纫线。

品目52.04、54.01及55.08所称"缝纫线"，是指下列多股纱线或缆线：

（1）绕于芯子（例如，线轴、纱管）上，重量（包括纱芯）不超1000克。

（2）上过浆的。

（3）终捻为反手（Z）捻的。

5. 高强力纱。

在第五十四章及第五十九章中，对"高强力纱"及用高强力纱制成的织物在品目中已有列名。

所称"高强力纱"，是指具有一定韧度的纱线，以厘牛顿/特克斯（每特克斯多少厘牛顿）为单位大于以下标准的：

（1）尼龙或其他聚酰胺单纱或聚酯单纱60厘牛顿/特克斯。

（2）尼龙、其他聚酰胺或聚酯多股纱线或缆线53厘牛顿/特克斯。

（3）粘胶丝单纱、多股纱线或缆线27厘牛顿/特克斯。

6. 弹性纱线和变形纱线。

（1）所称"弹性纱线"，是指合成纤维纺织材料制成的长丝纱线（包括单丝），但变形纱线除外。这些纱线可拉伸至原长的3倍而不断裂，并可在拉伸至原长2倍后5分钟内回复到不超过原长度1倍半。

（2）所称"变形纱线"，是指用机械或物理方法（例如，加捻、退捻、假捻、压缩、起皱纹、热定形或几种这类方法结合起来）进行变形加工，使得每根纤维都为卷曲、绉缩、起圈等形状的纱线。这些变形可以通过拉力部分或全部拉直，可是一旦松弛下来，它们又回到原来形状。

变形纱线具有高膨体性或极高的延伸性的特点。两者的高弹性使其特别适于生产弹力衣着（例如，紧身衣、长筒袜、内衣），而膨体纱线使织物柔软及手感温暖。

变形纱线可通过其长丝的特别加捻特征、小线圈或不够平行定向与非变形长丝（直丝）纱线区别开来。

（三）机织物

第五十章至第五十五章的机织物是在经纬织机上将纺织纱线（不论是第五十章至第五十五章的纱线，还是品目56.07的线、绳等），第五十四章的粗纱、单丝或扁条及类似品，纵行起圈纱线、窄带、编带或狭幅织物（用黏合剂等黏合制成的有经纱而无纬纱的织物）交织而成的产品。

但机织物不包括某些纺织物，例如：

1. 地毯及其他铺地制品（第五十七章）。

2. 品目58.01的起绒织物或绳绒织物，品目58.02的毛巾织物及类似毛圈机织物，品目58.03的纱罗，品目58.05的装饰毯，品目58.06的狭幅机织物以及品目58.09的金属线或含金属纱线的机织物。

3. 品目59.01及59.03至59.07的涂布、浸渍等织物；品目59.02的帘子布或品目59.11的作专门技术用途的纺织物。

4. 符合第十一类类注七定义的制成品。

这些织物的主要特征是，纱线并不像正常的机织物相互交织在一起，而是在纱线交叉点用黏合剂或以热黏合法黏合而成。

这些织物有时称为网眼窗帘布，其用途包括用于加强其他材料（塑料、纸）。它们也用于保护农作物等。

第五十章至第五十五章的机织物可未漂白，或经洗涤、漂白、染色、色织、印花、起云纹、丝光、上光、起波纹、拉绒（起绒）、起皱、缩绒、烧毛等处理。

本品目包括非提花及提花织物，以及由在织造期间引入的附加经线或纬线产生图案的挖花织物。这些织物不能视为刺绣织物。

第五十章至第五十五章还包括其纬线已在仍有经线及纬线的地方被溶去以突出图案效果的织物（例如，以粘胶丝为经线，以醋酸纤维为纬线，而纬线通过溶剂已部分被溶去的某种织物）。

（四）色织机织物

全部或部分用不同颜色的印色纱线或同一颜色不同深浅的印色纱线织成的机织物应视为"色织机织物"，而不作为"染色机织物"或"印花机织物"归类。

（五）平纹组织

据第十一类子目注释一（九），"平纹组织"即"每根纬纱在并排的经纱间上下交错而过，而每根经纱也在并排的纬纱间上下交错而过的织物组织"。

平纹组织是最简单及最常用的织纹。因为织物两面均可见到相同比例的经线及纬线，所以平纹织物的两面总是一样的（双面织物）。

二、第五十六章至第六十三章

第五十六章至第六十三章包括第五十章至第五十五章未包括的某些种类的纺织物及其他纺织制品（例如，起绒织物；狭幅机织物；品目 56.06 或 58.08 的绳绒线、粗松螺旋花线、编带、缎带及其他装饰带；网眼薄纱及其他网眼织物；花边；绣在机织物或其他纺织材料上的刺绣品；针织品或钩编织品），还包括制成的纺织品（某些第十一类不包括而应归入其他类的制成品除外）。

根据本类类注七，第五十六章至第六十三章所称"制成的"是指：

1. 仅裁切成除正方形或长方形以外的其他形状，例如，纺织材料的服装式样；具有锯齿边的物品（例如，某些抹布）也可视为"制成的"纺织品。

2. 呈制成状态，无须缝纫或其他进一步加工（或仅需剪断分隔联线）即可使用的。这类货品包括直接针织或钩编成形的产品及某些抹布、毛巾、台布、方披巾、毯子等，其沿经线的纱线未织造或其纬边切成毛边。这些物品可以在织机上分别织造而成，也可从每隔一定间隔便有一小截未经织造纱线（一般是经线）的成段织物中简单裁剪下来的。经简单剪断分隔联线即可将这些成段织物制成以上所述的制成品，也可视为"制成的"物品。

但仅从大块布料裁剪下来的长方形（包括正方形）物品，如果未经加工和不带剪断分隔联线形成的流苏，不应视为本款所述的"呈制成状态"。这些物品报验时可以折叠或包装（例如，作零售包装），其归类不受影响。

3. 裁剪成一定尺寸，至少有一边为带有可见的锥形或压平形的热封边，其余各边经本注释其他各项所述加工，但不包括为防止剪边脱纱而用热切法或其他简单方法处理的织物。

4. 已缝边或滚边，或者在任一边带有结制的流苏（不论是否外加纱线）（例如，滚边的手帕及带有结制流苏的台布），但不包括为防止剪边脱纱而锁边或用其他简单方法处理的织物。

5. 裁剪成一定尺寸并经抽纱加工的。所称"抽纱加工"，是指织布后仅简单抽去某些经纱或纬纱而未对织物作进一步加工（例如，刺绣品）。经这样处理的成匹材料通常供进一步加工成女内衣用。

6. 缝合、胶合或用其他方法拼合而成的。这些货品品种繁多，包括衣着。但应注意，将两段或两段以上同样料子的织物首尾连接而成的匹头，以及由两层或两层以上的织物层叠而成的匹头，不应视为"制成的"物品。通过绗缝或其他方法用一层或几层纺织材料与胎料组合而成的匹头产品，也不视为"制成的"物品。

7. 针织或钩编成一定形状，不论报验时是单件还是以若干件相连成幅的。

三、与橡胶线混合制成的纺织产品

根据本类类注十，用纺织材料和橡胶线制成的弹性产品归入第十一类。

用纺织材料包覆的橡胶线及绳归入品目 56.04。

与橡胶线混合制成的其他纺织产品主要酌情归入第五十章至第五十五章、第五十八章或第六十章至第六十三章。

第五十章　蚕　丝

一、本章概述

本章中所称的"丝"，不仅包括家蚕（桑蚕）所分泌的纤维物质，也包括类似昆虫（例如，野蚕）分泌的名为"野蚕丝"的产品。

二、类注及章注要点

蜘蛛丝及海丝或贝足丝（某些江珧属海贝靠其附于岩石的长丝）也归入本章。

本章包括从原料到机织物各个生产阶段的丝，其中包括作为丝归类的混纺材料。本章还包括蚕胶丝。

第五十一章　羊毛、动物细毛或粗毛；马毛纱线及其机织物

一、本章概述

本章包括从原料到机织物各个生产阶段的羊毛及动物细毛或粗毛，其中包括作为羊毛或动物毛归类的混纺材料。

二、类注及章注要点

本章还包括马毛纱线及织物，但不包括品目 05.11 的马毛及废马毛。根据第五章章注四的规定，所称"马毛"，是指马科动物或牛科动物的鬃毛或尾毛。

典型案例

案例： 32 公支粗梳多股羊毛绒线，每盒 500 克，有 6 个线团。

解析： 根据第十一类类注四（一）2（2），"绕成团、绞或束，细度在 2000 分特以下的任何其他纱线，重量不超过 125 克"应作为"供零售用"纱线。上述羊毛纱线的细度为 32 公支（即 312.5 分特），小于 2000 分特，并且每个线团的重量为 83.3 克，小于 125 克，故该羊毛绒线属于"供零售用"的羊毛纱线，应归入品目 51.09"羊毛或动物细毛的纱线，供零售用"。由于该绒线的材料是羊毛，故应归入子目 5109.1090。

第五十二章　棉　花

一、本章概述

本章包括从原料到机织物各个生产阶段的棉纤维，其中包括作为棉归类的混纺材料。

二、归类要点

（一）品目 52.05

本品目包括用品目 52.03 的粗纱纺制的单股或多股棉纱线（缝纫线除外），只要这些纱线按重量计含棉量在 85% 及以上。

但本品目不包括符合线、绳、索等定义的纱线（品目 56.07）以及供零售用的纱线。

（二）品目 52.08

本品目不包括：
1. 经过药物浸涂或供零售用的绷带（品目 30.05）。
2. 品目 58.01 的织物。
3. 毛巾织物及类似的毛圈织物（品目 58.02）。
4. 纱罗（品目 58.03）。
5. 品目 59.11 的技术上用的机织物。

第五十三章　其他植物纺织纤维；纸纱线及其机织物

一、本章概述

除了某些非作纺织用的植物纤维、材料以外，本章包括从原料到机织物各个生产阶段的植物纺织材料（棉除外）。

二、类注及章注要点

本章还包括纸纱线及其机织物，以及根据第十一类类注二的规定可视同本章产品归类的混纺材料。

第五十四章　化学纤维长丝；化学纤维纺织材料制扁条及类似品

一、本章概述

本章包括化学纤维长丝、纱线及其织物，含根据第十一类类注二的规定可视同化学纤维纱线和机织物归类的混纺纱线和织物。本章还包括品目 54.04 或 54.05 的单丝和其他产品及其机织物。

本章包括长丝丝束，但符合第五十五章章注定义的除外。它们一般用于生产香烟滤嘴，而第五十五章的长丝丝束则用于生产短纤维。

本章不包括：

1. 品目 33.06 的清洁牙缝用的纱线（牙线），单独零售包装。

2. 第四十章的产品，特别是品目 40.07 的线及绳。

3. 第五十五章的产品，特别是短纤维、短纤纱线及其机织物和化纤长丝的废料（包括落绵、废纱及回收纤维）。

4. 品目 68.15 的碳纤维及其制品。

5. 品目 70.19 的玻璃纤维及其制品。

二、类注及章注要点

根据第五十四章章注一的规定，第五十四章及第五十五章或其他章所称的"化学纤维"，是指通过下列任一方法加工制得的有机聚合物的短纤或长丝：

1. 将有机单体物质加以聚合或将所得到的聚合物经化学改性而制得的（合成纤维）。

2. 将天然有机聚合物经溶解或化学处理制得，或将天然有机聚合物经过化学改性而制得（人造纤维）。

（一）合成纤维

制造这类纤维的基本原料，一般是从煤或石油的蒸馏产品或天然气体中制得。主要的合成纤维有：

1. 聚丙烯腈纤维。

2. 变性聚丙烯腈纤维。

3. 聚丙烯纤维。

4. 尼龙和其他聚酰胺。

5. 聚酯。

6. 聚乙烯。

7. 聚氨基甲酸酯。

其他合成纤维包括：含氯纤维、含氟纤维、聚碳酰胺纤维、三乙烯及乙烯醇纤维。

如果纤维的成分是由第三十九章所述的某种共聚物或某种均聚物的混合物（例如，

某种乙烯和丙烯的共聚物）组成，在纤维归类时必须考虑其所含每种成分所占的比例。除聚酰胺以外，这些比例都是按重量计算的。

（二）人造纤维

制造这类纤维的基本原料，是将天然材料经溶解、化学处理或化学改性提取的有机聚合物。主要的人造纤维有：

1. 纤维素纤维，即：

（1）粘胶人造丝。

（2）铜铵人造丝。

（3）醋酸纤维素（包括三醋酯纤维）。

2. 动物质或植物质蛋白质纤维，它们包括：

（1）乳酪蛋白溶解于碱中（一般为氢氧化钠）所得的产品。

（2）用同样方法处理花生、大豆、玉米等的蛋白质所得的其他纤维。

3. 藻酸纤维。各种海藻经过化学处理后产生黏性溶液，一般为藻酸钠溶液；将这种溶液喷入凝结浴中成为某种金属藻酸盐。它们包括：

（1）藻酸钙铬纤维，非易燃品。

（2）藻酸钙纤维。它们在弱碱性肥皂溶液中极易溶解，因此不适于一般纺织用途，通常在某些生产工序中作临时线用。

第五十五章　化学纤维短纤

一、本章概述

本章包括短纤（即切段纤维）状或某些长丝丝束状的第五十四章章注所述的化学纤维，也包括这些纤维或丝束在各个加工阶段所得的产品，含纱线和机织物。本章还包括根据第十一类类注二的规定可视同化学纤维短纤产品归类的混纺产品。

化学纤维长丝或短纤的废料（包括落绵、废纱及回收纤维）也归入本章。

二、类注及章注要点

1. 品目 55.01 和 55.02 仅适用于每根与丝束长度相等的平行化学纤维长丝丝束。前述丝束应同时符合下列规格：

（1）丝束长度超过 2 米。

（2）捻度每米少于 5 转。

（3）每根长丝细度在 67 分特以下。

（4）合成纤维长丝丝束，须经拉伸处理，即本身不能被拉伸至超过本身长度的 1 倍。

（5）丝束总细度大于 20000 分特。

丝束长度不超过 2 米的归入品目 55.03 或 55.04。

2. 本章不包括：

（1）品目 56.01 的长度不超过 5 毫米的纺织纤维（纤维屑）。

（2）品目 25.24 的石棉，以及品目 68.12 或 68.13 的石棉制品和其他产品。

（3）品目 68.15 的碳素纤维及其制品。

（4）品目 70.19 的玻璃纤维及其制品。

三、归类要点

（一）品目 55.09

本品目包括用品目 55.06 的合成纤维短纤粗纱纺成的纱线（缝纫线除外），不论是单纱或多股纱线。

但本品目不包括供零售用的合成纤维短纤纱线（品目 55.11）和符合绳、索等定义的纱线（品目 56.07）

（二）品目 55.12

本品目包括按重量计合成纤维短纤含量在 85% 及以上的机织物。这类织物包括各式各样的服装面料、窗帘布料或其他家具布及桌布料、毯料、毛巾料等。

经过药物浸涂或供零售用的绷带不归入本品目（品目 30.05）。

（三）品目 55.15

本品目包括用合成纤维短纤纱线纺制的机织物。

本品目仅包括第十一类类注二所规定的混纺机织物，但不包括本章本品目以前的品目所列货品和本类第二部分具体列名的货品（通常归入第五十八章或第五十九章）。

经过药物浸涂或供零售用的绷带不归入本品目（品目 30.05）。

（四）品目 55.16

本品目包括用人造纤维短纤纱线纺制的机织物。这些织物包括各式各样的服装面料、窗帘布料或其他家具布，以及桌布料、毯料、毛巾料等。

经过药物浸涂或供零售用的绷带不归入本品目（品目 30.05）。

典型案例

案例：混纺染色布，材料为棉 30%、羊毛 30%、涤纶短纤 25%、腈纶短纤 15% 的染色平纹机织物，200 克/平方米，幅宽 58 寸（193 厘米），无牌，100 米/卷，50 卷。

解析：该货品为混纺机织物，按第十一类类注二的规定，以其中重量最大的纺织材料确定其归入何章：棉的产品归第五十二章，羊毛的产品归第五十一章，而涤纶短纤和腈纶短纤同属化纤短纤，合计含量为 40%，因此该商品应归入第五十五章。涤纶短纤和腈纶短纤都属于合成纤维（第五十四章章注一），与之混纺的棉与羊毛含量相等（棉 30%、羊毛 30%），因此该货品看似可归入品目 55.14，又可归入品目 55.15，按第十一类类注二的规定，该商品应"从后"归入品目 55.15。根据归类总规则一及六，应将该混纺染色布按主要或仅与羊毛混纺的合成纤维短纤纺制的机织物归入子目 5515.1300。

提示：该混纺染色布在实际工作中常被误按主要或仅与棉混纺染色的聚酯短纤纺制的平纹机织物归入子目 5514.2100。

归错的主要原因是对"从后"的理解出现错误（羊毛的产品归入第五十一章，而棉的产品归入第五十二章）。

案例：棉 50%、涤纶短纤 50%的平纹机织物，未漂白，宽 1.5 米，成卷，200 克/平方米。

解析：根据第十一类类注二，"可归入第五十章至第五十五章及品目 58.09 或 59.02 的由两种或两种以上纺织材料混合制成的货品，应按其中重量最大的那种纺织材料归类。当没有一种纺织材料重量较大时，应按可归入的有关品目中最后一个品目所列的纺织材料归类"，由于棉与化纤（涤纶）的含量相等，故应从后归入第五十五章"化学纤维短纤"。

由于涤纶属于合成纤维中的聚酯纤维，结合题目给出的有关条件，该平纹机织物应归入品目 55.14"合成纤维短纤纺制的机织物，按重量计合成纤维短纤含量在 85%以下，主要或仅与棉纺织，每平方米重量超过 170 克"。再按"未漂白""涤纶短纤""平纹"这些条件归入子目 5514.1110。

第五十六章　絮胎、毡呢及无纺织物；特种纱线；线、绳、索、缆及其制品

一、本章概述

本章包括一些具有专门特性的纺织品，例如，絮胎、毡呢、无纺织物、特种纱线、绳、索及其某些制品。

二、类注及章注要点

1. 本章不包括：

（1）用各种物质或制剂（例如，第三十三章的香水或化妆品、品目 34.01 的肥皂或洗涤剂、品目 34.05 的光洁剂及类似制剂、品目 38.09 的织物柔软剂）浸渍、涂布、包覆的絮胎、毡呢或无纺织物，其中的纺织材料仅作为承载介质。

（2）品目 58.11 的纺织产品。

（3）以毡呢或无纺织物为底的砂布及类似品（品目 68.05）。

（4）以毡呢或无纺织物为底的黏聚或复制云母（品目 68.14）。

（5）以毡呢或无纺织物为底的金属箔（通常归入第十四类或第十五类）。

2. 品目 56.02 及 56.03 分别包括用各种性质（紧密结构或泡沫状）的塑料或橡胶

浸渍、涂布、包覆或层压的毡呢及无纺织物。

品目 56.03 还包括用塑料或橡胶作黏合材料的无纺织物。

但品目 56.02 及 56.03 不包括：

（1）用塑料或橡胶浸渍、涂布、包覆或层压，按重量计纺织材料含量在 50% 及以下的毡呢或者完全嵌入塑料或橡胶之内的毡呢（第三十九章或第四十章）。

（2）完全嵌入塑料或橡胶之内的无纺织物，以及用肉眼可辨别出两面都用塑料或橡胶涂布、包覆的无纺织物，涂布或包覆所引起的颜色变化可不予考虑（第三十九章或第四十章）。

（3）与毡呢或无纺织物混制的泡沫塑料或海绵橡胶板、片或扁条，纺织材料仅在其中起增强作用（第三十九章或第四十章）。

3. 品目 56.04 不包括用肉眼无法辨别出是否经过浸渍、涂布或包覆的纺织纱线或品目 54.04 及 54.05 的扁条及类似品（通常归入第五十章至第五十五章）；运用本条规定，可不考虑浸渍、涂布或包覆所引起的颜色变化。

三、归类要点

（一）品目 56.02

毡呢可用于制衣、帽、鞋、鞋底、钢琴音锤、装饰制品及花哨物品等，也可作各种专门的技术用途，例如，作隔热或隔音材料等。

1. 本品目不包括归入第三十九章或第四十章的下列产品：

（1）用塑料或橡胶浸渍、涂布、包覆或层压并且按重量计所含纺织材料在 50% 及以下的毡呢，或者完全嵌入塑料或橡胶中的毡呢。

（2）泡沫塑料或海绵橡胶与毡呢合制的板、片或带，其中纺织材料仅起增强作用的。

本品目包括通过正常黏合方法制成后再用焦油或类似物质浸渍制成的油毛毡。

2. 本品目也不包括：

（1）用各种物质或制剂〔例如，香水或化妆品（第三十三章）、肥皂或洗涤剂（品目 34.01）、光洁剂及类似制剂（品目 34.05）、织物柔软剂（品目 38.09）〕浸渍、涂布、包覆的毡呢，其中纺织材料仅作为承载介质。

（2）马鞍座布及鞍垫（品目 42.01）。

（3）第五十七章的毡呢地毯及其他毡呢的铺地制品。

（4）品目 58.02 的簇绒毡呢。

（5）刺绣毡呢，成匹、成条或成小块图案的毡呢刺绣品（品目 58.10）。

（6）通过绗缝或其他方法用一层或几层纺织材料与胎料组合而成的被褥状纺织产品，但品目 58.10 的刺绣品除外（品目 58.11）。

（7）以毡呢为底料经涂布或覆面的铺地制品，不论是否剪切成形（品目 59.04）。

（8）用橡胶、皮革或其他材料涂布、包覆或层压制得的作针布用的毡呢，以及专门作技术用途的其他类似织物（品目 59.11）。

（9）用研磨粉或粒盖面的毡呢（品目 68.05），或用黏聚或复制云母盖面的毡呢

（品目 68.14）。

（10）由全部被沥青或类似材料包覆的数层纺织纤维制成的建筑用板（品目 68.07）。

（11）用毡呢衬背的金属箔（通常归入第十四类或第十五类）。

（二）品目 56.03

无纺织物是将纺织纤维定向或随意取向黏合而成的片状或网状织物。所用纤维可以是天然纤维或化学纤维，也可以是短纤（天然纤维或化学纤维）或化学长丝，还可以原地成网。

无纺织物可以染色、印花、浸渍、涂布、包覆或层压。用纺织物或其他任何材料薄片通过胶粘、缝合或其他任何工艺盖于无纺织物的一面或两面，只要其具有无纺织物的基本特征，仍应归入本品目。

1. 本品目主要包括：

由涂有橡胶、塑料及其混合物胶粘剂的无纺织物所构成的粘胶带。

本品目还包括某种用焦油或类似物质黏合纺织纤维制成的"油毛毡"及某些由同样方法制得并含有少量软木碎的名为"油毛毡"的产品。

2. 本品目不包括归入第三十九章或第四十章的下列产品：

（1）完全嵌入塑料或橡胶之内的无纺织物，以及用肉眼可辨别出两面都用塑料或橡胶涂布、包覆的无纺织物，涂布或包覆所引起的颜色变化可不予考虑。

（2）泡沫塑料或海绵橡胶与无纺织物合制的板、片或带，其中纺织材料仅起增强作用的。

3. 本品目也不包括：

（1）经过药物浸涂或制成零售包装的绷带（品目 30.05）。

（2）用各种物质或制剂［例如，香水或化妆品（第三十三章）、肥皂或洗涤剂（品目 34.01）、光洁剂及类似制剂（品目 34.05）、织物柔软剂（品目 38.09）］浸渍、涂布、包覆的无纺织物，其中的纺织材料仅作为承载介质。

（3）针刺机制毡呢（品目 56.02）。

（4）第五十七章的无纺织物制的地毯及其他铺地制品。

（5）品目 58.02 的簇绒无纺织物。

（6）包扎匹头用带（品目 58.06）。

（7）成匹、成条或成小块图案的无纺织物刺绣品（品目 58.10）。

（8）通过绗缝或其他方法用一层或几层纺织材料与无纺织物胎料组合而成的被褥状纺织产品，但品目 58.10 的刺绣品除外（品目 58.11）。

（9）品目 59.11 的专门技术用途的无纺织物。

（10）用研磨粉或粒盖面的无纺织物（品目 68.05），或用黏聚或复制云母盖面的无纺织物（品目 68.14）。

（11）用毡呢衬背的金属箔（通常归入第十四类或第十五类）。

（三）品目 56.04

1. 用纺织材料包覆的橡胶线及绳。

本组产品包括用纺织材料包覆（例如，狭辫螺旋包覆或编结包覆）的任何截面的橡胶线（单股）及橡胶线制的橡胶绳（多股）。

2. 用橡胶或塑料浸渍、涂布、包覆或套裹的纺织纱线及品目 54.04 或 54.05 的扁条及类似品。

本组包括用橡胶或塑料浸渍、涂布、包覆或套裹的纺织纱线及品目 54.04 或 54.05 的扁条及类似品，但是对于浸渍、涂布或包覆的纱线等，用肉眼应能辨出其经过浸渍、涂布或包覆的（仅颜色起变化不计在内）。

浸渍纺织纱线包括为提高其对橡胶的黏附力而对纺织纱线进行了表面处理的浸渍纱线，这些纱线在后来制造轮胎、机器带或带料及管子等物品过程中与橡胶组合成为物品。

本组包括的产品中有用塑料厚裹纺织纱线制成的仿肠线，根据其各自不同的特性分别用于制造运动球拍、钓鱼线、带子、缠条、家具布、外科缝线等，以及用塑料套裹纺织纱线制成的晒衣绳。

3. 本品目不包括：

（1）用橡胶黏合平行纺织纱线制成的织物（品目 59.06）。

（2）带鱼钩的或用其他方式制成钓鱼线的仿肠线（品目 95.07）。

（四）品目 56.07

1. 本品目包括：

（1）非编织或编结的线、绳、索、缆。

以金属线加强的纺织纱线一律归入本品目，它不同于品目 56.05 的含金属纱线，本品目的金属线通常较粗，仅用作加强用途而无装饰用途。

本类还包括用通过搓捻几乎完全裂成长丝的裂膜条制得的线、绳、索、缆。

（2）编织或编结的线、绳、索、缆。

这些货品在任何情况下均应归入本品目，不论其每米的重量多少。本货品通常是管状编带，所用的材料一般比品目 58.08 的编带所用材料粗糙。

本品目的编织货品不同于品目 58.08 的编带，主要不是因为所用纱线的属性，而更多地由于本货品是紧密编织的，其紧密结构使之适用于作线、绳、索、缆。再者，本货品一般是不染色的。

用于制造线、绳、索、缆最重要的纤维是大麻、黄麻、西沙尔麻、棉、椰壳纤维及合成纤维。

只有用金属线编织或加强的纸纱线制的线、绳、索、缆才归入本品目。

线、绳、索、缆可用作捆扎绳，或用于打包、牵引、装货等，其截面一般是圆的，但有些（例如，某种传动缆）截面为方形、梯形或三角形。它们通常不经漂白，但可以染色、浸渍以使其防腐，或用不同颜色的股线组成，或用橡胶或塑料浸渍、涂布、包覆或套裹。

这些产品不论是否切成一定长度均归入本品目。

2. 本品目不包括：

（1）品目 56.05 的糖果店、花店等用的花式线、绳。

（2）品目 56.06 的粗松螺旋花线、绳绒线及纵行起圈纱线。

（3）品目 56.09 的物品。

（4）品目 58.08 的棉芯丝线及类似绳线和其他纺织螺旋花线。

（5）在工业上用作包装或润滑材料的绳、编带及类似品，不论是否涂布、浸渍或以金属加强的（品目 59.11）。

（6）品目 63.10 的废碎线、绳、索、缆。

（7）涂有研磨料的线、绳等（品目 68.05）。

（8）体操用品（品目 95.06）。

（五）品目 56.09

1. 本品目包括：

用第五十章至第五十六章的纱线制成的物品，用品目 54.04 或 54.05 的扁条及类似品制成的物品，以及用品目 56.07 的线、绳、索、缆制成的物品，但其他品目已具体列名的物品除外。

本品目包括裁成段并在一端或两端制成套环的纱线、绳索；或装有端头、环、钩等（例如，鞋带、晒衣绳、拖缆）的纱线、绳索等；船艇碰垫、卸货垫、绳梯、装货吊索及将一束纱线对折，然后把折叠一端扎起制成的刷碗"布"等。

2. 本品目不包括：

（1）辔头、缰绳、笼头、挽具等（品目 42.01）。

（2）裁切成段并带有结、圈、金属或玻璃小眼的绳子，用于提花机或其他机器的（品目 59.11）。

（3）应归入其他适当品目的纺织物及其制品（例如，用编带制成的鞋带应归入品目 63.07）。

（4）凉鞋用的绳制鞋底（品目 64.06）。

（5）第九十五章的体操用品及其他制品。

典型案例

案例： 1. 单头棉棒，棒头一端为棉絮，棒身为木杆。

2. 双头棉棒，棒头两端为棉絮，棒身为纸制。主要用于产品擦拭洁净，属消耗品。

解析： 该货品为絮胎制的洁净用品，非用于医疗，属于《商品及品目注释》品目 56.01 的商品范围。根据归类总规则一，棉花棒应归入子目 5601.2100。

提示： 该商品易误按药棉归入子目 3005.9010。

（参见海关总署商品归类决定 Z2009-0028）

案例： 聚酯短纤无纺布，为灰色无纺布，两面均未经涂层处理，主要成分为聚酯，每平方米克重为 96 克，进口状态为成卷，样品可清晰地撕开，分为两层。具体工艺为将聚酯纤维经叠铺后加温使部分纤维熔融，一次性热压成形。未添加黏合剂。

解析： 层压是一种材料复合的制作工艺，一般采用两层或更多层已制成材料，可选择运用胶粘剂粘结法或层叠加热、加压法等多种方式使多层材料复合成成品。货品采用纺粘法一次成形，其成品虽可清晰通过手撕分为两层，但其加工工艺中没有经过将两层或多层成形材料复合的工艺过程，属于未经过层压的无纺布产品。根据其进口状态，符合品目 56.03 的范畴。根据归类总规则一，"聚酯短纤无纺布"应归入子目 5603.9390。

（参见海关总署商品归类决定 Z2006—0365）

第五十七章　地毯及纺织材料的其他铺地制品

一、本章概述

本章包括使用时以纺织材料作面的地毯及纺织材料的其他铺地制品，也包括具有纺织材料铺地制品特征（例如，具有铺地制品的厚度、硬挺性及强度）但作其他用途（例如，挂在墙上、铺在桌面上或作其他装饰用途）的物品。

二、类注及章注要点

本章所称"地毯及纺织材料的其他铺地制品"，是指使用时以纺织材料作面的铺地制品，也包括具有纺织材料铺地制品特征但作其他用途的物品。

归入本章的上述产品可以是制成的（即直接制成一定尺寸、镶边、加衬、加穗、拼合等），呈小方地毯、床边地毯、炉边地毯形状的，或是呈供布置房间、走廊、过道或楼梯的毯料形状，不论是大段供剪裁的或是制成的。

本品还可以经浸渍（例如，用胶乳浸渍）或用机织物、无纺织物、海绵橡胶或泡沫塑料衬背。

本章不包括：

1. 铺地制品衬垫，即置于地板与地毯之间的粗糙织物或毡呢衬垫（按其构成材料归类）。

2. 列诺伦及其他以织物为底布加以涂布或盖面的铺地制品（品目 59.04）。

典型案例

案例： 人造草坪，一种以聚丙烯为基底，以聚丙烯人造草作面料的铺地制品。其中，基底涂有透气性好的橡胶与苯乙烯和丁二烯的混合物，人造草是用宽 10 毫米的扁条经交错切成 1 毫米左右宽呈连续网状、再经折叠为表观宽度 5 毫米以下的叶片。"人造草坪"根据叶片宽度分两种类型：1. 表观宽度小于 5 毫米的叶片与基底制成；2. 表观宽度小于 5 毫米的叶片及宽度不超过 1 毫米的扁条与基底制成。该货品主要用于铺设足球场。

解析： 根据第五十七章章注一，本章所称"地毯及纺织材料的其他铺地制品"，是指使用时以纺织材料作面的铺地制品。从该货品的作面材料来看，尽管其扁条实际宽度为 10 毫米，但经过错切、折叠后其表观宽度在 5 毫米以下，因此仍符合纺织材料中对扁条的定义范围。根据织法工艺及第五十七章章注一，"人造草坪"应归入子目5703.3000。

（参见海关总署商品归类决定 Z2006-0367）

第五十八章　特种机织物；簇绒织物；花边；装饰毯；装饰带；刺绣品

一、本章概述

除品目 58.09 以外，本章所包括的种类繁多的各种纺织产品在品目范围内是不论其由何种纺织原料构成的。某些上述产品只有在未达到第十一类类注第二部分所述"制成的"程度，方可归入本章，而其他的一些产品则不论是否为制成的均可归入本章。

二、类注及章注要点

1. 本章不适用于经浸渍、涂布、包覆或层压的第五十九章章注一所述的纺织物或第五十九章的其他货品。

2. 品目 58.01 也包括因未将浮纱割断而使表面无竖绒的纬起绒织物。

3. 品目 58.03 所称"纱罗"，是指经线全部或部分由地经纱和绞经纱构成的织物，其中绞经纱绕地经纱半圈、一圈或几圈而形成圈状，纬纱从圈中穿过。

4. 品目 58.04 不适用于品目 56.08 的线、绳、索结制的网状织物。

5. 品目 58.06 所称"狭幅机织物"，是指：

（1）幅宽不超过 30 厘米的机织物，不论是否织成或从宽幅料剪成，但两侧必须有织成的、胶粘的或用其他方法制成的布边；

（2）压平宽度不超过 30 厘米的圆筒机织物；

（3）折边的斜裁滚条布，其未折边时的宽度不超过 30 厘米。

流苏状的狭幅机织物归入品目 58.08。

6. 品目 58.10 所称"刺绣品"，除了一般纺织材料绣线绣制的刺绣品外，还包括在可见底布上用金属线或玻璃线刺绣的刺绣品，也包括用珠片、饰珠、纺织材料或其他材料制的装饰用花纹图案所缝绣的贴花织物。该品目不包括手工针绣嵌花装饰毯（品目 58.05）。

7. 除品目 58.09 的产品外，本章还包括金属线制的用于衣着、装饰及类似用途的物品。

根据第五十八章章注一，本章不包括用品目 58.03 的纱罗、品目 58.06 的狭幅织物及品目 58.08 的成匹编带及装饰带经浸渍、涂布、包覆或层压的产品（通常归入第三十九章、第四十章或第五十九章），然而经同样处理的本章其他物品只要并未具有第三十九章或第四十章产品的特征，仍应归入本章。

三、归类要点

（一）品目 58.01

本品目包括仿裘皮的起绒机织物（例如，仿阿斯特拉罕羔羊皮、仿喀拉科尔羔羊皮或仿豹皮），但不包括通过缝合或黏附等方法制成绒面的仿毛皮（品目 43.04）。

本品目的许多织物与品目 57.02 的地毯生产方法相同，但却很容易与地毯相区别，因为它主要供装饰或衣着之用，而不是作铺地制品用，所以用料精细，底布非常柔软。

本品目不包括：

1. 珠皮呢、珠皮大衣呢及其他外观与起绒织物相似的织物，这些机织物用特种纱线（例如，结子花式线）织成或将普通织物经过处理（例如，刮绒或拉绒）制成（一般归入第五十章至第五十五章）。

2. 品目 58.02 的毛巾织物及类似的毛圈机织物和簇绒织物。

3. 符合狭幅织物定义的起绒等织物（品目 58.06）。

4. 具有割绒或毛圈绒面的针织物或缝编织物（酌情归入品目 60.01 或 56.02）。

5. 某些应归入其他类的制成的起绒等织物。

（二）品目 58.02

1. 毛巾织物及类似的毛圈机织物。

这类织物是具有毛圈的织物，可用于制毛巾、家庭浴衣、海滨浴衣、睡衣、盥洗手套等。它们有一组紧纬及两组一紧一松的经纱，松的一组在织物表面构成毛圈。两组经线的比例可以有所不同，但通常地经与绒经的组数相等。

但本品目不包括仅在一面有绒面，其所有毛圈都被割开的织物（品目 58.01）。

本品目还不包括：

（1）针织或钩编的毛圈织物（品目 60.01）。

（2）沿无纬纱线所示划线裁切等简单加工即可成为多条带毛边制成品的成匹织物（品目 63.02）。

2. 簇绒织物。

这类织物是通过一组针与钩的设备将纱线插入已织成的纺织底布（机织物、针织物或钩编织物、毡呢、无纺织物等）上形成毛圈，如果钩上带有割绒装置，则可直接将毛圈割开成为簇绒织物。

本品目产品有别于品目 57.03 的簇绒地毯及铺地制品，例如，本品的硬挺性、厚度及强度都不如地毯，不适于作铺地制品。

此外，这类织物不同于品目 60.01 的起绒织物，前者是以织物背面看上去有一行行的纵向绗缝针迹为特征，而后者则在织物背面具有一行行的链式针迹。

（三）品目 58.06

1. 狭幅机织物。

根据本章章注五规定，本品目包括以下狭幅机织物：

（1）幅宽不超过 30 厘米的狭条经纬织物，两边都有扁平或管状布边的。这些物品是用特种织带机织成的，通常几条带子同时织出；有时带子一边或两边织成波浪形。

（2）幅宽不超过 30 厘米的狭条，从宽幅经纬织物剪（撕）成［纵剪（撕）或横剪（撕）］并且两边都有假边，或一边是正常织边而另一边是假边。假边是为防止剪（撕）下的织物脱散，可以于裁剪（撕开）前在宽幅织物上织进一行纱罗组织，或将边简单折起，也可用胶将边黏合，或对某些化纤条带将边熔融。还可以在织物裁剪成狭条前就进行处理，形成假边，以防止狭条剪边脱纱。在这种情况下，狭幅织物间的假边并不需要特别明显。从织物剪（撕）下来的条带若无上述真边或假边，不得归入本品目，而应按普通机织物归类。

（3）压平宽度不超过 30 厘米的无缝管筒经纬织物。但把狭条两边缝合、黏合或通过其他方法结合而形成管状的织物不归入本品目。

（4）由从经纬织物横向裁下的狭条构成的斜裁滚条布，未折边时的宽度不超过 30 厘米的。由于本品是从宽幅织物上裁下来的，因而没有布边，不论是真边还是假边。

上述产品包括带子和带状织物，以及某种具有丝带特征的织物。

带子通常是用蚕丝、羊毛、棉花或化纤制成，不论是否含有弹性纱线或橡胶线。可用于内衣、女式衣着，也可用于制造帽子及花式衣领，用作勋章绶带、装饰性捆扎材料及用于其他装饰用途等。

本品目也包括用金属线制成的狭幅机织物，但它们必须明显用于衣着、装饰或类似用途。

归入本品目的丝带是窄条带子；带状织物是厚实的狭幅织物，通常用棉花、亚麻、大麻或黄麻制成，可用于鞍具、挽具，也可用于制带子、带料、腰带或椅座等。

本品目还包括百叶窗用的带状织物，多条窄带按一定间隔将两条带子连接起来构成，整个织物由一次连续的织造工序制得。

这些产品即使经过波纹（云纹）、拷花、印花等处理仍应归入本品目。

2. 包扎匹头用带。

本品目也包括幅宽通常从几毫米到 1 厘米，用黏合剂黏制成的有经纱（并线、单丝或纺织纤维）而无纬纱的狭幅织物（包扎匹头用带）。本品主要用于捆扎包裹，有的用于制女帽帽缠。

本品有时在一定间隔的地方印上商标名称，但这并不影响它的商品归类。

3. 本品目不包括：

（1）经过药物浸涂或制成零售形状或包装的绷带（品目 30.05）。

（2）带有织造流苏的狭幅机织物、编结丝带及编带（品目 58.08）。

（3）其他品目具体列名的狭幅织物，例如，具有以下特征的狭幅织物：

①成条的机织标签、徽章及类似品（品目 58.07 或 58.10）。

②灯芯、炉芯、打火机芯、烛芯或类似品（品目 59.08）。

③纺织材料制的水龙软管及类似管子（品目 59.09）。

④品目 59.10 的传动带或输送带。

4. 第五十九章的浸渍、涂布、包覆或层压的狭幅机织物，特别是用橡胶浸渍的用于包覆纺锤（织轴）的狭幅丝绒织物（品目 59.11）。

5. 第十一类总注释第二部分所指的制成的狭幅织物。

6. 拉链（品目96.07）及间隔装于带子上的贱金属钩眼钮扣或揿钮，只要这些钩眼钮扣或揿钮构成货品的基本特征的（酌情分别归入品目83.08或96.06）。

7. 打字机色带（品目96.12）。

（四）品目58.07

本品目包括符合下列条件的货品：

1. 任何纺织材料制的标签（包括针织标签）。本品用作衣着、家用亚麻布、褥垫、帐篷、布玩具或其他货品的标签。本品是标有专门题词或花纹的有使用价值的标签。这类标签主要包括印有厂商商号、商标或印有其构成的纺织原料性质（如"蚕丝""人造丝"等）的商业标签，以及个人（寄宿生、士兵等）用以识别本人私人财产的标签。后一种标签有时标明个人名称的缩写或图记，有时还留有一栏空白之处以备手工填写。

2. 任何纺织材料制的徽章及类似品（包括针织的在内）。本品包括通常缝在衣着外面的徽章、"肩章"等（运动、军事、地区或国家的徽章等，标有青年团体名称的徽章，标有船名等的水手帽徽等）。

上述物品只有符合下列条件，才能归入本品目：

1. 必须是非刺绣品。归入本品目的物品上的文字或花纹图案一般是织造的（挖花织法）或印制的。

2. 必须是成匹、成条（最常见的形状）或切成一定尺寸或形状成为独立件的，但不得经其他任何方式加工为制成品。

本品目不包括经刺绣的标签、徽章或类似品（品目58.10）或除切成一定尺寸或形状以外经过其他方式加工为制成品的产品（品目61.17、62.17或63.07）。

第五十九章　浸渍、涂布、包覆或层压的纺织物；工业用纺织制品

一、本章概述

除条文另有规定的以外，本章所称"纺织物"，仅适用于第五十章至第五十五章、品目58.03及58.06的机织物、品目58.08的成匹编带和装饰带及品目60.02至60.06的针织物或钩编织物。

二、类注及章注要点

1. 品目59.07不适用于：

（1）用肉眼无法辨别出是否经过浸渍、涂布或包覆的织物（通常归入第五十章至第五十五章、第五十八章或第六十章），但由于浸渍、涂布或包覆所引起的颜色变化可不予考虑。

（2）绘有图画的织物（作为舞台、摄影布景或类似品的已绘制的画布除外）。

（3）用短绒、粉末、软木粉或类似品部分覆面并由此而形成图案的织物，但仿绒织物仍归入本品目。

（4）以淀粉或类似物质为基本成分的普通浆料上浆整理的织物。

（5）以纺织物为底的木饰面板（品目44.08）。

（6）以纺织物为底的砂布及类似品（品目68.05）。

（7）以纺织物为底的黏聚或复制云母片（品目68.14）；

（8）以纺织物为底的金属箔（通常归入第十四类或第十五类）。

2. 品目59.10不适用于：

（1）厚度小于3毫米的纺织材料制传动带料或输送带料。

（2）用橡胶浸渍、涂布、包覆或层压的织物制成的或用橡胶浸渍、涂布、包覆或套裹的纱线或绳制成的传动带料及输送带料（品目40.10）。

3. 品目59.11适用于下列不能归入第十一类其他品目的货品。

（1）下列成匹的、裁成一定长度或仅裁成矩形（包括正方形）的纺织产品（具有品目59.08至59.10所列产品特征的产品除外）：

①用橡胶、皮革或其他材料涂布、包覆或层压的作针布用的纺织物、毡呢及毡呢衬里机织物，以及作其他专门技术用途的类似织物，包括用橡胶浸渍的用于包覆纺锤（织轴）的狭幅丝绒织物。

②筛布。

③用于榨油机器或类似机器的纺织材料制或人发制滤布。

④用多股经纱或纬纱平织而成的纺织物，不论是否毡化、浸渍或涂布，通常用于机械或其他专门技术用途。

⑤专门技术用途的增强纺织物。

⑥工业上用作填塞或润滑材料的线绳、编带及类似品，不论是否涂布、浸渍或用金属加强。

（2）专门技术用途的纺织制品（品目59.08至59.10的货品除外），例如，造纸机器或类似机器（如制浆机或制石棉水泥的机器）用的环状或装有联接装置的纺织物或毡呢、密封垫、垫圈、抛光盘及其他机器零件。

三、归类要点

（一）品目59.03

1. 本品目包括：

用塑料（例如，聚氯乙烯）浸渍、涂布、包覆或层压的纺织物。

不能用肉眼辨别或只能从这些加工引起的颜色变化才能辨别其经过浸渍、涂布或包覆的纺织物，通常归入第五十章至第五十五章、第五十八章或第六十章。这类织物有的用某些物质浸渍后，具有防皱、防蛀、防缩或防水性能的织物（如防水华达呢及府绸等）。用塑料部分涂布或部分包覆以产生图案的纺织物也归入第五十章至第五十五章、第五十八章或第六十章。

本品目的层压织物不应与用塑料黏合剂将各层简单黏合而成的织物相混淆。这些

织物在其截面上看不到塑料，通常归入第五十章至第五十五章。

归入本品目的许多纺织物，其塑料材料通常着色，并成为产品的表面层，该层有光滑的，也有仿皮革纹理等压花的（例如，人造革）。

本品目也包括通过浸渍以提高其对橡胶黏附力的浸泡织物（品目 59.02 的织物除外）及可见微粒的热塑材料喷于表面的纺织物，这种纺织物在加热或加压时能黏合其他织物或材料。

本品目还包括用品目 56.04 的塑料浸渍、涂布、包覆或套裹的纱线、扁条或类似品制成的纺织物。

本品目的织物可供各种用途，包括用作装饰材料，用于制造手提包及旅行容器、服装、拖鞋、玩具、电器用品等，还用于书籍装订和用作胶粘带等。

2. 本品目也不包括：

（1）品目 58.11 的被褥状纺织产品。

（2）用塑料涂布或包覆，供作铺地制品用的纺织物（品目 59.04）。

（3）具有糊墙品特征的浸渍、涂布纺织物（品目 59.05）。

（4）用塑料浸渍、涂布、包覆或层压的纺织物制成品，符合"制成的纺织品"相关规定的。

（二）品目 59.06

1. 本品目包括：

（1）用橡胶浸渍、涂布、包覆或层压的纺织物，包括浸泡织物（品目 59.02 的货品除外），其重量为：

①每平方米不超过 1500 克的，不论纺织材料及橡胶的比例多少。

②每平方米超过 1500 克的，按重量计纺织材料含量在 50% 以上。

这些用橡胶处理的织物主要用于制防水衣着、放射性特种防护外套、充气物品、野营设备、卫生用品等。

某些家具布仅在其一面薄薄地涂上一层胶乳，不一定能防水，但仍归入本品目。

这些织物不应与用橡胶黏合剂层层黏合的织物相混淆，后者用于汽车车身或鞋靴等。这些织物的截面显示不出橡胶层，因而通常归入第五十章至第五十五章。

（2）用品目 56.04 的橡胶浸渍、涂布、包覆或套裹的纱线、扁条或类似品制成的织物。

（3）用平行纺织纱线与橡胶胶合或轧合的无纬织物，不论其每平方米的重量多少。本品用于制造轮胎、橡胶管、传动带或输送带及带料等。

（4）以纺织物作底布的橡胶粘带，包括电气绝缘带，不论是否预先用橡胶处理的，以及橡胶粘胶布。

2. 本品目不包括：

（1）经过药物浸涂或制成零售形状或包装供医疗、外科、牙科或兽医用的橡皮胶布（品目 30.05）。

（2）上述 1（2）项所述的用橡胶处理的织物，但按重量计纺织材料含量不超过 50% 的（品目 40.05 或 40.08）。

（3）含有纺织物的海绵橡胶板、片及带，其中纺织物仅起增强作用的（品目 40.08）。

（4）传动带或输送带及带料，通常由包以硫化橡胶的几层纺织物（不论是否经橡胶处理）组成（品目 40.10）。

（5）以橡胶衬背以提高其柔韧性及对地板的附着力的地毯、列诺伦及其他铺地制品（酌情归入第五十七章或品目 59.04）。

（6）品目 58.11 的被褥状纺织产品。

（7）用橡胶将几层织物黏合后加压硫化而成的纺织物（不论是否用毡呢衬里），用于制造品目 59.11 的针布、印刷橡胶毯及专门技术用途的其他类似织物，包括品目 59.11 的用橡胶浸渍并用于包覆纺锤（织轴）的狭幅丝绒织物。

（8）用橡胶处理的织物制成的物品，符合"制成的纺织品"的相关规定的（一般归入第六十一章至第六十三章）。

（三）品目 59.07

1. 用其他材料浸渍、涂布或包覆的纺织物。

本品目不包括不能用肉眼辨别或仅能从浸渍等加工引起的颜色变化才能辨别其经过浸渍、涂布或包覆的纺织物，以及用淀粉或类似物质作为基本成分的普通浆料整理的织物。这些织物通常归入第五十章至第五十五章、第五十八章或第六十章。例如，用胶料、淀粉及类似浆料浸渍的织物（例如，蝉翼纱、平纹细布），或用其他物质使之防皱、防蛀、防缩或防水的织物（例如，防水华达呢或防水府绸）。

本品目不包括用油漆或盖面料产生图案的织物（一般归入品目 59.05 或第五十章至第五十五章、第五十八章或第六十章）。

本品目也不包括：

（1）制成零售形状或包装，供医疗、外科或兽医用的油绸及其他类似油布；膏药及敷料；制成零售形状或包装，涂有膏药的骨折绷带（品目 30.05）。

（2）感光纺织物（品目 37.01 至 37.04）。

（3）以纺织物衬背的贴面薄板（品目 44.08）。

（4）浸渍、涂布或包覆织物的制成品，符合"制成的纺织品"的相关规定的。

（5）制成的油画布（品目 59.01）。

（6）品目 59.04 的列诺伦及其他产品。

（7）以纺织物衬背的天然或人造研磨粉、粒（品目 68.05）。

（8）用一层沥青或类似材料将一层纺织基布整幅包裹或两面覆盖组成的屋顶面板（品目 68.07）。

（9）以纺织物为底的金属箔（通常归入第十四类或第十五类）。

2. 作舞台、摄影布景或类似用途的已绘制画布。

本组包括画有室内或室外景色或具有装饰效果的油画布及类似的纺织材料，供舞台布景、肖像背景或电影摄影布景等用。本品可以裁切成形，也可以成卷或装配在木框架或金属框架上。

典型案例

案例： 合成纤维过滤网，为成卷的白色织物，幅宽218厘米，每卷长100米~130米不等，材质为聚丙烯，经特殊研光处理，织物孔径25微米。进口后将滤布裁剪成片并缝制为成品，套在立式液滤机上进行过滤，用于铝行业中氧化铝的生产过滤。

解析： 该合成纤维过滤网为液滤机用滤布，其货品指标符合过滤工艺的要求，属于工业滤布。根据归类总规则一，应将其归入子目5911.4000。

（参见海关总署商品归类决定Z2006-1272）

第六十章　针织物及钩编织物

一、本章概述

本章所包括的纺织物，其生产方式不同于以经纱和纬纱交织而成的机织物，而是通过一系列相互串联的线圈制成的。

本章所列产品可以人工使用两支或多支织针或一根钩针织成，也可以用装有特殊形状小型钩针（钩针或弹簧针、织袜舌针及管针）的平型针织机或圆型针织机针织而成。

二、类注及章注要点

本章不包括：

1. 从织物的纤维网上将纺织纤维拉起而制成的缝编织物（品目56.02）。
2. 品目56.08的网子及网料。
3. 针织地毯（品目57.05）。
4. 网眼织物及钩编花边（品目58.04）。
5. 将成匹织物裁剪成矩形（包括正方形）后经过进一步加工（例如，缝边）的制成品、现成的可即供使用的制成品（例如，围巾），以及针织或钩编成一定形状，不论报验时是单件还是若干件相连成幅的物品（特别是第六十一章、第六十二章及第六十三章的制成品）。

第六十一章　针织或钩编的服装及衣着附件

一、本章概述

本章包括针织或钩编的男、女式服装（含童装）及制成的针织或钩编衣着附件，还包括服装及衣着附件的针织或钩编制成的部分品。但不包括针织或钩编的乳罩、束腰带、紧身胸衣、吊裤带、吊袜带、束袜带和类似品及其零件（品目 62.12）。

本章物品不因带有其他材料（例如，机织物、毛皮、羽毛、皮革、塑料或金属）的零件或附件而影响其归类。但如果这些材料超出了仅是装饰的范围，则应按有关章注的规定归类，若无适当规定可循，则应按照归类总规则进行归类。

二、类注及章注要点

电热物品归入本章。

根据本章章注九，对于服装，凡门襟扣或搭上时为左压右的，应视为男式；凡门襟扣或搭上时为右压左的，则应视为女式。

上述规定不适用于其式样已明显为男式或女式的服装。无法区别是男式还是女式的服装，应按女式服装归入有关品目。

衬衣及仿男式女衬衣是指人体上身穿着并从领口处全开襟或半开襟的长袖或短袖衣服，其腰身以上可缝有口袋，有一衣领。

按照第十一类类注十四的规定，不同品目所列的服装即使成套零售包装，仍应分别归入各自相应的品目。但在品目中具体列名的成套服装除外（例如，西服套装、睡衣裤及游泳服）。必须注意，第十一类类注十四所称的"服装"，是指品目 61.01 至 61.14 的服装。

本章还适用于各品目所列物品的未制成品或不完整品，其中包括用于制造上述物品的已成形针织或钩编织物，即只要这些产品具备了相应物品的基本特征，就可与制成品归入同一品目。但服装或衣着附件的钩编零件（品目 62.12 的物品除外）应归入品目 61.17。

针织或钩编成形的服装和衣着附件及它们的零件，不论报验时是单件还是若干件相连成幅的，均视为制成的物品。

本章还不包括：

1. 品目 39.26、40.15、42.03 或 68.12 的服装及衣着附件。

2. 经过某些加工（例如，缝边或形成领口）的针织物片或钩编织物片，准备用于制衣，但还未加工成服装或服装零件的（品目 63.07）。

3. 品目 63.09 的旧衣着及其他旧物品。

4. 玩偶服装（品目 95.03）。

品目 58.11 的成匹被褥状纺织产品所制物品的归类：根据第十一类子目注释二的规定，用品目 58.11 的成匹被褥状纺织产品所制的物品应归入本章各品目的子目中，这类物品应以构成其面料的纺织材料所具有的基本特征来确定归类。例如，一件男式夹有胎料的带风帽的防寒短上衣，面料为 60% 的棉及 40% 的聚酯混纺针织物，该衣服应归入子目 6101.20。必须注意，即使面料本身归入品目 59.03、59.06 或 59.07，有关服装也不应归入品目 61.13。

三、归类要点

(一) 品目 61.01

1. 本品目包括：

穿着在其他衣服外面用以挡风御寒等的针织或钩编男式服装。

这些服装有：大衣、雨衣、短大衣、斗篷（包括雨披）、短斗篷、带风帽的防寒短上衣（包括滑雪短上衣）、防风衣、防风短上衣及类似品（例如，中大衣、厚重长大衣、带头兜斗篷、粗呢大衣、有腰带的双排钮大衣、华达呢大衣、风雪大衣、有胎料背心）。

2. 本品目不包括：

（1）品目 61.03 的服装。

（2）用品目 59.03、59.06 或 59.07 的针织或钩编织物制成的服装（品目 61.13）。

(二) 品目 61.03

1. 本品目仅包括：

针织或钩编的男式西服套装、便服套装、上衣、长裤、马裤、短裤（游泳裤除外）及护胸背带工装裤。

（1）运用本章章注三（一）时必须注意：

①人体上半身穿着的"西服套装的外套或短上衣"前部全开襟，无扣或有扣（拉链除外），长度不超过大腿中部，不适于套在其他外套、上衣之上。

②构成西服套装的外套或短上衣的面料"片"（至少前后身各两片）必须纵向缝合。所称"片"，不包括袖子、贴边或领子的布料。

③套装也可包括一件"马甲（西服背心）"，该马甲（西服背心）的前片面料应与套装其他各件的面料相同，后片面料则应与外套或短上衣的衬里料相同。

"西服套装"各件面料质地、颜色及构成必须相同，其款式也必须相同，尺寸大小还须相互般配，但可以用不同织物滚边（在缝口上缝入长条织物）。

如果数件人体下半身穿着的衣服同时报验（例如，两条长裤或长裤与短裤），构成西服套装下装的应是一条长裤，其他衣服应分别归类。

本章章注三（一）所称"相同的织物"，是指同一幅的同样织物，该织物必须是：

——相同质地，即必须是采用同样的夹纱结合工艺（同样的线圈规格）制得，织物所用纱线的结构及规格（例如，分特数）也必须相同。

——相同颜色（甚至连颜色的深浅和布局都得相同），它包括色织布和印花布。

——相同构成，即所用的纺织材料的比例（例如，按重量计羊毛含量为100%，合成纤维含量51%或含棉量49%）必须相同。

（2）"男式便服套装"，是指几件料子相同并作零售包装的下列成套服装（西服套装及品目 61.07、61.08 或 61.09 所列物品除外）：

①一件上半身穿着的衣服，但套头衫及背心除外，因为套头衫可在两件套服装中作为内衣，背心也可作为内衣。

②一件或两件不同的下半身穿着的衣服，即长裤、护胸背带工装裤、马裤或短裤（游泳裤除外）。

普通套装各件的面料质地、款式、颜色及构成必须相同，尺寸大小也须相互般配。所称"便服套装"，不包括品目61.12的田径服及滑雪服。

（3）"上衣"应具有与本章章注三（一）及上述西服外套及短上衣相同的特征，但其面料除袖子、贴边或领子外，可由三片或三片以上布料（其中两片为前襟）纵向缝合而成。本品目不包品目61.01或61.02的带风帽防寒短上衣、防风衣、滑雪短上衣及类似服装。

（4）"长裤"，是指两条裤腿一般长至或超过脚踝的服装，该服装一般穿至腰部。带有背带的这类服装仍应视为具有长裤的基本特征。

（5）"短裤"，是指未过膝的裤子。

2. 本品目不包括：

（1）单独报验的马甲（西服背心）（品目61.10）。

（2）运动服、滑雪服及游泳服（品目61.12）。

（三）品目61.04

女式西服套装各件，面料质地、颜色、构成必须相同，其款式也必须相同，尺寸大小还需相互般配，但可用不同织物滚边（缝口上缝入长条织物）。

如果数件人体下半身穿着的服装同时报验（例如，一条裙子或裙裤与长裤），构成女式套装下装的应是一条裙子或裙裤，其他服装应分别归类。

然而，本品目所称"女式便服套装"，是指几件料子相同并作零售包装的下列成套服装（西服套装及品目61.07、61.08或61.09所列物品除外）：

1. 一件上半身穿着的衣服，但套头衫及背心除外，因为套头衫可在两件套装中作为内衣，背心也可作为内衣。

2. 一件或两件不同的下半身穿着的衣服，例如，长裤、护胸背带工装裤、马裤、短裤（游泳服除外），不论是否有吊带或护胸的裙子或裙裤。

便服套装各件的面料质地、款式、颜色及构成必须相同，尺寸大小也须相互般配。所称"便服套装"，不包括品目61.12的田径服及滑雪服。

本品目也不包括衬裙及长衬裙（品目61.08）。

（四）品目61.05

本品目包括针织或钩编的男衬衣（例如，活络领衬衣、礼服衬衣、运动衫及普通衬衣），但不包括品目61.07的长睡衣及品目61.09的T恤衫、汗衫及其他内衣背心。

本品目不包括无袖的衣服，也不包括在腰围以下有口袋的衣服、带有罗纹腰带或以其他方式收紧下摆的衣服，以及其织物至少在10厘米×10厘米的面积内沿各方向的直线长度上平均每厘米少于10针的衣服。

按照本章章注四，不作为男衬衣归入本品目的服装一般归类如下：

1. 在腰围以下有口袋的衣服应作为上衣归入品目61.03或作为开襟衫归入品目61.10。

2. 带有罗纹腰带或以其他方式收紧下摆的衣服，以及其织物至少在 10 厘米×10 厘米面积内沿各方向的直线长度上平均每厘米少于 10 针的衣服应归入品目 61.01 或 61.10。

3. 男式无袖服装，应归入品目 61.09、61.10 或 61.14。

（五）品目 61.06

本品目包括针织或钩编的女式衣服，例如，罩衫、衬衣及仿男式女衬衣。

本品目不包括在腰围以下有口袋的衣服、带有罗纹腰带或以其他方式收紧下摆的衣服，以及其织物至少在 10 厘米×10 厘米的面积内沿各方向的直线长度上平均每厘米少于 10 针的衣服。

按照本章章注四，不作为女式罩衫、衬衣或仿男式女衬衣归入本品目的服装一般归类如下：

1. 在腰围以下有口袋的衣服应作为上衣归入品目 61.04 或作为开襟衫归入品目 61.10。

2. 带有罗纹腰带或以其他方式收紧下摆的衣服，以及其织物至少在 10 厘米×10 厘米的面积内沿各方向的直线长度上平均每厘米少于 10 针的衣服应归入品目 61.02 或 61.10。

本品目还不包括：

1. T 恤衫、汗衫及其他内衣背心（品目 61.09）。

2. 用品目 59.03、59.06 或 59.07 的织物制成的服装（品目 61.13）。

3. 品目 61.14 的工作罩衫及类似的防护服。

（六）品目 61.07

本品目包括两类不同的针织或钩编男式衣服，即内裤、三角裤及类似品，以及长睡衣、睡衣裤、浴衣（包括海滨浴衣）、晨衣及类似品。

本品目不包括汗衫及其他内衣背心（品目 61.09）。

（七）品目 61.09

所称"T 恤衫"，是指针织或钩编的内衣类轻质服装，用棉花或化学纤维织成的非起绒、割绒或毛圈组织织物制成，有单色或多色，不论是否带衣兜，有紧身长袖或短袖，无领、无扣、领口无门襟且开口有高有低（圆形、方形、船形或 V 形领口）。这类服装除花边以外，可以印制、针织或用其他方法加上广告、图画或文字进行装饰，其下摆通常缝边。

本品目也包括汗衫及其他内衣背心。

以上所列的本品目物品无男女式之分。

带有束带、罗纹腰带或其他方式收紧下摆的服装不归入本品目。

本品目也不包括：

1. 品目 61.05 的男衬衣。

2. 品目 61.06 的女式罩衫及仿男式女衬衣。

（八）品目 61.10

本品目包括上半身穿着但不论男女式的针织或钩编物品［卫生衫、套头衫、开襟衫、马甲（背心）及类似品］。附带有保护配件（例如，缝在袖子上的肘垫）并用于某些运动（例如，足球守门员球衣）的物品仍归入本品目。

本品目还包括不与品目 61.03 或 61.04 的男女式西服套装配套并一起报验的马甲（西服背心）。

本品目不包括归入品目 61.01 或 61.02 的有胎料背心。

（九）品目 61.11

"婴儿服装及衣着附件"，是指身高不超过 86 厘米的幼儿穿着的衣物。

本品目的货品包括：游戏服、小丑服、背心连裤童装外衣、婴儿围涎、分指手套、连指手套、露指手套、紧身衣裤及没有用粘、缝或其他方法将外底固定在鞋面上的婴儿连袜鞋。

既可归入品目 61.11，也可归入本章其他品目的物品，应归入品目 61.11。

本品目不包括：

1. 针织或钩编的婴儿软帽（品目 65.05）。

2. 婴儿尿布及尿布衬里（品目 96.19）。

3. 其他章中列名更为具体的婴儿衣着附件。

（十）品目 61.12

本品目包括：

1. 运动服，为两件套的无衬里针织物（有时其内表面是起绒的）。这类服装的整个外观及织物特征清楚表明是专门或主要在进行运动时穿着的。

两件套运动服为：

（1）一件到腰或稍为过腰的长袖上衣，袖口处以罗纹带或松紧带、拉链或其他方式收紧，下摆一般也以类似方式或束带收紧，如果前身开襟或半开襟，则一般以拉链闭合。这类服装可带或不带风帽、衣领及口袋。

（2）另一件是一条紧身或松身的裤子，不论是否开口袋，裤腰以松紧带、束带或其他方式收紧，腰围处因不开口，故没有钮扣或其他扣紧装置。但裤脚一般长至脚踝，裤脚可以罗纹带或松紧带、拉链或其他方式收紧，带有或不带有脚带。

2. "滑雪服"，即从整个外观及织物质地来看，可确定为主要在滑雪（速度滑雪或高山滑雪）时穿着的下列单件或成套服装。

（1）"滑雪连身服"，即上下身连在一起的单件服装，除袖子及衣领外，也可有口袋或脚带。

（2）"滑雪套装"，即由两件或三件构成一套并作零售包装的下列服装：

①一件用拉链扣合的带风帽的厚夹克、防风衣、防风短上衣及类似的服装，也可附带一件背心（滑雪背心）。

②一条不论是否过腰的长裤，或者一条马裤或护胸背带工装裤。

"滑雪套装"也可由一件类似以上第（1）款所述的连身服和一件可套在连身服外面的有胎料背心组成。

"滑雪套装"各件颜色可以不同，但料子质地、款式及构成必须相同；尺寸大小也须相互般配（参见本章章注七）。

3. 游泳服（针织或钩编的单件或两件套游泳衣及游泳裤，不论是否弹性）。

（十一）品目 61.13

本品目包括不论是男式或女式的所有用品目 59.03、59.06 或 59.07 所列针织物或钩编织物制成的服装，但品目 61.11 的婴儿服装除外。

本品目包括雨衣、油布雨衣、不带呼吸装置的潜水服及防辐射服。

既可归入本品目，也可归入本章其他品目的服装，除品目 61.11 所列的仍归入该品目外，其余的应一律归入本品目。

本品目还不包括：

1. 用品目 58.11 的成匹被褥状纺织产品制成的服装（一般归入品目 61.01 或 61.02）。

2. 针织或钩编的分指手套、连指手套及露指手套（品目 61.16）及其他针织或钩编的衣着附件（品目 61.17）。

（十二）品目 61.14

本品目包括在本品目以前本章各品目未具体列名的针织或钩编服装。

本品目主要包括：

1. 围裙、连身工作服、工作罩服及技工、工人或外科医生等穿着的其他防护性衣服。

2. 教士或牧师的服装（例如，僧侣袍、黑色法衣、带风兜教士法衣、天主教士服、白色宽袖法衣）。

3. 专职人员或学者穿着的袍服。

4. 飞行员穿着的特种服装（例如，飞行员电热服）。

5. 某些运动、舞蹈或体操所需穿着的特种衣着（例如，击剑服、骑师绸服、芭蕾舞裙、舞蹈练功紧身衣），无论是否附带有保护配件，例如，肘部、膝部或腹股沟部位的保护垫或填充物。但是，体育运动及比赛用保护用具（例如，击剑面罩及护胸和冰球裤等）不归入本品目（品目 95.06）。

（十三）品目 61.15

1. 本品目包括的货品。

不论是男式或女式的下列针织或钩编货品：

（1）从脚、腿一直到腰部、供下半身穿着的连裤袜及紧身裤袜，包括不覆盖脚部的。

（2）长筒袜及短袜（包括翻口短袜）。

（3）主要用于防寒的里袜。

（4）循序减压袜类（例如，用以治疗静脉曲张的长筒袜）。

（5）保护长筒袜脚部或趾部不受磨损的袜套。

（6）没有用粘、缝或其他方法将外底固定在鞋面上的鞋类，但婴儿连袜鞋除外。

本品目还包括用针织物或钩编织物制的未完成的长筒袜、短袜等，只要其已具备制成品的基本特征。

2. 本品目不包括：

（1）婴儿穿着的长筒袜、短袜及没有用粘、缝或其他方法将外底固定在鞋面上的连袜鞋（品目61.11）。

（2）非针织或非钩编的长筒袜、短袜等（一般归入品目62.17）。

（3）用粘、缝或其他方法将外底固定在鞋面上的针织鞋靴（第六十四章）。

（4）护腿及裹腿（包括不覆盖脚部的"登山袜"）（品目64.06）。

（十四）品目61.16

1. 本品目包括：

不论是男式或女式的各种手套，例如，普通的分指短手套、露出部分手指的露指手套、仅把拇指分开的连指手套、防护手套及其他戴至前臂甚至上臂的长手套。

本品目还包括未完成的针织或钩编手套，只要其已具备制成品的基本特征。

2. 本品目不包括：

（1）衬有或覆有毛皮或人造毛皮的针织或钩编分指手套、连指手套及露指手套（毛皮或人造毛皮仅起装饰作用的除外）（品目43.03或43.04）。

（2）婴儿戴的分指手套、连指手套及露指手套（品目61.11）。

（3）非针织或非钩编的纺织材料制的分指手套、连指手套及露指手套（品目62.16）。

（4）供按摩或盥洗用的"摩擦手套"（品目63.02）。

（十五）品目61.17

本品目包括在本章其他各品目或其他各章未具体列名的针织或钩编衣着附件，还包括服装或衣着附件的针织或钩编零件（品目62.12所列物品的零件除外）。

1. 本品目主要包括：

（1）披巾、头巾、围巾、披纱、面纱及类似品。

（2）领带及领结。

（3）吸汗垫布、垫肩或其他衬垫。

（4）不论是否有弹性的各式腰带（包括子弹带）及肩带（例如，军队或教会中使用的肩带），这类物品即使带有贵金属制的搭扣或其他配件、饰有珍珠、宝石或半宝石（天然、合成或再造的），仍归入本品目。

（5）手笼，包括仅用毛皮或人造毛皮饰边的。

（6）衣袖护套。

（7）护膝布，但品目95.06的体育运动用的除外。

（8）非裁切成形的标签、徽章、纹章、军衔符号及类似品（品目58.10的小块图

案刺绣品除外）（通过裁切制成的此类物品归入品目 58.07）。

（9）单独报验的雨衣及类似服装的可拆卸衬里。

（10）服装的口袋、袖子、领子、领围、褶裥、各种服饰（例如，玫瑰花结、蝴蝶结、褶裥饰边、褶边及荷叶边）、女服大身、襞饰、袖口、覆肩、卜头及类似品。

（11）手帕。

（12）头带，用于御寒、防止头发散乱等。

2. 本品目不包括：

（1）品目 61.11 的针织或钩编婴儿衣着的附件。

（2）胸罩、束腰带、紧身胸衣、吊裤带、吊袜带、束袜带和类似品及其零件（品目 62.12）。

（3）作业用带（例如，窗户清洁工或电工用的工作带）或非作为服饰的玫瑰花结（品目 63.07）。

（4）针织或钩编的帽子（品目 65.05）及帽子配件（品目 65.07）。

（5）羽毛饰物（品目 67.01）。

（6）品目 67.02 的人造花、叶或果实形状的装饰带。

（7）带有揿钮、钩扣及洞眼的针织带（酌情归入品目 60.01、60.02、60.03、83.08 或 96.06）。

（8）拉链（品目 96.07）。

典型案例

案例：如图 2-4 所示的针织全棉服装。

图 2-4　某针织全棉服装

解析：我们平时生活中将此类的服装称为"T 恤衫"，但品目 61.09 的"T 恤衫"是指"针织或钩编的内衣类轻质服装，无领、无扣、领口无门襟"。图 2-4 中的服装有领、有扣和半开门襟，故不属于品目 61.09 的"T 恤衫"，而应看成是一种针织衬衫。

《商品及品目注释》在品目 61.09 项下对"T 恤衫"的定义为：针织或钩编的内衣类轻质服装，用棉花或化学纤维织成的非起绒、割绒或毛圈组织织物制成，有单色或多色，不论是否带衣兜，有紧身长袖或短袖，无领、无扣、领口无门襟而且开口有高有低（圆形、方形、船形或 V 形领口）。这类服装除花边以外，可以印制、针织或用其他方法加上广告、图画或文字进行装饰，其下摆通常缝边。

根据第六十一章章注九，"本章的服装，凡门襟为左压右的，应视为男式；右压左的，应视为女式"。由于图 2-4 中服装的门襟为左压右的，故应归入品目 61.05 的"针织或钩编的男衬衫"。然后根据其材料（全棉）归入子目 6105.1000。

提示：该商品在实际工作中常被按"T 恤衫"归到品目 61.09 项下。

案例：如图 2-5 所示的男针织无领全棉服装。

图 2-5　某针织无领全棉服装

解析：《协调制度》中相关品目如下所示。

61.09　　　　针织或钩编的 T 恤衫、汗衫及其他内衣背心：

6109.10　　　－棉制

6109.90　　　－其他纺织材料制

根据《商品及品目注释》对品目 61.09 项下"T 恤衫"的定义，图 2-5 所示货品从式样、材质看，均符合品目 61.09 的商品范围，所以，根据归类总规则一，该男针织无领全棉 T 恤应归入子目 6109.1000。

第六十二章　非针织或非钩编的服装及衣着附件

一、本章概述

本章包括用第五十章至第五十六章、第五十八章及第五十九章的织物（含毡呢及无纺织物，但絮胎除外）制成的男式或女式服装（包括童装）、衣着附件及其零件。除品目 62.12 的物品以外，本章不包括针织或钩编材料制成的服装、衣着附件及零件。

二、类注及章注要点

本章还适用于各品目所列物品的未制成品或不完整品，其中包括用于制造上述物品的成形纺织物及制造品目 62.12 所列物品及其零件的成形针织物或钩编织物，即只要这些产品具备了相应物品的基本特征，就可与制成品归入同一品目。但服装或衣着附件的非针织或非钩编零件（品目 62.12 的物品除外）应归入品目 62.17。

本章还不包括：

1. 品目 39.26、40.15、42.03 或 68.12 的服装及衣着附件。

2. 经过某些加工（例如，缝边或形成领口）的纺织物片，准备用于制衣，但还未加工成服装或服装零件（品目 63.07）。

3. 品目 63.09 的旧衣着及其他旧物品。

4. 玩偶服装（品目 95.03）。

三、归类要点

（一）品目 62.05

除品目 62.07 的长睡衣、汗衫及其他内衣背心，本品目包括非针织或非钩编的男衬衣（例如，活络领衬衣、礼服衬衣、运动衫及普通衬衣）。

本品目不包括具有品目 62.01 的防风衣、防风短上衣等特征（通常收紧下摆）或具有品目 62.03 的短上衣特征（通常在腰围以下有口袋）的服装，也不包括无袖服装。

（二）品目 62.06

本品目包括非针织或非钩编的女式衣服，例如，罩衫、衬衣及仿男式女衬衣。

本品目不包括在腰围以下有口袋的衣服、带有罗纹腰带的衣服及以其他方式收紧下摆的衣服。

本品目还不包括：

1. 汗衫及其他内衣背心（品目 62.08）。

2. 用品目 56.02、56.03、59.03、59.06 或 59.07 的织物制成的服装（品目 62.10）。

3. 品目 62.11 的工作罩衫及类似的防护服。

（三）品目 62.08

本品目包括非针织或非钩编的女式内衣（汗衫及其他内衣背心、长衬裙、衬裙、三角裤、短衬裤及类似品。

本品目也包括通常在室内穿着的女式睡衣、睡衣裤、长睡衣、浴衣（包括海滨浴衣）、晨衣及类似品。

必须注意，针织或钩编的此类物品应视具体情况归入品目 61.08 或 61.09。

本品目也不包括乳罩、束腰带、紧身胸衣及类似品（品目 62.12）。

（四）品目 62.09

"婴儿服装及衣着附件"，是指用于身高不超过 86 厘米的幼儿穿着的衣物。

1. 本品目主要包括：

非针织或非钩编的游戏服、小丑服、背心连裤童装外衣、婴儿围涎、分指手套、连指手套、露指手套、紧身衣裤，以及没有用粘或缝或其他方法将外底固定在鞋面上的婴儿连袜鞋。

既可归入品目 62.09，也可归入本章其他品目的物品，应归入品目 62.09。

2. 本品目不包括：

（1）婴儿软帽（品目 65.05）。

（2）婴儿尿布及尿布衬里（品目 96.19）。

（3）其他章中列名更为具体的婴儿衣着附件。

（五）品目 62.10

1. 本品目包括：

不论是男式或女式的所有用毡呢或无纺织物（不论是否浸渍、涂布、包覆或层压的）或品目 59.03、59.06 或 59.07 所列纺织物（针织物或钩编织物除外）制成的服装，但品目 62.09 的婴儿服装除外。

本品目包括雨衣、油布雨衣、不带呼吸装置的潜水服及防辐射服。

必须注意，既可归入本品目，也可归入本章其他品目的服装，除品目 62.09 所列的仍归入该品目外，其余的应一律归入本品目（参见本章章注五）。

2. 本品目不包括：

（1）用纸、纤维素絮纸或纤维素纤维网纸制成的服装（品目 48.18）。

（2）用品目 58.11 的成匹被褥状绗缝纺织产品制成的服装（一般归入品目 62.01 或 62.02）。

（3）衣着附件（例如，品目 62.16 的分指手套、连指手套及露指手套）。

（六）品目 62.11

本品目的运动服可以有衬里。

本品目不同于品目 61.14，包括单独报验的非针织或非钩编的马甲（西服背心）。

本品目还包括其在规则间距上以漏织的纬纱形成分隔线的成匹织物，只要沿此线裁切而不需作进一步加工即可制成缠腰布。单条的缠布也归入本品目。

（七）品目 62.12

本品目包括用以保持体形的服装或作为某些其他衣着的支撑物及其零件。这类物品可用包括针织物或钩编织物在内的任何纺织材料制成（不论是否具有弹性）。

本品目主要包括：

1. 各种胸罩。

2. 束腰带及腹带。

3. 束腰胸衣（由束腰带或紧身褡短裤及胸罩组成）。

4. 紧身胸衣及紧身胸衣束带。本品一般用柔软金属或塑料撑条加强，以系带或钩扣束紧。

5. 吊袜带、卫生带、悬带、吊带护裆、吊裤带、背带、束袜带、衬衫袖箍及臂箍。

6. 男用紧身带（包括连有内裤的）。

7. 非品目 90.21 矫形器具的产妇、孕妇用护带或矫正带及类似品。

所有上述物品可以饰边（丝带、花边等），也可带有非纺织材料（例如，金属、橡胶、塑料或皮革）制的配件及附件。

本品目还包括以增加或减少线圈数量或大小而直接织成形，并且用于制造本品目物品的针织品或钩编织品及其零件，即使其报验时以若干件相连成幅的。

本品目不包括完全以橡胶制成的紧身胸衣及带子（品目40.15）。

（八）品目62.13

1. 本品目包括：

归入本品目的手帕应是正方形或近似正方形的，其任一边长均不超过60厘米。本品可以是普通的手帕，也可以是作为包头、围脖或腰饰的方巾。这些手帕及领巾经折边、卷边、滚边或带有通常由突出的经线或纬线构成的流苏，有直边或荷叶边。流苏饰边的制品，其边长应包括流苏的长度。

完全用网眼织手制成的手帕也归入本品目。

本品目还包括由若干具有手帕或领巾特征的方巾构成的织物，方巾织在一起相连成幅，只要简单地沿着漏织的经线或纬线形成的分隔线裁剪，不需作进一步加工就可成为流苏饰边的单件手帕或领巾。

经过"抽纱"工艺加工而使半制品具有手帕或领巾特征，仅需经简单裁剪成需要的尺寸及形状即成为制品似织物也归入本品目。

2. 本品目不包括：

（1）纸、纤维素絮纸或纤维素纤维网纸制的手帕（品目48.18）。

（2）简单裁剪成正方形或长方形的无纺织物（品目56.03）。

（3）未经整边或未用流苏饰边，仅简单裁剪成正方形并经刺绣的织物（品目58.10）。

（4）虽具手帕或领巾特征，但任一边长超过60厘米的物品，以及非正方形或非近似正方形的领巾（品目62.14）。

（九）品目62.14

1. 本品目包括：

（1）披巾，通常是正方形、三角形或圆形，其大小足以围裹头部及肩部。

（2）领巾及围巾，通常是正方形或长方形，用以围裹颈部。

（3）披纱，通常为网眼织物制的轻质披巾或领巾，妇女用以围裹头部及肩部。

（4）面纱，一般用轻薄、透明或网状的材料制成，但也有用网眼织物制成的物品，不论穿戴后具有装饰性或实用性（例如，婚礼、葬礼、圣餐等场合所用的面纱和类似品，以及附于帽上或透挡面部的面纱）。

本类物品一般均经折边、卷边、滚边或用流苏饰边。

本品目还包括在规则间距上有一段退织纱线的成匹织物，只要简单地沿这段退织纱线裁剪，即可制得归入本品目的流苏饰边的物品。

2. 本品目不包括：

（1）简单裁切成正方形或长方形的无纺织物（品目56.03）。

（2）未经整边或未流苏饰边，仅简单裁剪成披巾、领巾等形状并经刺绣的织物（品目58.10）。

（3）针织或钩编的披巾、领巾等（品目 61.17）。

（4）具有方领巾性质并任一边长均不超过 60 厘米的物品（品目 62.13）。

（5）军队或教会中佩戴的饰带（品目 62.17）。

（十）品目 62.15

1. 本品目包括：

一般为男性佩戴的领带（含旧式领带、宽领带）及领结（包括带有塑料、金属等配件以便于佩戴在衣领上的）。

裁剪成形供制造领带、领结用的织物也归入本品目内，但仅简单地沿对角线裁剪成条状领带材料的除外。

2. 本品目不包括：

（1）针织或钩编的领带及领结（品目 61.17）。

（2）品目 62.17 的胸片、衬衫胸饰及类似品。

（十一）品目 62.16

1. 本品目包括：

用非针织或非钩编的其他纺织物（包括网眼织物）所制的分指手套、连指手套及露指手套。

本品目还包括工业上或其他方面用于防护的手套。

2. 本品目不包括：

（1）有衬里或无衬里的丝瓜络摩擦手套（品目 46.02）。

（2）用纸、纤维素絮纸或纤维素纤维网纸制的分指手套、连指手套及露指手套（品目 48.18）。

（十二）品目 62.17

本品目包括本章其他品目及其他章未具体列名的纺织材料制成的非针织或非钩编衣着附件，还包括非针织或非钩编的服装或衣着附件的零件，但品目 62.12 所列物品的零件除外。

1. 本品目主要包括：

（1）吸汗垫布，通常用经橡胶处理的织物或橡胶包覆的纺织材料制成，但完全以塑料或橡胶制成的吸汗垫布除外（分别归入品目 39.26 及 40.15）。

（2）垫肩及其他衬垫，这类物品通常是将絮胎、毡呢或织物边角料覆以织物制成，但用不覆纺织材料的橡胶（一般为海绵橡胶）制成的垫肩及其分衬垫除外（品目 40.15）。

（3）用织物或金属线机织物制成的各种腰带（包括子弹带）及饰带（例如，军队或教会中佩戴的），不论是否为弹性或经橡胶处理的。这类物品即使带有贵金属制搭扣或其他配件，饰有珍珠、宝石或半宝石（天然、合成或再造的），仍归入本品目。

（4）手笼，包括仅用毛皮或人造毛皮饰边的。

（5）衣袖护套。

（6）水兵领。

（7）肩章、臂章等。

（8）不是通过裁切成形或裁切成一定尺寸而制成的标签、徽章、纹章、军衔符号及类似品（品目 58.10 的小块图案刺绣品除外，另外通过裁切制成的此类物品归入品目 58.07）。

（9）挂剑带、勋带等。

（10）单独报验的雨衣及类似服装的可拆卸衬里。

（11）服装口袋、袖子、领子、领圈、褶裥、各种服饰（例如，玫瑰花结、蝴蝶结、褶裥饰边、褶边及荷叶边）、女服大身、襞饰、袖口、覆肩、卜头及类似品。

（12）长筒袜、短袜、袜套（包括网眼织物制的）及没有用粘或缝或其他方法将外底固定在鞋面上的鞋靴（婴儿连袜鞋除外）。

某些制成的装饰品（例如，绒球、流苏、成小块图案的花边或刺绣品），就像成匹的装饰带一样，均归入第五十八章。

本品目的物品通常用花边或刺绣品制成，不论这些物品是直接制成形的，或是以品目 58.04 或 58.10 的网眼织物或刺绣织物制成的，仍应归入本品目。

2. 本品目不包括：

（1）品目 62.09 的婴儿衣着附件。

（2）作业用带（例如，窗户清洁工或电工用的工作带）或不作为服饰的玫瑰花结（品目 63.07）。

（3）羽毛饰物（品目 67.01）。

（4）品目 67.02 的人造花、叶或果实形状的装饰带。

（5）带有揿钮、钩扣及洞眼的带子（酌情归入品目 58.06、83.08 或 96.06）。

（6）拉链（品目 96.07）。

典型案例

案例：棉制男童牛仔夹克，以棉 70% 和涤纶 30% 的混纺机织物为面料的上衣，有领，不带风帽，开襟，下摆收紧，无衬里，如图 2-6 所示。

图 2-6　某棉制男童牛仔夹克

解析：从款式来看，该货品采用单层面料，不带衬里，不具有"防寒短上衣"的带有风帽或带防寒衬里的特征，也不属于防风上衣的商品范畴。根据归类总规则一，棉制男童牛仔夹克应作为"其他上衣"归入子目 6203.3200。

（参见海关总署商品归类决定 Z2006-1275）

案例：涤纶布婚纱，是国际上女性结婚时专用的一种正式礼服。其颜色以米、白色为主，在造型上采用连衣裙形式，加大裙长，使脚不能暴露，而且后身有长长的裙摆，也有短的裙摆，衣料主要是涤纶布，上面饰以喱士花或机绣或订珠，如图 2-7 所示。

图 2-7　某涤纶布婚纱

解析：涤纶布婚纱是结婚时专用的连衣裙形式的正式礼服，其布料为涤纶布，应作为合成纤维制连衣裙归入子目 6204.4300。

（参见海关总署商品归类决定 Z2006-0382）

案例：聚丙烯无纺布制的医用防护服。该产品全连体、前开口，有隔菌防水透气功能，如图 2-8 所示。

图 2-8　医用防护服

解析：聚丙烯无纺布属于品目 59.03 的货品，用品目 56.03 的织物制成的服装，应归入品目 62.10，由于聚丙烯属于化学纤维，因此应归入子目 6210.1030。

第六十三章　其他纺织制成品；成套物品；旧衣着及旧纺织品；碎织物

一、本章概述

本章包括：

1. 用任何纺织物（机织物或针织物、毡呢、无纺织物等）制成且在第十一类其他章或《协调制度》其他章未具体列名的第一分章（品目 63.01 至 63.07）所列的纺织品。

第一分章的物品不因带有毛皮、金属（包括贵金属）、皮革、塑料等制的小饰件或附件而影响其归类。但如果这些材料超出了仅是装饰或附件的范围，则应根据具体情况，按照有关类、章的注释或归类总规则的规定进行归类。

2. 第二分章（品目 63.08）的某些零售包装成套货品，由机织物及纱线组成，不论是否带配件，用于缝绣在小地毯、装饰毯、绣花台布、餐巾或类似纺织品上。

3. 第三分章（品目 63.09 或 63.10）所列符合本章章注三定义的旧衣着及其他旧物品，以及新、旧碎织物及废绳等。

二、归类要点

第一分章　其他纺织制成品

（一）品目 63.02

本品目的物品通常是用棉花或亚麻制成的，但也有用大麻、苎麻或化学纤维等制成的；一般均可洗涤。它们包括：

1. 床上用织物制品，例如，床单、短枕套、长枕套、鸭绒被套及床垫罩。

2. 餐桌用织物制品，例如，桌布、桌垫、狭长台布、托盘垫布、台子中心的花饰垫布、餐巾、茶巾、餐巾袋、小垫布、杯垫。

必须注意，某些上述物品（例如，用花边、丝绒或锦缎等材料制成的台子中心的花饰垫布）不作为餐桌用织物制品，它们一般归入品目 63.04。

3. 盥洗用织物制品，例如，洗手或洗脸毛巾（包括环状揩手巾）、浴巾、沙滩巾、方巾及盥洗用手套。

4. 厨房用织物制品，例如，擦盘巾及玻璃器皿揩巾。但用粗厚织物制成的擦地板布、擦盘子布、洗碗布、抹布及类似的清洁用布不属于"厨房用织物制品"的范畴，因而不归入本品目（品目 63.07）。

除上述四种物品以外，本品目还包括成匹的织物，这些织物只需沿着漏织纬纱形成的分隔线裁剪即可成为单条的流苏饰边的物品（例如，毛巾）。

（二）品目 63.04

本品目包括除以上各品目及品目 94.04 所列货品以外的纺织材料制装饰物品，包括家庭、公共场所、剧院、教堂等用的物品，以及用于船舶、列车车厢、航空器、篷车式挂车、汽车等的类似品。

这些物品有：壁布、仪式典礼（例如，婚礼或葬礼）上用的纺织饰物；蚊帐；床罩（不包括品目 94.04 的床罩）；垫子套、家具套、椅榻防污套；装饰性台布（具有铺地制品特征的除外）；壁炉台装饰布；帘幕圈环；挂布（品目 63.03 的物品除外）。

本品目不包括灯罩（品目 94.05）。

（三）品目 63.07

本品目包括第十一类其他品目或《协调制度》其他章未具体列名的用任何纺织材料制成的物品。

1. 本品目主要包括：

（1）擦地布、擦碗布、抹布及类似擦拭用布（不论是否浸有清洁剂，但品目 34.01 或 34.05 的物品除外）。

（2）救生衣及安全带。

（3）服装裁剪样，通常以硬帆布制成，也有将各部分裁样粗略缝合成服装样子的。

（4）旗帜（含三角旗及横幅），包括娱乐、节日庆典及其他方面用的旗布。

（5）家用洗衣袋、鞋囊、袜袋、手帕袋、拖鞋袋、睡衣裤套及类似物品。

（6）服装袋（轻便衣橱），但品目 42.02 所列的物品除外。

（7）汽车、机器、手提箱、网球拍等用的罩套。

（8）扁平防护罩（品目 63.06 的油苫布及铺地布除外）。

（9）织物制的咖啡过滤袋、冰袋等。

（10）擦鞋垫（品目 34.05 的物品除外）。

（11）充气软垫（品目 63.06 的野营用品除外）。

（12）茶壶保暖罩。

（13）针垫。

（14）鞋靴、妇女紧身胸衣等的端头经嵌套的绑带，但端头经嵌套的纺织纱线或绳索构成的带子除外（品目 56.09）。

（15）虽用于缚缠腰部，但不具有品目 62.17 腰带特征的带子，例如，各种职业用带（例如，电工、飞行员、跳伞人员等用的带子）；以及网状运送带和类似品（具有鞍具或挽具特征的带子除外——品目 42.01）。

（16）便携式婴儿床、轻便摇篮及类似的携带幼儿用品。但婴儿坐具（例如，用于挂在轿车座背上的）不归入本品目（品目 94.01）。

（17）雨伞或阳伞的罩套。

（18）用织物做扇面，任何材料做骨架制成的扇子及手携式面罩，以及单独报验的织物蒙面。但以贵金属为骨架制成的扇子及手携式面罩应归入品目 71.13。

（19）用作货物包装的打包布，打包后其各边粗疏缝合，但不构成品目 63.05 的成品或半成品包装袋。

（20）裁剪成矩形的奶酪包布，其经纱的线头经打结以防止松散（在裁剪成形供使用前需经进一步加工的成匹奶酪包布应作为布匹归类）。

（21）雨伞、阳伞、手杖等的饰件；系于剑柄的带结及类似品。

（22）外科医生在手术时所戴的织物面罩。

（23）由多层无纺织物构成但不可更换过滤层的防尘、隔味口罩，不论是否经活性炭处理或中间夹有一层合成纤维。

（24）非作服饰用的玫瑰花结（例如，作为比赛获胜奖励的大红花）。

（25）经过某些加工（例如，缝边或形成领口）的纺织物片，准备用于制衣，但还未加工成服装或服装零件的。

（26）第九十章章注一（二）所述的关节（例如，膝、踝、肘或腕）或肌肉（例如，大腿肌肉）承托物品，但归入第十一类其他品目的货品除外。

（27）无纺织物制品，已裁剪成特定形状，一面涂有黏合剂，其上面贴有一层保护粘合面用的纸或其他材料，用以贴于乳房下部，以塑造胸形。

除上述制成品以外，本品目还包括符合第十一类类注七制成品定义，但又不归入第十一类其他品目的成段织物制品，例如，门窗用的织物制挡风帘（包括填有絮胎的挡风帘）。

2. 本品目不包括：

本章或第五十六章至第六十二章各品目已具体列名的纺织品，也不包括下列物品：

（1）各种动物用的鞍具及挽具（品目42.01）。

（2）旅行用品（旅行箱、背囊等）、购物袋、盥洗品盒等，以及所有品目42.02 的类似容器。

（3）印刷品（第四十九章）。

（4）品目58.07、61.17 或62.17 的标签、徽章及类似物品。

（5）针织的束发带（品目61.17）。

（6）品目63.05 的包装用袋。

（7）第六十四章的鞋靴、鞋靴零件（包括活动鞋垫）及其他物品（绑腿、鞋罩、护腿等）。

（8）第六十五章的帽类及其零、配件。

（9）雨伞及阳伞（品目66.01）。

（10）人造花、叶或果实及其部分品，以及以这类货品制成的物品（品目67.02）。

（11）充气舟、筏及其他船艇（品目89.03）。

（12）量尺（品目90.17）。

（13）表带（品目91.13）。

（14）第九十五章的玩具及游戏、娱乐用品等。

（15）拖把（品目96.03）、手筛（品目96.04）及粉扑（与96.16）。

（16）品目96.19 的卫生巾（护垫）及止血塞、婴儿尿布及尿布衬里和类似品。

典型案例

案例：针织印花床单。

解析：《进出口税则》中相关品目及子目如下。

63.02	床上、餐桌、盥洗及厨房用的织物制品：
	−针织或钩编的床上用织物制品：
6302.1010	−−−棉制
6302.1090	−−−其他纺织材料制
	−其他印花的床上用织物制品：
	−−棉制

6302.2110　---床单

床单属于床上用品，故应归入品目 63.02 "床上、餐桌、盥洗及厨房用的织物制品"。

由于该床单为针织而成，故应归入一级子目 "针织或钩编的床上用织物制品"。然后按 "棉制" 的条件归入子目 6302.1010。

提示：该商品在实际工作中常被误归入子目 6302.2110。归类时一定要注意避免看到具体列名就迫不及待地 "跳级" 归类，而应按照 "子目的比较只能在同一数级上进行" 这一规则，先确定一级子目，再确定二级子目，然后确定三级子目，最后确定四级子目，按步骤进行。

案例：睡眠用眼罩，外表面为黑色尼龙针织面料，内表面为蓝色棉制无纺布，内衬丁苯橡胶海绵，用于旅行或者日常休息时避免光线照射，如图 2-9 所示。

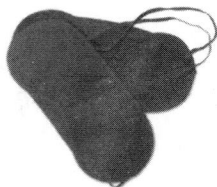

图 2-9　睡眠用眼罩

解析：该货品由橡胶与纺织物两种材料复合而成，但橡胶仅起衬垫的作用，而纺织物起到了主要作用，故应按纺织产品归类。

由于已经制成了如图 2-9 所示的形状，故应按 "纺织制品" 归入品目 63.07。然后按 "其他" 归入子目 6307.9000。

案例：医用外科口罩，由三层聚丙烯无纺布制成，如图 2-10 所示。经环氧乙烷灭菌处理，具有过滤颗粒物和细菌等效用。

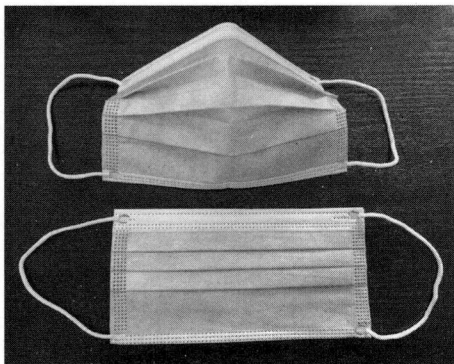

图 2-10　医用外科口罩

解析：品目 63.07 包括：由多层无纺布构成但不可更换过滤层的防尘、隔味口罩，不论是否经活性炭处理或中间加有一层合成纤维。本产品应归入子目 6307.9000。

第十二类 鞋、帽、伞、杖、鞭及其零件；已加工的羽毛及其制品；人造花；人发制品

第六十四章 鞋靴、护腿和类似品及其零件

一、本章概述

除某些货品（如本章第二部分所述）以外，本章包括品目 64.01 至 64.05 所列的各种类型的鞋靴（包括套鞋），不论其形状及尺寸如何或其式样是否适于专门用途，也不论其制造方法如何和用何种材料制成。

本章所称的"鞋靴"，不包括用易损材料（例如，纸、塑料薄膜等）制成的无外缝鞋底的一次性鞋靴罩或套。这些产品应按其构成材料归类。

装有冰刀或轮子的滑冰鞋不归入本品目（品目 95.06）。

在本章范围内，鞋靴要按构成其外底及鞋面的材料分别归入品目 64.01 至 64.05。

至于整件成形的无外缝鞋底的鞋靴（例如，木鞋），其外底可不分开，这种鞋靴应考虑按其鞋底表面的材料归类。

本章鞋靴归类时必须考虑鞋面的构成材料。

如果鞋面由两种及两种以上材料构成的，应按占表面面积最大的那种材料归类。计算面积时可不考虑附件及加固件，例如，护踝、防护性或装饰性的条或边、其他饰物（例如，穗缨、绒球或编带）、扣子、拉襻、鞋眼、鞋带或拉链。任何作衬里的材料对归类没有影响。

二、类注及章注要点

应注意本章不包括的货品。

第六十五章 帽类及其零件

一、本章概述

除下列不包括的物品以外，本章包括帽型、帽坯、帽身及帽兜，以及各种各样的帽子，不论其用何种材料制成及用途如何（日用、戏剧用、化妆用、防护用等）。

本章还包括任何材料制成的发网及某些帽类专用的配件。

本章的帽类可带有各种材料（包括第七十一章所列材料）制成的各式各样的装饰物。

二、类注及章注要点

本章不包括：

1. 动物用的帽类（品目 42.01）。

2. 披巾、围巾、薄头罩、面纱及类似品（品目 61.17 或 62.14）。

3. 明显穿戴过的帽类，报验时呈散装、大包装、大袋装或类似包装的（品目 63.09）。

4. 假发及类似品（品目 67.04）。

5. 石棉制的帽类（品目 68.12）。

6. 玩偶帽、其他玩具帽及狂欢节用品（第九十五章）。

7. 未装于帽上的各种帽子装饰物（如扣子、别针、徽章、羽毛、人造花等）（归入适当的品目）。

第六十六章　雨伞、阳伞、手杖、鞭子、马鞭及其零件

本章货品归类要点如下。

1. 应注意本章不包括的货品。

2. 品目 66.03 不包括纺织材料制的零件、附件及装饰品或者任何材料制的罩套、流苏、鞭梢、伞套及类似品。此类货品即使与品目 66.01 或 66.02 的物品一同报验，只要未装配在一起，则不应视为上述品目所列物品的组成零件，而应分别归入各有关品目。

第六十七章　已加工羽毛、羽绒及其制品；人造花；人发制品

本章货品归类要点如下。

1. 应注意本章不包括的货品。

2. 品目 67.01 不包括：

（1）羽毛或羽绒仅在其中作为填充料的物品（例如，品目 94.04 的寝具）。

（2）羽毛或羽绒仅作为饰物或填充料的衣服或衣着附件。

（3）品目 67.02 的人造花、叶及其部分品，以及它们的制成品。

3. 品目 67.02 不包括：

（1）玻璃制品（第七十章）。

（2）用陶器、石料、金属、木料或其他材料经模铸、锻造、雕刻、冲压或其他方法整件制成形的人造花、叶或果实；用捆扎、胶粘及类似方法以外的其他方法将部分品组合而成的上述制品。

第十三类　石料、石膏、水泥、石棉、云母及类似材料的制品；陶瓷产品；玻璃及其制品

第六十八章　石料、石膏、水泥、石棉、云母及类似材料的制品

本章货品归类要点如下。

1. 本章包括：

（1）加工程度超出第二十五章章注一所列范围的该章各种产品。

（2）第二十五章章注二（五）所列该章不包括的产品。

（3）用第五类的矿物原料制成的某些货品。

（4）用第二十八章的某些材料制成的货品（例如，人造研磨料）。

2. 应注意本章不包括的货品。

第六十九章　陶瓷产品

本章货品归类要点如下。

1. 根据成分和所采取的烧制工序，本章货品可分为以下两类：

（1）硅质化石粉或类似硅质土制成的货品和第一分章的耐火货品（品目 69.01 至 69.03）。

（2）第二分章（品目 69.04 至 69.14）的其他普通陶器、石器、瓷器等。

2. 应注意本章不包括的货品。

典型案例

案例：陶瓷泵，用于输送腐蚀性较强的液体或本流体化工原料。

解析：陶瓷泵属于液体泵的范围，液体泵属于第十六类第八十四章的货品，而且在品目 84.13 的条文中也有"液体泵"的列名，但不能急于根据其列名归入该品目，因为第八十四章章注一（二）规定，"本章不包括……陶瓷材料制的机器或器具（例如，泵）……（第六十九章）"。

因此，陶瓷泵不能归入第八十四章，应按其材料属性归入第六十九章。陶瓷泵属于专门技术用途的陶瓷制品，根据其属性归入品目 69.09 项下。

第七十章　玻璃及其制品

一、本章概述

本章包括各种形状的玻璃及玻璃制品（本章章注一所列不包括的物品或本《协调制度》其他品目更为明确列名的物品除外）。

二、类注及章注要点

玻璃（下列的熔融石英和其他熔融硅石除外）是以不同比例的某种碱金属硅酸盐（硅酸钠或硅酸钾）与一种或多种钙和铅的硅酸盐相混合，并附加钡、铝、锰、镁等组成的一种熔融均匀混合物。

制造玻璃的方法有多种，它们包括：

1. 铸造（例如，制平板玻璃）。

2. 滚轧（例如，制平板玻璃或嵌丝玻璃）。

3. 浮法（浮法平板玻璃）。

4. 模制，不论是否与压、吹或拉制方法相结合（例如，模制瓶子、杯子、某些类型的光学玻璃、烟灰缸）。

5. 吹制，机械或人工吹制，不论是否使用模具（例如，制瓶、安瓿、装饰品，有时也吹制玻璃片）。

6. 拉拔或挤出（特别用于制玻璃片、玻璃棒、玻璃管及玻璃纤维）。

7. 压制，一般使用模具，通常用以压制烟灰缸等物品，也有与滚轧法（例如，轧制图案玻璃）或吹制法（例如，制瓶）相结合。

8. 灯工法，借助于喷灯进行加工（用玻璃棒或管制造安瓿或小工艺品）。

9. 切割，将各种方法制得的玻璃坯件、球体等切割成所需的物品（特别是熔融石英或其他熔融硅石制品，它们通常是用实心或空心玻璃坯件切割而成的）。

典型案例

案例：轿车用后视镜（已镶框）。

解析：轿车用后视镜尽管属于汽车零件（品目87.08），但是其已经在品目70.09列名，根据归类总则三（一）"具体列名优先"的原则，品目70.09"玻璃镜（包括后视镜），不论是否镶框"的列名优先于品目87.08"机动车辆的零件、附件"，故该货品归入品目70.09，然后按列名归入子目7009.1000"车辆后视镜"。

第十四类　天然或养殖珍珠、宝石或半宝石、贵金属、包贵金属及其制品；仿首饰；硬币

第七十一章　天然或养殖珍珠、宝石或半宝石、贵金属、包贵金属及其制品；仿首饰；硬币

一、本章概述

本章包括：

1. 品目71.01至71.04的天然或养殖珍珠、钻石、其他宝石和半宝石（天然、合成或再造），不论是否加工，但未镶嵌或成串的，以及品目71.05的在加工宝石过程中所产生的某些废料。

2. 品目71.06至71.11的贵金属和包贵金属，未锻造、半制成或粉末状，但未达到第三分章所述制品的加工程度，以及品目71.12的贵金属或包贵金属废碎料和主要用于回收贵金属的含有贵金属或贵金属化合物的其他废碎料。

包贵金属与镀贵金属的比较如表2-9所示。

表2-9　包贵金属与镀贵金属的归类比较

名称	相同点	加工方式	归类
包贵金属	表面均为贵金属	通过焊接、熔接、热轧等机械方法制得	按所包的贵金属（外层材料）归类
镀贵金属		通过电镀等化学方法制得	按被镀的材料（内层材料）归类

二、类注及章注要点

1. 根据本章章注四，所称"贵金属"，是指银、金及铂。必须注意，这里指的"铂"还包括铱、锇、钯、铑及钌。

根据本章章注五的规定，含有贵金属的合金［汞齐除外（品目28.43）］应按以下规则归类：

（1）按重量计含铂量在2%及以上的，按铂归类。

（2）按重量计含金量在2%及以上，但不含铂或按重量计含铂量在2%以下的，按金归类。

（3）按重量计含银量在2%以上的其他合金，按银归类。

（4）含铂、金、银都低于2%的所有合金按贱金属归类（第十五类）。

根据本章章注六的规定，除条文另有规定的以外，所称贵金属应包括上述所规定的贵金属合金，但不包括包贵金属，也不包括表面镀以银、金、铂的贱金属或非金属。

2. 根据本章章注七，所称"包贵金属"，是指以贱金属为底料，在其一面或多面用焊接、熔接、热轧或类似机械方法覆盖一层任何厚度的贵金属材料。

除条文另有规定的以外，镶嵌贵金属的贱金属也按包贵金属归类。

切勿将本章所述的包贵金属与通过电解、蒸汽沉积、喷镀或用贵金属盐溶液浸渍等方法镀上贵金属的贱金属相混淆。这些贱金属不论所镀贵金属多厚，都应按其底料金属归入有关章内。

3. 本章也不包括：

（1）胶态贵金属和贵金属汞齐（品目 28.43）。

（2）放射性同位素（例如，铱 192），包括含有放射性同位素的针状、线状或片状贵金属（品目 28.44）。

（3）专门制作牙科填料用的合金（品目 30.06）。

4. 全部或部分用天然或养殖珍珠、钻石或其他宝石、半宝石（天然、合成或再造）、贵金属或包贵金属制成的物品（品目 71.13 至 71.16）。

本组尤其包括珠宝首饰和金器、银器，但不包括：

（1）本章章注三所列的物品。

（2）其所含贵金属或包贵金属部分仅作为小配件（例如，交织字母、圈、套环）的物品，但这些物品不得含有天然或养殖珍珠、钻石或其他宝石、半宝石（天然、合成或再造）。

用贱金属或非金属制成把柄的厨房用刀、小折刀、雕刻刀、剃刀和其他刃具，即使带有贵金属或包贵金属制的交织字母、圈、套环等，仍归入第八十二章（具有贵金属或包贵金属把柄的类似刃具则归入本章）。

同样，碗、瓶和其他瓷或玻璃餐具，即使带有贵金属或包贵金属的小配件或小装饰品（例如，套环），仍应归入第六十九章或第七十章。

本组也不包括以贱金属或非金属为底料镀以贵金属的制品（包贵金属制品除外）。

三、归类要点

（一）品目 71.13

1. 本品目包括：

本章章注九规定的全部或部分由贵金属或包贵金属制成的首饰，即：

（1）个人佩戴的小物品（镶嵌或不镶嵌宝石），例如，戒指、手镯、项圈、饰针、耳环、项链、表链和其他作装饰用的链；怀表链及饰物、垂饰、领带针和夹、袖扣、饰钮、钮扣等；宗教性十字架或其他十字架；奖章和勋章；帽饰（针、扣、环等）；手提包装饰品；腰带、鞋等用的扣子和滑圈；发夹、头饰、发梳和其他类似发饰。

（2）通常放置在衣袋、手提包或佩戴在身上的个人用品，例如，雪茄或香烟盒、鼻烟盒、眼镜盒、香粉盒、口红管、小梳、口香丸盒、带链钱包、念珠、钥匙圈等。

归入本品目的上述物品必须是含超出作为小配件范围的贵金属或包贵金属（包括

镶嵌贵金属的贱金属）。因此，带有一个金或银制的简单花押字的贱金属卷烟盒，仍应作为贱金属制品归类。上述货品只要符合这一条件，也可镶嵌珍珠（天然、养殖或仿制）、宝石或半宝石（天然、合成或再造）、仿宝石、玳瑁、珍珠母、象牙、琥珀（天然或黏聚）、黑玉或珊瑚。

本品目也包括未制成或不完整的首饰及明显作为首饰的零件，只要它们所含贵金属或包贵金属已超出作为小配件范围，例如，装镶在戒指、饰针等上的小块图案。

2. 本品目不包括：

（1）第四十二章章注二（二）所述的品目 42.02 或 42.03 的物品。

（2）品目 43.03 或 43.04 的货品（毛皮或人造毛皮制品）。

（3）第六十四章或第六十五章的鞋靴、帽类及其他物品，带有用本章材料制成的零件。

（4）品目 71.17 的仿首饰。

（5）硬币，镶制成首饰的硬币除外（品目 71.18 或第九十七章）。

（6）第九十章的物品（例如，普通眼镜、长柄眼镜等及其框架）。

（7）表及手表带（第九十一章）。

（8）除品目 96.01 至 96.06 或 96.15 以外的第九十六章所列物品，例如，自来水笔、尖头自来水笔、钢笔杆、铅笔套和活动铅笔（包括其零件和配件）；打火机、烟斗、雪茄烟嘴或香烟嘴及其零件；香水喷雾器或类似的化妆用喷雾器及其喷头。

（9）超过一百年的首饰（品目 97.06）。

（二）品目 71.17

"仿首饰"仅限于供个人佩戴的小件物品，例如，戒指、手镯（手表带除外）、项圈、耳环、链扣等（不包括品目 96.06 的钮扣和其他物品或品目 96.15 的发梳、发夹及类似品和发针），但这些物品不能含有贵金属或包贵金属，也不能含有天然或养殖珍珠、宝石或半宝石（天然、合成或再造）。

1. 本品目还包括未制成或不完整的仿首饰（耳环、手镯、项圈等），例如：

（1）半制成的开口环，由经过阳极化处理的铝丝构成，通常经过绞扭或表面加工，不论是否配有粗制的钮扣，有时不作进一步加工即用作耳环。

（2）贱金属制的装饰性小图案，不论是否抛光或用小链环连成不定长度的条状物。

通常放置在衣服袋、手提包或佩戴在身上的个人用品，例如，香烟盒、香粉盒等，不能作为仿首饰归类。

2. 本品目也不包括：

（1）本章章注三所列的物品。

（2）品目 83.08 的物品（扣、钩、环、眼等）。

典型案例

案例：紫水晶原石，呈大小、形状、重量不一的勺状，每个从几百克至过百千克不等。经中国进出口商品检验技术研究所广东分所鉴定，其主要构成部分为已经破开为勺状的紫水晶洞，水晶洞破开面平整，晶面光洁度高。洞壁外部覆盖有水泥状人工填充物，并涂有墨绿色涂料。整个水泥填充物在与正面垂直的方向上有一平面，形成"基底"，可令水晶洞平稳竖立。该水晶洞曾接受切割、抛光、外壳修补填充、制作水泥"基底"、背壳涂色等加工工艺。通常可作观赏工艺品或摆件用途。

　　解析：《商品及品目注释》品目 71.03 规定，该品目的宝石"主要用于装嵌在首饰、金器、或银器上……""本品目不包括已成为制成品的宝石，例如，……装饰品，……"。该货品为已制成品，且通常可作观赏工艺品或摆件用途，不属于品目 71.03 的范围。根据归类总规则一，"紫水晶原石"应归入子目 7116.2000。

　　（参见海关总署商品归类决定 Z2006-0422）

第十五类　贱金属及其制品

本类包括贱金属（含化学纯贱金属）及一些贱金属制品。本类还包括从其脉石中分离出来的自然金属，以及铜锍、镍锍和钴锍。但不包括金属矿砂及含有自然金属的脉石（品目 26.01 至 26.17）。

本《协调制度》所称"贱金属"是指铁及钢、铜、镍、铝、铅、锌、锡、钨、钼、钽、镁、钴、铋、镉、钛、锆、锑、锰、铍、铬、锗、钒、镓、铪、铟、铌（钶）、铼及铊。

第七十二章至第七十六章及第七十八章至第八十一章中的各章包括某些未锻轧的贱金属及这些金属的条、杆、丝或片等产品，也包括它们的制成品。但不包括不是以金属自然属性列出的某些贱金属制品，这些制品应归入第八十二章或第八十三章，这些章仅包括具体列名的金属制品。

一、贱金属合金归类

根据本类类注六规定，除条文另有规定（例如，合金钢）的以外，第七十二章至第七十六章及第七十八章至第八十一章或本《协调制度》其他章所称的贱金属也包括其合金。同样，第八十二章、第八十三章或其他章所称"贱金属"，包括作为贱金属合金归类的合金。

根据第七十一章章注五及本类类注五的规定，贱金属合金应按下列规则归类。

1. 贱金属与贵金属的合金。

如果合金中没有任何一种贵金属（银、金、铂）的重量达到合金重量的 2%，这种合金应作为贱金属归类。否则，应归入第七十一章。

2. 贱金属与贱金属的合金。

除铁合金及铜母合金（分别参见第七十二章、第七十四章章注）以外，这类合金应按所含重量最大的一种金属归类。

3. 本类的贱金属与非金属或品目 28.05 的金属的合金。

如果这类合金中本类贱金属的总重量等于或超过其他元素的总重量，则这类合金应按贱金属归类。否则，这类合金通常归入品目 38.24。

二、贱金属制品归类

根据本类类注七的规定，除品目另有规定（例如，铜头的钢铁钉应归入品目 74.15，即使所含的铜不是主要成分）的以外，含有两种或两种以上贱金属的制品，应按其所含重量最大的那种贱金属的制品归类。对于部分由非金属构成的制品，如果按照归类总规则，贱金属赋予这些制品基本特征的，也按本规定办理。

引用本规定计算各种金属的比例时，应注意下列 3 点：

1. 各种钢铁应视为同一种金属。

2. 作为某一种金属归类的合金，应视为一种金属（例如，由黄铜构成的铜制品应视为全部由纯铜构成）。

3. 品目81.13的金属陶瓷，应视为一种贱金属。

三、制品的零件归类

明显为制品的零件应按有关制品的零件归入本《协调制度》中相应的品目。

单独报验的通用零件不能作为制品的零件归类，而应归入本类中相应的品目。例如，集中供暖散热器的专用螺栓及汽车专用弹簧。螺栓应归入品目73.18（作为螺栓）而不归入品目73.22（作为集中供暖散热器的零件）。弹簧应归入品目73.20（作为弹簧）而不归入品目87.08（作为汽车零件）。

应注意本类不包括的货品。

第七十二章 钢 铁

一、本章概述

本章包括黑色金属，即生铁、镜铁、铁合金及其他原料（第一分章），也包括钢铁工业的某些铁或非合金钢产品（锭及其他初级形状产品、半制品及用它们直接生产出来的主要产品）（第二分章）、不锈钢产品（第三分章）及其他合金产品（第四分章）。

条杆类钢材中盘卷条杆、其他条杆、丝的区别与归类如表2-10所示。

表2-10 条杆类钢材中盘卷条杆、其他条杆、丝的特点与归类

名称		特点	归类
条杆类	盘条	热轧不规则盘卷状	品目72.13
	热轧条杆	热轧直条状	品目72.14
	冷轧条杆	冷轧直条状	品目72.15
角材、型材及异型材		符合第七十二章章注一（十三）的要求	品目72.16
丝		冷加工规则盘卷状	品目72.17
空心材	空心钻钢	用于钻探，且外形尺寸在15毫米~52毫米，最大内径小于最大外径的1/2	品目72.28
	管	全长截面相同并且只有一个闭合空间的同心中空产品	品目73.04~73.06
	空心异型材	不符合"管"的定义，且主要是内外截面形状不同的空心产品	品目73.06

二、类注及章注要点

经进一步加工的制品（例如，铸件、锻件等），以及板桩、焊接角材、型材及异型

材、铁道及电车道铺轨用材料及管材应归入第七十三章或其他章。

钢铁工业所采用的原料为各种天然铁矿（氧化物、水合氧化物、碳酸盐）、黄铁矿
烬滓（从黄铁矿、白铁矿、磁黄铁矿等煅烧除去硫后留下的烧结铁氧化物）及钢铁废
碎料。

（一）注意本章有关名词解释

（二）冷加工产品与热轧或热拉产品可通过以下标准加以区别：

1. 冷加工产品的表面较热加工产品好，没有一层鳞皮。

2. 冷加工产品的尺寸公差小。

3. 薄扁产品（薄"宽卷材"板、片及带）通常是通过冷轧制得的。

4. 冷加工产品用显微镜检验时可发现其金属晶粒明显变形，晶粒取向与加工方向一致。相反，热加工产品由于重结晶作用，其晶粒几乎全都是规则的。

三、归类要点

第二分章　铁及非合金钢

本分章包括下列形状的铁及非合金钢：

1. 锭或其他初级形状，例如，熟铁棒、板桩、方块、团块，包括熔融状态的钢（品目72.06）。

2. 半制成品，例如，大方坯、小方坯、圆材坯、厚板坯、薄板坯、粗锻件、角材坯、型材坯及异型材坯（品目72.07）。

3. 平板轧材（品目72.08至72.12）。

4. 不规则盘绕的热轧条、杆（品目72.13）及其他条及杆（品目72.14或72.15）。

5. 角材、型材及异型材（品目72.16）。

6. 丝（品目72.17）。

（一）品目72.08

本品目的平板轧材可以直接从轧制过程中轧出凸起的花纹，例如，沟纹、肋条纹、格子花纹、扁豆形花纹、凸点花纹、菱形花纹，也可以在轧制后进行加工（例如，穿孔、制成瓦楞形、切成斜边或将边磨圆），只要它们不具有其他品目所列制品或产品的特征。

但本品目不包括用金属涂层、电镀或包层的平板轧材，也不包括用非金属物质如油漆、搪瓷或塑料涂层的平板轧材（品目72.10）。

本品目也不包括用贵金属包层的平板轧材（第七十一章）。

"瓦楞形平板轧材"是指具有规则波浪形曲线（例如，正弦波）的平板轧材。在确定归类时，以带瓦楞的边的宽度作为其有效宽度。但本品目不包括具有角断面（例如，正方形、三角形或梯形）的肋形产品（通常归入品目72.16）。

本品目还包括除长方形或正方形以外任何规格的平板轧材，只要它们不具有其他品目所列制品或产品的特征。

本品目主要包括"宽卷材""片材"及"板材"。

本品目还包括某些称为"宽扁材"的产品。

本品目所称的"宽扁材"，是指长方形横截面的非成卷产品，在闭合匣内或万能轧钢机中四面热轧制得，厚度不小于 4 毫米、宽度在 600 毫米及以上但不超过 1250 毫米。

因此，"宽扁材"比"宽卷材""片材"或"板材"更为平直，各边加工更为精确，边角更为尖锐。它们不用再轧制，其边缘也不需进一步机械加工即可用作钢结构件等。

"宽卷材"不同于"片材"及"板材"，因为"片材"及"板材"是以扁平状报验的，而"宽卷材"是以几乎齐边的一层叠于另一层之上盘绕成卷报验的。

热轧"宽卷材"既可直接像"片材"及"板材"般使用，也可制成其他产品，例如，制成"片材"及"板材"、焊缝管、角材、型材及异型材。

"片材"及"板材"用于建造船舶、铁路车辆、槽罐、锅炉、桥梁及其他需要很大强度的结构件。

（二）品目 72.13

这些产品（也称作盘条）主要用于拉制金属丝（品目 72.17），但也用于其他用途，尤其用于建筑工程（例如，用作焊接钢筋网）、螺母及螺栓制造工业、冷拉拔工业等，还用于制焊条。

本品目也包括作混凝土钢筋用的条及杆。这类产品轧制后带有凹槽或凸缘（例如，齿、槽、凸角），但它们的基本横截面形状与本章章注一（十一）所列的任何一种几何形状相符。这些凹凸槽或凸缘必须是仅仅为了改善与混凝土等的黏合力而设计的。

本品目不包括已矫直并切成一定尺寸的条及杆（品目 72.14）。

（三）品目 72.14

本品目的条及杆通常是通过对大方坯、小方坯、熟铁棒或板桩进行热轧或锻造制得的，有的也可通过热拉拔或热挤压制得。

本品目的产品主要以笔直条状或折叠捆状交货。

1. 本品目包括：

（1）带有凹槽或凸缘（例如，齿、槽、凸角）的已轧制条及杆，但它们的基本横截面形状应与本章章注一（十二）所列的任何一种几何形状相符；这些凹槽或凸缘必须是仅仅为了改善与混凝土等的黏合力而设计的。

（2）轧制后单根绞扭的条及杆，例如，将其轧制成带有两条或两条以上纵向凸缘，然后再绞扭成螺旋形的条、杆（螺旋钢筋）。

（3）为运输方便而穿有单孔的条及杆。

2. 本品目不包括：

（1）由两根或两根以上轧制条杆相互扭绞而成的产品（品目 73.08）。

（2）从条及杆切割而成的长度不超过最大横截面直径的钢铁工件（品目 73.26）。

（四）品目 72.16

本品目不包括：

1. 焊接的角材、型材、异型材及板桩（品目 73.01）、铁道及电车道铺轨用材料（品目 73.02）。

2. 钢铁结构体用制品（品目 73.08）。

第三分章　不锈钢

耐热钢、抗蠕变钢及其他符合本章章注一（五）规定的钢应作为不锈钢归类。

由于不锈钢具有较强的抗腐蚀性，因而用途很广，例如，用于制消声器、催化转化器或变压器箱。

本分章包括品目 72.18 至 72.23 所述形状的不锈钢。

第四分章　其他合金钢；合金钢或非合金钢制的空心钻钢

本分章包括除不锈钢以外的各种合金钢，它们可呈锭状或其他初级形状；半制成品（例如，大方坯、小方坯、圆材坯、厚板坯、薄板坯、粗锻件）；平板轧材（即所谓宽扁材、宽卷材、片材、板材或带材），不论是否盘卷；条及杆、角材、型材、异型材或丝。

所有这些产品都可以经过加工，只要它们不具有其他品目所列制品或产品的特征。

其他合金钢用于需要特种性能（例如，耐久性、高硬度、高弹性、高强度）的多种用途，例如，用于军械、工具、刀具及机械。

典型案例

案例：合金钢丝，经商检为高碳钢丝，成分为碳 0.69%，硫 0.018%，硅 0.22%，锰 0.52%，磷 0.016%，铬 0.03%，镍少于 0.01%，铜少于 0.01%，截面异型，全长截面相同。

解析：根据所提供的成分，该货品不符合第七十二章章注一（六）关于"其他合金钢"的定义，应按高碳钢丝归入子目 7217.9000。

（参见海关总署商品归类决定 Z2006-0449）

提示：正确的归类思路应该是以商品描述来确定归类，而不是简单地以商品品名归类，该商品易误按"其他合金钢丝"归入子目 7229.9090。

第七十三章　钢铁制品

一、本章概述

本章包括品目 73.01 至 73.24 具体列名的物品及品目 73.25、73.26 的既未在第八十二章或第八十三章具体列名又未归入本《协调制度》其他章的钢铁（包括本章章注一所述的铸铁）制品。

二、类注及章注要点

所谓"管"，即全长横截面相同并只有一个闭合空间的同心中空产品，其内表面及外表面形状相同。钢管主要是圆形、椭圆形或矩形（包括正方形）横截面，但也有等边三角形或其他规则外凸多边形横截面的。全长边角已经磨圆的横截面非圆形的产品以及带有法兰形端部的管子都应作为管归类。它们可以经抛光、涂层、弯曲（包括盘管）、攻丝及不论是否两管相接、钻孔、缩腰、胀口、成锥形或装法兰、颈圈或套环。

管与空心异型材的区别如表2-11所示。

表2-11　管和空心异型材的区别

管	空心异型材
全长横截面相同，只有一个闭合空间的同心中空产品，其内表面和外表面形状形同	内外截面形状不同的空心产品（不符合《协调制度》中"管"和"空心钻钢"的定义）

三、归类要点

（一）品目73.07

1. 本品目包括：

主要用于连通两条管子、将管子连接于其他设备或将管口封闭的钢铁附件。但本品目不包括供安装管子用但不与管口成为一体的物品［例如，吊钩、撑条及仅将管子固定或支撑于墙上的类似支架，用以将软管夹紧于硬管、龙头、连接件等上的紧固带或安装环（软管夹）］（品目73.25或73.26）。

2. 本品目不包括：

（1）专供装配结构体零件用的夹子及其他附件（品目73.08）。

（2）用于装配管子附件的螺栓、螺帽、螺钉等（品目73.18）。

（3）恒温器的波纹管及膨胀接头（品目83.07）。

（4）上述的吊钩、撑条及类似品；配有环、钩等的管塞，不论是否攻丝（例如，用于装配冲洗管的塞子）（品目73.26）。

（5）装有龙头、旋塞、阀门的配件（品目84.81）。

（6）电缆导管的绝缘接头（品目85.47）。

（7）装配自行车或摩托车车架用的连接件（品目87.14）。

（二）品目73.12

1. 本品目包括：

将两根或多根钢铁丝紧密绞合而成的绞股线及用多根这种绞股线绞合而成的各种规格的缆及绳。缆及绳只要仍具有钢铁丝制品的基本特征，可以用纺织物（大麻、黄麻等）作芯子或用纺织物、塑料等包覆。

缆及绳的横截面一般是圆的，但本品目也包括将单丝或绞股线编成矩形（包括正方形）横截面的带。

本品目包括绳、缆、带等，不论是否裁切成段或装有钩、弹簧钩、转环、环、套环、夹、座圈等（但它们不得因此而具有其他品目所列物品的特征），也不论是否制成单一或复合的吊索、环索等。

这些货品用途为：在矿业、采石工程、航运等方面供提吊之用（用于起重机、绞车、滑轮车、升降机等提吊）；供牵引用；供系船、下锚等用；作传动带用；作桅杆、标杆等用的支索或牵索；作围篱的绞股线；作锯石绞股线（通常为特种钢制成的三股绞股线）；等等。

2. 本品目不包括：

（1）刺钢丝及围篱用松绞无刺双股丝（"绞带"）（品目 73.13）。

（2）绝缘电缆（品目 85.44）。

（3）适于供第八十七章所列车辆用的制动索缆、油门索缆及类似索缆。

（三）品目 73.15

1. 本品目包括：

铸铁（通常是可锻铸铁）链、锻钢或锻铁链，不论其规格、制造方法及实际用途如何。

本品目也包括铰接链、无铰接链（包括日字链）（不论是否锻造、铸造、焊接而成或从钢铁薄片或钢铁带材冲压而成，也不论是否用钢铁丝制得），以及球形链。

本品目还包括：

（1）自行车、机动车或机器用的传动链。

（2）锚链、升降链、牵拖链、汽车防滑链。

（3）褥式排链，用于洗涤槽塞子、盥洗室蓄水箱等的链条。

所有这些链条可以在端部装有零件或配件（例如，钩、弹簧钩、自由转环、钩环、套圈、环、开口环及丁字件），不论是否切成一定长度或明显有特定用途。

链条专用的钢铁零件，例如，铰接链用的侧距环、滚子、转向轴等，供无铰接链用的链节、链环，也归入本品目。

2. 本品目不包括：

（1）具有品目 71.17 仿首饰特征的链条（例如，表链及饰链）。

（2）装有锯齿等并用作链锯或切割工具的链条（第八十二章），或链条仅在其中起辅助作用的其他制品，例如，多斗挖土机的铲土链、输送机钩链或纺织物整理用的伸展器。

（3）装有链条的门户防护装置（品目 83.02）。

（4）测量链条（品目 90.15）。

（四）品目 73.17

1. 本品目包括：

（1）钢铁钉、平头钉、U 形钉（品目 83.05 的货品除外）及类似品。

这类铁丝钉通常具有扁平头或圆形头，而有一部分钉子是无钉头的，一端或两端是尖的。锥形钉与平头钉的制法相同，只是锥形钉要通过斜切而成。具体如下。

木工等用的横截面完全一致的圆铁钉；模钉；镶玻璃用钉；补鞋钉；供电线、画框、围篱等用的两头尖的 U 形钉（不论是否绝缘）及其他不是成条状的 U 形钉；带螺杆且钉头未开槽的螺杆尖头螺钉；供修鞋、制家具等用的平头钉及无头钉；重型鞋用平头钉；供图画、镜子、围篱等用的钉；给动物装蹄铁用的无螺纹钉；动物用的无螺纹防滑大头钉；安装窗玻璃用的小三角钉等（通常用马口铁制成）；制家具用的装饰大头钉；供铁路轨枕作标记用的大头钉。

（2）其他特种钉、道钉等，示例如下。

①锻造扣钉或扒钉（钉杆通常是带角的，将两头弯成直角并削尖），用于扣紧石块及粗重木材等；钩头道钉，用以将钢轨固定于轨枕上。

②波纹钉，一边修成齿边或斜边，供装配木材零件用。即使报验时为长条状（呈带状），也应归入本品目。

③钩头钉及环头钉，这些钉可以用金属片冲压制得或锻造制得。其中一头是尖的，而另一头则弯成直角或弯成环状，用以悬挂各种物体。

④各种图钉，平头的或圆头的，供画板、办公室等用。

⑤供纺织梳棉机用及类似用途的针布钉。

所有上述货品，不论是否带有有色金属（铜及其合金除外）或其他物质（陶瓷、玻璃、木材、橡胶、塑料等）制的钉头，也不论是否已电镀、镀铜、镀金、镀银、涂漆等或用其他物料包覆，均应归入本品目。

2. 本品目不包括：

①钩头螺钉、环头螺钉、钉头开槽的尖头螺钉及钝头螺钉（品目 73.18）。

②带钉或不带钉的鞋跟护铁、带钉图片挂钩、皮带扣（品目 73.26）。

③带有铜或铜合金钉头的钢铁钉、平头钉等（品目 74.15）。

④条状钉书钉（例如，供办公室、室内装饰或包装等用）（品目 83.05）。

⑤钢琴用弦轴（品目 92.09）。

（五）品目 73.18

1. 螺钉、螺栓及螺母。

螺栓坯及未攻丝的螺母也归入本品目。

木螺钉与紧固金属用的螺栓及螺钉不同，木螺钉是锥形的且有尖头，有较斜的切削螺纹以便旋入木料之中。此外，木螺钉一般带有开槽钉头，从不与螺母配用。

方头螺钉（螺旋道钉）是带有正方形或六角形无槽口钉头的大型木螺钉。它们用以将钢轨固定于轨枕上并用于装配椽子及类似的大型木制品。

本品目包括自攻（帕克）螺钉。这些螺钉与木螺钉相似，具有一个开槽钉头，一条切削螺纹，其末端是尖的或锥形的。因此，它们可以自行开沟并旋入金属、大理石、板石、塑料等薄板中。

本品目也包括所有钉头带槽沟的钝头螺钉及尖头螺钉。螺钉具有较斜的螺纹，常用锤子将其打入物料，但一般只能用螺丝起子才可将其取出。

本组不包括：

（1）钉头未开槽的尖头螺钉（品目 73.17）。

（2）螺塞（品目 83.09）。

（3）用以传功或以其他方式作为机械动件的车有螺纹的机件，这些机件有时称作螺钉（例如，阿基米德螺钉、压力机用蜗杆机件及螺纹轴、阀门及旋塞的关闭机件等）（第八十四章）。

（4）钢琴用弦轴及乐器用的类似带螺纹零件（品目 92.09）。

2. 钩头螺钉及环头螺钉。

这些货品用于悬挂或固定其他物体，与前一品目的钩头钉的不同之处在于它车有螺纹。

3. 铆钉。

铆钉与上面所述货品的不同之处在于它们未车螺纹。它们通常是带有圆头、扁头、圆盘头、埋头的圆柱体。

它们用于金属部件的永久性装配（例如，用于大型框架、船舶及容器）。

本品目不包括供各种用途的管状铆钉或分叉铆钉（品目 83.08），但仅有部分空心的铆钉仍归入本品目。

4. 销及开尾销。

开尾销通常是叉形的，用于固定在锭子、转轴、螺栓等的孔洞内以防止装在孔洞内的物体移动。

销及锥形销，用途与开尾销相似，但通常较大，开口位置更小。它们可以像开尾销一样用以穿过孔洞（这时常制成楔形），或用以装于绕心轴等开的沟槽上，在这种情况下，它们可制成各种形状，例如，马蹄形或圆锥形。

簧环，呈各种不同形状，从有一条缝的简单环状到复杂的形状（带有小眼或槽以便于用专用夹钳将其装上）都有。不论其形状如何，它们都用于安装在绕心轴开的槽沟上或圆筒孔眼内开的槽沟内，以防止有关零件移动。

5. 垫圈。

垫圈通常是中心有孔的细小薄圆片，安装于螺母及需紧固的零件之间，以保护需紧固的物体。它们有平垫圈、切口垫圈、开缝垫圈（例如，格劳尔弹簧垫圈）、弧形垫圈、锥形垫圈等。

（六）品目 73.20

本品目包括各种类型的钢铁弹簧，不管其用途如何，但品目 91.14 的钟表发条除外。

弹簧是用具有弹性的金属薄片、丝或杆制成的，它们具有大幅度变形后仍能恢复原状的特性。

1. 本品目包括下列各种类型的弹簧：

（1）片簧（单片或叠片），主要用于车辆（例如，铁路机车及客货运输车辆、汽车、拖车）的悬挂系统。

（2）螺旋弹簧主要有下列两类：

①螺旋形盘簧，包括受压弹簧、拉簧及扭力弹簧，用横截面为圆形或矩形的钢铁

丝、杆制成。它们用途相当广泛（例如，用于车辆及各种技术装备中）。

②涡旋弹簧，通常是锥形的，用横截面为矩形或椭圆形的钢铁丝、杆制成，或用钢铁扁带制成。它们主要用于减震器、车箱联接缓冲器、大剪刀、理发推子等。

（3）扁簧及螺旋扁簧，用于弹簧驱动的动力装置、锁等。

（4）圆盘弹簧及环状弹簧（用于铁路缓冲器等）。

为装配或固定之用，弹簧可以装有U形螺栓（例如，供片簧用）或其他附件。

簧片也归入本品目。

2. 本品目不包括：

（1）供雨伞或阳伞的转轴或伞杆用的弹簧（品目66.03）。

（2）弹簧垫圈（品目73.18）。

（3）弹簧与其他物品组装后制成的诸如自动关门器等的物品（品目83.02），明显为机器的零件（第十六类）或明显为第九十章、第九十一章等所列仪器设备的零件。

（4）减震器及第十七类的扭杆弹簧。

典型案例

案例：胶头螺钉，由钢铁制螺钉和硬质橡胶底座构成，如图2-11所示。螺钉部分：螺纹长50毫米，直径12毫米；橡胶底座部分：直径36毫米，高12毫米。其安装于洗衣机底座上，用于调节洗衣机的平稳性。

图2-11　胶头螺钉

解析：品目73.18的条文并未说明螺纹制品仅用于紧固，应包括其他用途的螺纹制品。根据归类总规则一及六，该商品应归入子目7318.1900。

（参见海关总署商品归类决定J2016-0011）

案例：八角形钢灯柱，灯柱长度为4米～9米，与以下零部件同时申报［直径为60毫米的管状托架，其由一个或多个支架组成，支架上配有用于固定或紧固光源的装置；用于将灯柱固定在地面上的地脚螺栓；一包用于装配各部件的配件（螺栓、螺母、垫片）］，未组装灯柱及其零部件均未安装电力设备和光源。

解析：根据归类总规则一及六，《〈协调制度〉归类意见汇编》（第二版）增补第16号（NG0173E1a）（WCO《协调制度》委员会第46次会议通过），该货品应归入子目7308.90项下。

（参见海关总署商品归类决定W2012-006）

第七十四章　铜及其制品

本章包括铜、铜合金及其某些制品。

第七十五章　镍及其制品

本章包括镍、镍合金及其某些制品。

第七十六章　铝及其制品

本章包括铝、铝合金及其某些制品。

典型案例

　　案例：铝塑复合板，规格型号为 3660 毫米×1220 毫米×4 毫米。分三层，上层为 0.5 毫米的铝板（铝合金制），下层为 0.3 毫米铝板（铝合金制），中间层为 3.2 毫米的塑料。三层材料通过高科技处理，经强力胶黏合，再经高温高压后形成铝塑复合板。用途上，铝塑复合板属一种新型装饰材料，主要用于建筑物的外墙和内墙装饰。

　　解析：该货品主要用于建筑物的外墙和内墙装饰，故表层的铝板能体现其使用价值，应视其为主要特征，塑料部分仅起支撑作用，因此，该货品不应归入第三十九章。在确定表层材料的主要特征时，不应以双层材料厚度之和决定其具体归类的子目，应按单面表层铝板的厚度确定其具体归类的子目。根据归类总规则三（二）及六，该铝塑复合板应按 0.35 毫米<厚度≤4 毫米的铝合金制铝塑复合板归入子目 7606.1251。

　　提示：该货品在实际工作中易按塑料板材误归入第三十九章。错误原因为中间层为 3.2 毫米的塑料，而铝合金上下铝加起来才 0.8 毫米，应按比重大的塑料归类。

　　还有一种错误是按该货品的上下铝加起来的厚度将其归入错误的子目。

第七十七章　　（空）

第七十八章　铅及其制品

本章包括铅、铅合金及其某些制品。

第七十九章　锌及其制品

本章包括锌、锌合金及其某些制品。

第八十章　锡及其制品

本章包括锡、锡合金及其某些制品。

第八十一章　其他贱金属、金属陶瓷及其制品

一、本章概述

本章只限于下列未在本《协调制度》其他章内更为具体列名的贱金属、它们的合金及制品：

1. 钨（品目81.01）、钼（品目81.02）、钽（品目81.03）、镁（品目81.04）、钴（包括钴硫及其他冶炼钴时所得的中间产品，品目81.05）、铋（品目81.06）、镉（品目81.07）、钛（品目81.08）、锆（品目81.09）、锑（品目81.10）及锰（品目81.11）。

2. 铍、铬、锗、钒、镓、铪、铟、铌、铼及铊（品目81.12）。

二、类注及章注要点

本章也包括金属陶瓷（品目81.13）。

未列入本章或第十五类其他各章的贱金属归入第二十八章。

归入本章的大多数金属一般作为合金或碳化物使用为多，而较少直接使用纯金属。这些合金应按第十五类类注五的规则归类。本章不包括金属碳化物。

第八十二章　贱金属工具、器具、利口器、餐匙、餐叉及其零件

本章货品归类要点如下。

1. 本章包括具有工具、器具、刀具、餐具等性质的某些贱金属制品，这些制品不归入第十五类本章以前的各章，也不属于第十六类的机器或器具、第九十章的仪器或设备和品目96.03或96.04的制品。

2. 应注意本章不包括的货品。

典型案例

案例：金刚石绳锯，结构为钢丝绳上套有一节一节的金刚石环，绳锯尾部接有一节链条，形成链状锯。其工作原理是在预先打好的水平或竖直方向的对穿孔中穿入金刚石串珠绳，接好后置于绳锯飞轮上，然后用电动机驱动飞轮带动金刚石串珠绳循环转动切削石材，同时向锯缝注以充足的水以冷却金刚石串珠及排除锯切岩粉，在锯切的同时绳锯向后行走，使串珠绳保持一定张力和进给速度，直至完成锯切，其用途为石料开采、整形、切割及建筑施工。

解析：该商品的状态实际为一种锯片，主体为钢丝绳，锯齿由金刚石制成。根据《商品及品目注释》关于品目82.02的解释规定，该品目包括手工锯或机械锯的各种锯片，其条款中未排除此状态的锯片。因此，根据归类总规则一，可将其归入子目8202.9910。

（参见海关总署商品归类决定Z2006-1307）

案例：冲压模具，规格为2000毫米×1200毫米×813毫米。由上模和下模两部分构成，钢铁制。使用方法是将冲压模具的上模固定在冲压机的滑块上，然后将冲压模具的下模固定在冲压机的底座上，把卷状钢带通过送料装置置于下模上，冲压机通过电动机驱动飞轮，并通过离合器，传动齿轮带动曲柄连杆机构使滑块上下运动，滑块上的上模对置于下模上的钢带冲压成型。用途为生产汽车上的座椅支架。

解析：《商品及品目注释》中品目84.80注释规定，"本品目不包括品目82.07所列的冲模，因为这些冲模主要是依靠强力冲击或压迫使材料成形（例如，冲压金属薄板制品用的冲模）"。同时，该冲压模具符合《商品及品目注释》对品目82.07的描述，"归入本品目的工具包括：锻造或冲压工具（包括金属片材冷锻造或冷冲压用的冲子及模具）"。所以，根据归类总规则一及六，该冲压模具应按"其他锻造或冲压工具"归入子目8207.3000。

提示：该冲压模具在实际工作中易误归入品目84.80项下。

第八十三章　贱金属杂项制品

一、本章概述

第七十三章至第七十六章及第七十八章至第八十一章的货品均按不同的金属分类，而本章则与第八十二章一样，包括某些特定类型的货品，不论其由何种贱金属构成。

二、归类要点

（一）品目83.01

本品目包括用钥匙才能打开的锁闭装置（例如，弹簧锁、杆锁、杠杆锁或布拉曼锁）或通过字母或数字组合才能打开的锁闭装置（数码锁）。

本品目还包括电动锁（例如，供公寓街门或电梯门用的）。这些锁可以通过插入磁卡、在电子键盘上输入组合数码或通过无线电波信号等操作开启。

1. 本品目主要包括：

（1）各种类型的挂锁，供门、行李箱、钱箱、袋子、自行车等用，包括用钥匙开启的搭扣锁。

（2）供门、信箱、保险柜、盒或匣、家具、钢琴、行李箱、手提箱、手提袋、公文递送箱等用的锁；供汽车、铁路车辆、有轨电车等用的锁；供电梯、百叶窗、拉门等用的锁。

（3）带锁的扣环及扣环框架。

2. 本品目还包括：

（1）明显为上述制品用的贱金属零件（例如，锁壳、栓销、锁舌片及锁插座、螺纹锁眼盖、面板、锁孔榫舌、机械装置及圆筒体）。

（2）上述物品用的贱金属钥匙，不论是否已制成（包括粗铸件、锻坯件或冲压坯件）。

本品目还包括特制的铁路客车车厢门的钥匙、万能钥匙等。

3. 本品目不包括简单门闩、插销等（品目83.02），也不包括手提包、公文包、公文箱等用的扣件及钩环（不用钥匙或组合数码开启的）（品目83.08）。

4. 本品目中，子目8301.30不仅包括家庭用的家具锁，而且还包括办公室用的家具锁。

（二）品目 83.02

本品目包括主要用于家具、门窗、车厢等上面的通用贱金属附件及架座。这些通用货品即使制成供特定用途的，也应归入本品目（例如，机动车辆用的门把手或铰链）。但本品目不包括成为物品构件关键部分的货品，例如，窗架或转椅用旋转机构。

本品目包括：

1. 各种铰链（例如，平接铰链、提升铰链、角铰链、带式铰链及丁字铰链）。

2. 小脚轮，参见本章章注二的定义。

归入本品目的小脚轮必须带有贱金属支架，但轮子可由任何材料（贵金属除外）制成。

具有充气轮胎的小脚轮，必须将轮胎充气至标准气压时再测其直径。

具有轮辐不影响小脚轮归入本品目。

不符合本品目条文或本章章注二规定的小脚轮不归入本品目（例如，归入第八十七章）。

3. 不属于第十七类所列零件或附件范围的机动车辆（例如，小客车、货车、旅行车）用附件及架座。例如，制成的串珠饰带；脚踏板；扶手杆、条及把手；遮帘用的配件（杆、托架、紧固件、弹簧机构等）；车内行李架；开窗机件；专用烟灰缸；后车厢板扣件。

4. 建筑用附件及架座。

（1）装有链、杆等的门护挡；法式窗或其他窗扉的长插销及附件；窗扉扣件及撑条、楣窗或天窗的开关、撑条及附件；门窗钩及眼；双层玻璃窗用的钩及附件；百叶窗或窗帘用的钩、扣件、止动销、托架及辊端；信箱板；门环、观察孔（已装配光学元件的除外）等。

（2）门销（包括弹珠弹簧销）、门闩、门扣、门碰锁等（品目83.01的用钥匙开启的门销除外）。

（3）商店、车库、棚子、机库等的拉门或拉窗附件（例如，导向槽、导向轨、导向滑轮、滚轮）。

（4）建筑物的门用的锁眼板及指板。

（5）窗帘、百叶窗或门帘的附件（例如，杆、管、圆花饰、托架、扁带、穗钩、夹子、滑动环、止动销）；窗帘绳等用的系绳钩、导向装置及结绳装置；楼梯附件，例如，楼梯踏板用护板；楼梯地毯夹、梯毯夹条、楼梯扶手的球形饰物。

适于作窗帘或梯毯夹条等用的条、管、杆如仅切成一定长度和钻孔，仍应按其构成的金属材料归类。

（6）门、窗或百叶窗用的角撑、加强板、加强角等。

（7）门用搭扣、钩环；门拉手及球形把手，包括锁或插销用的。

（8）门制止器及关门装置（下述第8条的货品除外）。

5. 家具用附件及架座。

（1）家具腿等用的保护饰钉（具有一个或数个尖头）；金属装饰附件；书橱等用的搁板调整器；碗橱、床架等的附件；锁孔板。

（2）角撑、加强板、加强角等。

（3）销（包括弹珠弹簧销）、闩、扣件、碰锁等（品目83.01的用钥匙开启的闩除外）。

（4）箱柜等用的搭扣、钩环。

（5）拉手及球形把手，包括锁或插销用的。

6. 其他。

（1）行李箱、柜、小提箱及类似旅行容器用的附件及类似物品，例如，箱盖导轨（但不包括扣件）；把手；护角；箱盖撑杆及滑动件；篮式衣箱用的闭合杆；伸缩箱附件。但手提包用装饰品应归入品目71.17。

（2）柜、行李箱、匣子、盒子、小提箱等用的角撑、加强板、加强角等。

（3）马具用的附件及类似物品，例如，马嚼子、勒马链、马鞍前穹、马蹬；缰绳、挽绳、缰环；马额缰金铜饰及其他马具附件。

（4）骨灰盒或棺木配件及类似品。

（5）船舶（船及艇）的配件及类似品。

7. 帽架、帽钩、托架（固定的、铰接的或带齿的等）及类似品，例如，大衣架、毛巾架、抹布架、刷子架、钥匙架。

具有家具特征的大衣架等，例如，落地式的大衣架，应归入第九十四章。

8. 弹簧式或液压式自动闭门器。

（三）品目 83.06

1. 非电动的铃、钟、锣及类似品。

本组包括非电动的贱金属铃、钟、锣。它包括宗教场所、学校、公共场所、工厂、船舶、消防车等用的铃、钟；门铃；台铃；手摇铃；牛及其他动物身上的铃；自行车、踏板车、小儿摇篮车或钓具用铃（没有附带外部夹具、夹子或其他安装器具的）；门用编钟、台锣等；用作旅游纪念品等的装饰钟。

本品目也包括铃舌、铃柄及铃碗等金属零件（包括同样适合作电铃或其他铃用的）。本品目还包括非电动台铃或门铃用的金属按钮及总控键。

本品目不包括：

（1）支撑教堂钟等用钢铁支架（品目 73.08）。

（2）机械式门铃拉绳、操纵杆及附件（例如，品目 73.25、73.26）。

（3）品目 85.31 的电铃及其他信号装置。

（4）时钟的谐音器及铃（品目 91.14）。

（5）具有品目 92.06 或 92.07 乐器性质的钟琴及锣。

（6）配有铃的物品，例如，狗颈上的项圈（品目 42.01），某些乐器（例如，铃鼓）（第九十二章），玩具（品目 95.03），安装在外部夹具、夹子或其他器具上的钓具用铃（品目 95.07）。

2. 雕塑像及其他装饰品。

本组包括主要作装饰用的一系列贱金属装饰品（不论是否附带非金属零件），用于家庭、办公室、会议室、宗教场所、花园等。

但应注意，本类不包括《协调制度》其他品目列名更为具体的物品，即使这些物品按其性质或加工可作装饰品用。

本组包括除装饰用途外没有实用价值的物品，以及只用来容纳或支撑其他装饰品或增加其装饰效果的物品，例如：

（1）半身像、小雕塑像及其他装饰人像；供壁炉台、搁架等用的装饰品（包括钟座零件）（动物、象征性或寓意性人像等）；运动奖品或艺术纪念品（奖杯等）；装配有悬挂配件的墙壁装饰品（饰板、碟、盘、非供个人佩戴的大奖章）；通过铸造或锻造金属（通常为熟铁）制得的人造花、圆花饰及类似装饰品；供书架或家庭陈列柜用的小装饰品。

（2）宗教用品，例如，圣骨箱、圣餐杯、荷花籽杯、圣物盒或十字架等。

（3）餐钵、小花瓶、壶、大花瓶（包括用景泰蓝制的）。

本组还包括符合以下情况的下列两类物品，尽管它们具有一定的实用价值：

（1）对于不论是否可归入某些具体列名品目（即品目 73.23、74.18 及 76.16）或归入"其他制品"品目（例如，此类情况主要是镍及锡制品）的家用物品。这些家用物品通常具有实用性，相比之下其装饰性通常是第二位的，因而不致影响其实用性。因此，这些经过装饰的物品如其实用性与其未装饰的同类物品相等，则应作为家用物品归类而不应归入本组。另一方面，如果这些物品的实用性明显地从属于其装饰性，则应归入本组，例如，实际上已丧失了实用价值的布满浮雕的盘子；带有纯属附件的盘或容器的装饰品，所带附件可作装饰盘或烟灰缸；没有真正使用价值的微缩模型（微型厨房用具）。

（2）对于可归入贱金属各章最后非具体列名品目的非家用物品（例如，成套吸烟用具、首饰盒、香烟盒、香案、香炉、火柴盒），如果这些物品明显地主要用作装饰品，则应归入本组。

3. 相框、画框及类似框架；贱金属镜子。

本组包括各种形状及规格的贱金属制相框、画框及镜框等。这些货品如果装有支架或配有纸板、木板或其他材料制的背板，仍应归入本组。本组包括装有平面玻璃的框架，但不包括带金属框架的玻璃镜（品目70.09）。

报验时用贱金属镶框的印刷图画及相片，如果其框架具有整件物品的主要特征，应归入本品目，否则应归入品目49.11。

对于镶框油画、手绘画、粉画、拼贴画及类似装饰板，以及雕版画、印制画及石印画的原本，如何确定这些镶框物品是否作为整体归类，或者将其框架单独归类，参见第九十七章章注五及《商品及品目注释》品目97.01及97.02的注释。

本组还包括金属镜（光学元件除外，参见《商品及品目注释》品目90.01及90.02的注释），例如，壁镜、袖珍镜及后视镜，通常由钢或镀铬、镍、银的钢或铜制成。它们可以镶框、衬背或装配支架，也可以与皮革、纺织品或其他材料制的盒或带一起报验。

4. 本品目不包括的货品。

（1）由熟铁或其他金属制的隔板及栏杆（例如，品目73.08）。

（2）刀具、餐匙、餐叉等（第八十二章）。

（3）锁及其零件（品目83.01）。

（4）家具、门窗及楼梯用附件及架座（品目83.02）。

（5）第九十章的仪器及设备（例如，气压表及温度计，即使它们主要起装饰作用）。

（6）钟及钟壳，即使钟壳是作装饰用的或由明显用作钟壳的小雕像或类似物品构成的（第九十一章）。

（7）第九十四章的物品。

（8）玩具及游戏品（第九十五章）。

（9）台式打火机（品目96.13）；香水喷雾器及类似喷雾器（品目96.16）。

（10）艺术品、收藏品及古物（第九十七章）。

（四）品目83.08

1. 本品目包括：

（1）钩、环及眼，用于衣着、鞋靴、天篷、帐篷、风帆。

（2）各种管形铆钉及开口铆钉。这些物品用于衣着、鞋靴、天篷、帐篷、旅行容器、皮革制品、带料等；它们也用于工程技术上（例如，用于建造飞机）。本品目也包括断芯埋头铆钉，这些铆钉在装配时，芯棒拉入或紧靠铆钉体，在芯棒杆与芯棒杆粗镦端相接处或附近断开。

（3）钩、扣及带扣的框架，用于手提包、钱包、公事包、公文箱或其他旅行容器、书籍或手表。但本品目不包括锁（含锁扣）及带锁的扣环框架（品目83.01）。

（4）环扣（带针或不带针）及扣夹，不论是否装饰性的，用于衣着、腰带、吊裤带、吊袜带、手套、鞋靴、绑腿、手表、背囊、旅行容器及皮革制品。

（5）金属珠子及亮晶片，主要用于制仿首饰或供纺织品、刺绣品、衣着等装饰用。它们通常用铜、铜合金或铝制成（一般镀金或镀银），并用胶粘或缝缀等方法加以固定在所需位置上。

2. 本品目不包括：

（1）供帽子、手提包、鞋、皮带等用的装饰品，但环扣除外（品目71.17）。

（2）金属片状粉末（主要归入第七十四章到第七十六章）。

（3）铆钉，但管形铆钉及开口铆钉除外；弹簧钩（通常归入第七十三章至第七十六章）。

（4）揿扣及按扣（品目96.06）。

（5）拉链及其零件（品目96.07）。

（五）品目83.10

除其他品目未列名的装有固定光源的发光标志、发光铭牌或类似品及其零件应归入品目94.05以外，本品目包括载有标志牌、铭牌、广告牌、地址牌及类似品所需基本内容的字句、字母、数码或符号（通过搪瓷、油漆、印刷、雕刻、穿孔、冲压、模制、压花、造型或其他任何加工制成）的贱金属牌。此类货品的特点是通常设计为可供永久性固定安装（例如，道路标志牌、广告牌、机器铭牌）或可反复使用（例如，衣帽间取物牌及标签）。

有些牌子除标有主要内容外，还有一些具体项目需日后加上（例如，在标明机器主要情况的铭牌上，再加上机器的序号）。但本品目不包括只印有次要内容而主要内容须日后用手或其他方法填入的牌、"标签"、标志及类似品。

1. 本品目包括：

（1）地区、街道等的铭牌；房屋、坟墓等用的号码牌或铭牌；公共服务单位（警察局、消防队等）用标志牌、禁令牌（"严禁吸烟""禁猎区"等）；指示牌或交通标志牌等。

（2）旅馆、商店、工厂用招牌。

（3）广告牌。

（4）房屋、大门、信箱、车辆、狗颈圈等用的地址牌；园艺标签；钥匙牌、衣帽间标志牌及取物牌。

（5）机器、仪表、汽车等用的类似牌子及标志（例如，汽车号码牌）。

本品目还包括准备拼成上述标志牌后供商店橱窗陈列、列车指示板等用单个字母、号码或图案（或其套件）。

但是，镂花模板应按其构成材料归类。

2. 本品目不包括：

（1）没有字母、号码或图案的牌子或仅有一些次要内容而主要内容须日后填入的标志牌（例如，归入品目 73.25、73.26、76.16、79.07）。

（2）印刷机用活字（品目 84.42）；打字机用字粒及地址印写机用印板（品目 84.73）。

（3）品目 86.08 的信号板、信号盘及臂板信号装置。

典型案例

案例：小客车专用烟灰缸，镀锌钢铁材料制。

解析：车辆专用的烟灰缸可看成是汽车零件，但根据第十七类类注二，"本类所称'零件'及'零件、附件'，不适用于下列货品，不论是否确定为供本类货品使用：……（二）第十五类注释二所规定的贱金属制通用零件（第十五类）和塑料制的类似品（第三十九章）"，以及第十五类类注二，"本《协调制度》所称'通用零件'，是指：……（三）品目 83.01、83.02、83.08、83.10 的物品及品目 83.06 的贱金属制的框架及镜子"，如果车用烟灰缸符合"通用零件"的规定，则不能按汽车零件归入品目 87.08，而应根据材料的属性归类。

由于车用烟灰缸符合品目 83.02 "用于家具、门窗、楼梯、百叶窗、车厢、鞍具、衣箱、盒子及类似品的贱金属附件及架座"的规定，故该货品应归入品目 83.02，然后归入子目 8302.3000 "机动车辆用的其他附件及架座"。

提示：该货品容易误按钢铁制品归入第七十三章的有关品目。

第十六类 机器、机械器具、电气设备及其零件；录音机及放声机、电视图像、声音的录制和重放设备及其零件、附件

一、本类概述

（一）归入本类的货品

所有用机械及电气方式操作的机器、装置、器具、设备及其零件，同时也包括某些既不用机械方式，也不用电气方式进行操作的装置和设备（例如，锅炉、锅炉房设备、过滤装置等）及其零件。

应注意本类不包括的货品。

（二）制造本类货品的材料

一般来说，本类所列的货品可用各种材料制造。其中大部分是贱金属制的，但本类也包括某些用其他材料制成的机器（例如，全部用塑料制成的泵），以及用塑料、木材、贵金属等制成的零件。

但本类不包括下列材料制的货品：

1. 塑料制的传动带或输送带（第三十九章）、未硬化硫化橡胶制品（例如，传动带或输送带）（品目40.10）、橡胶外胎及内胎（品目40.11至40.13）、垫圈等（品目40.16）。

2. 皮革或再生皮革制品。例如，织机用的皮结（品目42.05）及毛皮制品（品目43.03）。

3. 纺织材料制品。例如，传动带或输送带（品目59.10）、毡垫及抛光轮（品目59.11）。

4. 第六十九章所列的某些陶瓷制品（参见第八十四章及第八十五章概述）。

5. 第七十章所列的某些玻璃制品（参见第八十四章及第八十五章概述）。

6. 全部用宝石或半宝石（天然、合成或再造）制成的物品（品目71.02、71.03、71.04或71.16），但不包括已经加工但未装配的电唱机唱针用蓝宝石或钻石（品目85.22）。

7. 金属丝或金属带制成的环形带（第十五类）。

二、零件

有关"零件"的归类方法如图2-12所示。

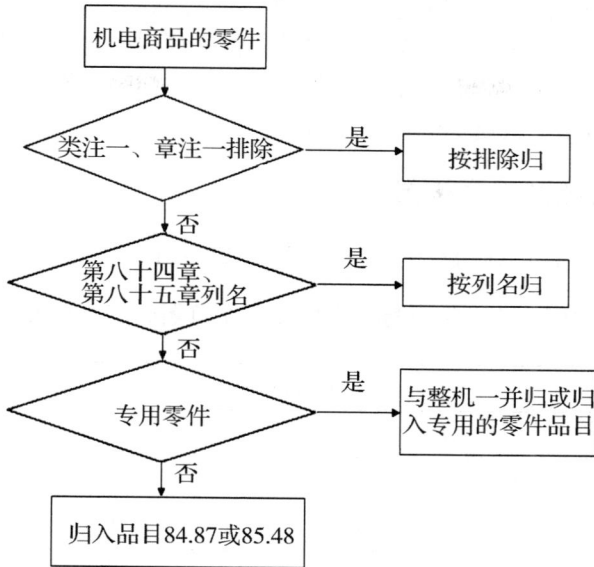

图 2-12　有关"零件"的归类方法

1. 凡明显专用于或主要用于某种机器或装置（包括品目 84.79 或 85.43 所列物品），或同一品目所列同类机器或装置的零件，均应与有关机器或装置一并归类，上述所列不归入本类的货品除外。

但有些零件应归入单独品目，如品目 84.07 或 84.08 所列发动机的零件，应归入品目 84.09。

2. 上述规定不适用于本身已构成本类某个品目（品目 84.87 及 85.48 除外）所列物品的零件。这些物品即使用作某种机器的专用零件，仍应归入其具体列名的品目，例如：

（1）泵及压缩机，应归入品目 84.13 及 84.14。

（2）龙头、旋塞、阀门，应归入品目 84.81。

（3）电容器，应归入品目 85.32。

3. 其他可确定为机器零件，但非专用于或主要用于某种机器或某类机器（即通用于不同品目所列的多种机器）的物品，应归入品目 84.87（非电气零件）或品目 85.48（电气零件）。

上述零件归类的规定不适用于下列品目所列货品的零件：品目 84.84（密封垫等）、85.44（绝缘电线）、85.45（电气设备用碳精制品）、品目 85.46（绝缘子）或 85.47（线路导管）；其他的这类零件一般应按其构成材料归入相应的章内。

机器零件不论是否制成成品，即可使用，均应归入本类；但钢铁制的粗锻件应归入品目 72.07。

三、附属装置

附属的仪器及装置（例如，压力计、温度计、水平仪或其他测量或检验仪器、产量计数器、时钟机构开关、控制板、自动调节器等），如果与所属机器设备同时报验，并专用于测量、检测、控制或调节某种机器或装置（可以是组合机器或功能机组），应与有关机器设备一并归类。但用以检测、控制或调节多台机器（不论是否同一类型）的附属仪器及装置应归入其所属的适当品目。

四、多功能机器及组合机器

多功能机器与多用途机器的归类比较如表 2-12 所示。

表 2-12　多功能机器与多用途机器的归类比较

条件	多功能机器	多用途机器
能确定主要功能	按主要功能归类	—
不能确定主要功能	从后归类	—
能确定主要用途	—	按主要用途归类
不能确定主要用途	—	归入 84.79

多功能机器与功能机组的归类比较如表 2-13 所示。

表 2-13　多功能机器与功能机组的归类比较

比较项	多功能机器	功能机组
结构	属于一个整体	由若干个机器（或机组部件）松散组合
功能	体现多个功能	体现唯一的功能，此"新功能"为第八十四、八十五章具体列名的功能
归类	按主要功能归类	按组合后的"新功能"归类，但其中执行辅助功能的机器单独归类

一般来说，多功能机器应按机器的主要功能归类。

多功能机器（例如，利用可互换刀具加工金属的机床），可进行不同的机械加工（例如，铣削、镗削、磨削）。

在不能确定机器的主要功能，而且根据本类类注三的规定，条文也没有列出其他要求时，可运用归类总规则三（三）进行归类。

组合机器是由两台或多台不同类型的机器或器具组成的整套设备，各台机器可同时或序贯执行各自的功能，这些功能一般是互补的，不同的功能列在第十六类的不同品目中。这种组合机器也应按其主要功能归类。

在执行上述规定时，各种不同的机器如果是一台机器装在另一台机器的内部或上面，或者两者装在同一个底座、支架之上或同一个机壳之内，应作为一个整体对待。

机器的组合体不应视为构成一个整体，除非其各台机器是永久性地连在一起，或装在同一个底座、支架或机壳内。临时组合的或通常未构成组合机器的机器组合体不包括在内。

这些机器的底座、支架或机壳可以装有轮子，以便在使用时可随意移动，但不能因此而构成《协调制度》某一品目具体列名的另一种物品（例如，车辆）。

地板、混凝土底座、墙、隔板、天花板等，即使经专门装配以备安装机器或器具，不能视为将有关机器或器具连成一体的共同底座。

当组合机器可归入某个特定品目时，无须引用第十六类类注三的规定，例如，某些空调器（品目84.15）。

多用途机器（例如，金属及其他材料的加工机床，或造纸、纺织、皮革、塑料等工业通用的打孔机），应按第八十四章章注七的规定归类。

五、功能机组

当一台机器（包括机组）由多个独立部件组成，组合后明显只为一种第八十四章，更常见的是第八十五章某个品目所列功能工作时，可运用本类类注四。

整套设备应按有关功能归入其相应品目，不论各个部件是否为了方便或其他原因而彼此分开，或仅用管道（装有空气、压缩空气、油等）、传动装置、电缆或其他装置连接起来。

在上述注释中，所称"明显只为一种功能工作"的机器，仅包括在作为一个整体的功能机组中起主要功能作用的机器或机组；但不包括执行辅助功能而不是执行整套设备的主要功能的机器或器具。

下列货品可作为功能机组，如：

1. 液压系统，由液压动力装置（主要由液压泵、电动机、控制阀及油箱组成）、液压缸及连接液压缸和液压动力装置所需的管道构成（品目84.12）。

2. 冷藏设备，其各个构成部件并不组装成整体，而是由管道连接起来，冷却剂在管道中循环流动（品目84.18）。

3. 灌溉系统，包括由过滤器、喷射器、计量阀等组成的控制站、地下分布支管及地面网络（品目84.24）。

4. 挤奶机器，所配有的各个独立部件（真空泵、脉动器、奶头吸杯及奶桶）是由软管或管道加以连接的（品目84.34）。

5. 酿酒机器，主要包括催芽机、麦芽压碎机、麦芽浆桶、滤酒桶（品目84.38）。但辅助机器（例如，装瓶机、标签印刷机）不应归入本品目，而应归入其他相应品目。

6. 信件分拣系统，主要由编码台、预分拣信道、中间分拣机及最终分拣机所组成。整套设备是由一台自动数据处理机控制（品目84.72）。

7. 沥青拌和设备，由各自独立的加料斗、输送装置、干燥器、振动筛、混合机、贮料箱及操纵装置并排配置而成（品目84.74）。

8. 组装电灯泡用的机器。这种设备的各个部件是利用输送装置加以连接，并配有玻璃的热处理设备、泵及灯泡检测装置（品目84.75）。

9. 焊接设备，由焊头或焊钳组成，配有变压器、发电机或整流器，用以供电（品目85.15）。

10. 配有手提话筒的手提式无线电话发送设备（品目85.17）。

11. 配有电源、放大器等的雷达设备（品目85.26）。

12. 由一台接收机、一个抛物面天线反射盘、一个天线反射盘用的控制旋转器、一个喇叭天线（波导器）、一个偏振器、一个低噪声广播信号接收（LNB）降频转换器及一个红外遥控器组成的卫星电视接收系统（品目85.28）。

13. 由红外线灯、光电池及警铃等组成的防盗报警器（品目85.31）。

不符合第十六类类注四规定的各种部件应归入其所属的适当品目。本规定适用于，例如，闭路电视监视系统。这种系统由数量不等的电视摄像机、视频监视器组成，通过同轴电缆与控制器、开关、音频接收器相互连接，必要时还可与自动数据处理设备（用以储存数据）或视频录像机（用以录像）连接使用。

第八十四章　核反应堆、锅炉、机器、机械器具及其零件

一、本章概述

本章货品归类分布规律如表2-14所示。

表2-14　第八十四章货品归类概况

品目	商品名称
84.01	核反应堆、核反应堆的未辐照燃料元件及同位素分离机器和装置
84.02~84.24	主要根据其功能列名的机器及装置
84.25~84.78	主要按所应用的产业部门进行列名的机器及装置
84.79	不能归入本章该品目以前任何品目的机器及机械器具
84.80	除包括金属铸造用的型箱及阳模以外，还包括模制某些材料用的手工模具或机器模具（锭模除外）
84.81~84.84	包括某些可作为机器零件使用或可用作其他章货品零件的通用物品
84.86	包括专用于或主要用于制造半导体单晶柱或圆片、半导体器件、集成电路或平板显示器的设备及装置，以及本章章注九（三）所列的设备及装置
84.87	包括其他品目未列名的非电气零件

二、类注及章注要点

（一）本章包括的货品

本章包括机器及机械器具。但某些机器则具体列入了第八十五章（包括电气设备）的有关品目中（例如，家用电动器具）。另一方面，本章包括某些非机械设备（例如，蒸汽发生锅炉及其辅助设备，以及过滤装置）。

本章所列的机器及装置即使是用电的，仍应归入本章。例如：

1. 品目84.03的集中供暖用的电热水锅炉。

2. 品目 84.71 的自动数据处理装置。

（二）零件

单独报验的电气零件一般应归入第八十五章的有关品目中，例如，电气开关、控制板、插头、接线盒等（品目 85.35 至 85.37）。

零件除非与有关机器的其他零件组装在一起，否则这些物品即使主要用于或专用于本章的某种机器，仍应归入相应品目。

其他电气零件可按下列规则归类：

1. 如果符合品目 84.09、84.31、84.48、84.66 或 84.73 的规定，应归入上述品目。

2. 不符合上述品目规定的，如果主要用于或专用于本章某种机器，可归入有关机器的品目；非专门或主要用于某种机器的电气零件应归入品目 85.48。

（三）可归入本章两个及两个以上品目的货品

1. 品目优先。

除第十六类类注一及第八十四章章注一另有规定外，品目 84.86 所列设备及装置，应优先归入该品目而不归入本《协调制度》的其他品目。

2. 功能优先。

品目 84.01 至 84.24 包括的机器设备（一般按其功能列名）可用于各个产业部门。其他品目的机器或装置则大多数按其所应用的工业或其他行业列名。根据本章章注二的规定，可归入两个及两个以上品目的机器及装置，如果其中一个品目属于第一组品目范围（即品目 84.01 至 84.24）的，应归入第一组的有关品目。因此，发动机不论其用途如何，一律归入品目 84.06 至 84.08 及品目 84.10 至 84.12。这一归类原则同样适用于泵［即使其具体用于某种特定用途（例如，纺丝泵或农用泵）］、离心机、研光机、压滤机、熔炉、蒸汽发生器等。

但这一总原则不适用于品目 84.19、84.22 及 84.24（参见章注二的规定）。因而下列物品虽然看起来可归入品目 84.19，但实际上却归入本章后一组的有关品目：

（1）农用催芽装置、孵卵器及育雏器（品目 84.36）。

（2）谷物调湿机（品目 84.37）。

（3）萃取糖汁的浸提装置（品目 84.38）。

（4）纺织纱线、织物或纺织制品的热处理机器（品目 84.51）。

（5）温度变化（即使必不可少）仅作为辅助功能的机器设备。

同样，下列物品虽然看起来可归入品目 84.22，但实际上却归入本章后一组的有关品目：

（1）缝纫机（例如，缝合袋子用的）（品目 84.52）。

（2）将文件或信件插入包装物或信封中并加封的机器、硬币计数及包装机（品目 84.72）。

另外，下列物品虽然看起来可归入品目 84.24，但实际上应归入本章后面的有关品目：

（1）喷墨印刷（打印）机器（品目 84.43）。

（2）水射流切割机（品目 84.56）

重要提示

优先归入品目 84.01 至 84.24 的规则仅适用于可视为一个整体的机器。组合机器或多功能机器应按第十六类类注三的规定进行归类，而功能机组则应按第十六类类注四的规定进行归类。

可归入两个及两个以上品目，而又不归入品目 84.01 至 84.24 中的任何一个品目的机器，应归入对该机器列名最为具体的有关品目，或按该机器的主要用途归类。可同时用于多种不同用途或工业的多用途机器（例如，打孔机可同时用于造纸、纺织、皮革、塑料等工业）应归入品目 84.79。

（四）装有自动数据处理装置或与自动数据处理设备连接使用，但却从事某项专门功能的机器

根据第八十四章章注五（五）的规定，下列归类原则适用于装有自动数据处理装置或与自动数据处理设备连接使用，但却从事某项专门功能的机器。

1. 装有自动数据处理装置，但却从事除数据处理以外的某项专门功能的机器，可按其功能归入有关品目；如无列名品目可归，则应归入未列名品目，但不能归入品目 84.71。

2. 与自动数据处理设备一同报验并与其连接使用，但却从事除数据处理以外的某项专门功能的机器，应按下列规则归类：

自动数据处理机应单独归入品目 84.71，其他机器归入与其功能相应的品目，除非其符合第十六类类注四或第九十章章注三的规定，则整套机器归入第八十四章、第八十五章或第九十章的其他品目。

三、归类要点

（一）品目 84.13

1. 本品目包括：

用以提升或连续排出液体（包括熔融金属或未硬化混凝土）的大部分机器及设备，不论其是手动的或利用各种动力装置驱动的，也不论其是否为一体化设备。

本品目也包括装有计量或计价装置，在修车厂等地方供应汽油及其他油类的输油泵，还包括专供其他机器、车辆等使用的泵（包括内燃机用的汽油泵、油泵及水泵，以及化学纤维纺丝机用的泵）。

2. 本品目不包括：

（1）陶瓷材料制的泵（例如，用于抽吸腐蚀性流体）（品目 69.09）。

（2）手动加油壶及润滑脂枪（品目 82.05）及压缩空气润滑脂枪（品目 84.67）。

（3）品目 84.22 所列的装瓶机等。

（4）液体的喷射、散布或喷雾用设备（品目84.24）。

（5）机动救火车（品目87.05）。

3. 零件。

本品目货品的零件也归入本品目。例如，泵缸或泵体；专供连接及驱动离开原动机一定距离的泵机活塞连杆（例如，抽吸杆、"活塞杆"）；活塞、柱塞、叶片；凸轮；螺杆、叶轮、扩散器叶片；戽斗及装有戽斗的链；带式液体提升机的带；压力室。

（二）品目84.14

1. 本品目包括：

手动或动力驱动，用以压缩空气或其他气体，或者造成真空的机器及设备；也包括空气或其他气体循环用的机器。

构造特殊，专用于其他机器的压缩机、空气泵、风扇、鼓风机等仍应归入本品目，而不应作为其他有关机器的零件归类。

2. 零件。

除零件的归类总原则另有规定的以外，本品目所列货品的零件也应归入本品目（例如，泵体或压缩机身、叶片、转子或叶轮、轮叶及活塞）。

（三）品目84.15

1. 本品目包括：

在密闭的空间内保持所需的温度及湿度用的某些设备。这些机器也可装有空气净化装置。

本品目仅包括同时符合下列三个条件的机器：

（1）装有电动的风扇或鼓风机。

（2）既可调节空气的温度（装有加热或冷却装置或两者兼有），又可调节空气的湿度（装有增湿或干燥装置或两者兼有）。

（3）上述（1）及（2）项所列装置一同报验。

但本品目不包括用以使某一封闭箱体（例如，卡车、挂车或集装箱）内的温度保持在0℃以下某一固定温度的制冷设备。此类设备应作为冷藏或冷冻设备归入品目84.18，其加热功能对此类设备的基本功能起辅助作用，它适用于在运输过程中冷藏易腐产品。

2. 本品目不包括：

（1）兼可散布新鲜空气或调节空气的品目73.22所列的空气加热器及暖气分布器。

（2）品目84.18的不可逆式热泵及空气调节器用的冷却器（品目84.18）。

（3）虽装有电扇，但只具有空气调温或调湿的其中一种功能的装置（品目84.79、85.16等）。

3. 零件。

根据第十六类类注二（二）的规定，本品目包括所列分体式空调器中单独报验的室内机和室外机。

空调器的其他零件，不论其是否装成一个独立装置，均应按照第十六类类注二

（一）的规定进行归类（品目 84.14、84.18、84.19、84.21、84.79 等）；或者如果类注二（一）不适用，则应按照第十六类类注二（二）或二（三）的规定进行归类，这取决于这些零件是否专用于或主要用于空调器。

4. 子目注释。

（1）子目 8415.10，包括独立的或分体的窗式或壁式空调器。

（2）子目 8415.20，包括主要用于各种机动客车上的设备，但这些设备也可装于其他机动车辆上。它们用于调节驾驶室和装载乘客的车厢的空气。

（3）子目 8415.90，包括单独报验的子目 8415.10 项下分体式空调器的室内机和室外机。室内机和室外机通过电线和铜管连接，冷媒通过铜管在室内机和室外机之间流动。

（四）品目 84.18

1. 冷藏箱、冷冻箱及其他制冷设备。

（1）本品目不包括：

①冰盐冷却装置（品目 82.10 或 84.19）。

②简单的热交换型水流冷却器。

③非供装配制冷装置用的冷箱、隔热柜等（一般归入品目 94.03）。

（2）如果冷藏设备符合下列形式，则应归入本品目：

①将一个压缩机（不论是否装有原动机）与冷凝器装配在同一个底座上而组成的设备，不论是否装有蒸发器；或者独立式吸收装置（这种装置通常装配在家用冷藏箱或其他冷藏柜内）。而某些名为"液缩式装置"的压缩式机器，其压缩机与一个热交换器是装在同一个底座上（不论是否装有冷凝器）。其热交换器中装有一个蒸发器，还装有管道，用以输送需冷却的液体。这后一类机器中包括名为"冷却器"的空调系统用设备。

②装有完整的制冷装置或制冷装置中的蒸发器的箱、柜或其他专用家具，不论是否配有搅拌器、混合器模具等辅助器具。这些设备包括家用冷藏箱、冷藏陈列柜或柜台、冰淇淋或冷冻食品贮藏容器、冰水或冷饮供应器、牛奶冷冻槽、啤酒冷冻器、制冰淇淋机等。

③大型冷藏设施，其部件并不装在同一个底座上，也不是独立式的，而是各部件相互配合，通过直接蒸发（将蒸发器装在"冷却"设备内），或通过将制冷装置冷却的冷冻媒质（盐水）用管道注入"冷却"设备内（间接制冷）进行工作的。这种设备用于冷藏设施及制造工业（如冰块制造、食品速冻、巧克力生产过程中的速冷、石油精炼中把石蜡分离出来及用于化学工业等）。

利用上述设备产生低温所必需的辅助装置，如果与这些设备的其他部件同时报验，应归入本品目。这些装置包括：分段式或隧道式速冻器、放糖果及巧克力用的冷却盘等。

本品目也包括在封闭空间内利用液态气体蒸发制冷的设备。这种设备通常配有一个或多个液态气体罐，还配有恒温器、电磁阀、带电气开关的控制箱及一根多孔散布管。这些部件如果同时报验，应归入本品目。

2. 热泵。

热泵是一种用以从适当热源（主要是地下水或地表水、泥土或空气）中吸热，再借助于辅助能源（例如，气体或电力）将其转换成温度更高的热源的装置。

但本品目不包括可逆式热泵。这种热泵由电扇与调温及调湿装置组成。这类设备应按空气调节器归入品目 84.15。

3. 零件。

除零件的归类总原则另有规定的以外，本品目所列货品的零件，不论是家用还是工业用，均应归入本品目。例如，冷凝器、吸收器、蒸发器、发生器；以及虽未装有完整的制冷装置或蒸发器，但明显用于装配上述装置的上述 1（2）②所列箱、柜及其他专用家具。

压缩机即使专供冷藏设备用，也应归入品目 84.14。非供专用的零件（例如，管子及罐）应归入其相应品目。

（五）品目 84.19

1. 本品目包括的货品。

本品目包括用于对材料（固体、液体或气体）进行加热或冷却处理（例如，加热、烹煮、烘炒、蒸馏、精馏、消毒、巴氏杀菌、汽蒸、干燥、蒸发、气化、冷凝或冷却），以简单地改变材料的温度，或主要因改变材料温度而使材料发生变化的各种机器及设备。但本品目不包括加热或冷却作用（即使必不可少）仅辅助其主要机械功能的机器设备，例如，用巧克力涂覆饼干等的机器及制巧克力机器（品目 84.38）、洗涤机器（品目 84.50 或 84.51）、路面沥青材料的撒料及夯实机器（品目 84.79）。

归入本品目的机器设备可以带有机械装置，也可不带机械装置。

它们可用任何方式加热（煤、油、煤气、蒸汽、电力等），但电热的快速热水器及储备式热水器应归入品目 85.16。

本品目仅包括非家用设备，但下述随后提到的快速热水器及储备式热水器不在此限。

（1）本品目第一部分包括下列机器设备：

①冰盐冷却装置（品目 82.10 所列货品除外）。

②氮或其他气体的冷凝器。

③牛奶的巴氏灭菌、浓缩、冷却等设备（包括装有冷却装置的储奶槽）。

④奶酪生产用的加工及熟化桶。

⑤果汁、酒等的浓缩、冷却等设备。

⑥农业用的设备（例如，把马铃薯等煮成饲料的压热器；蜂巢重熔用的热水浴器，包括装有压榨螺杆的）。

⑦冷却塔（例如，供粮食磨粉工业用的）。

⑧烹煮、调制、腌制食品用的高压锅及汽蒸、煮沸、烹煮、油炸等设备（例如，火腿烹煮器；炸鱼锅；水果、蔬菜等的烧煮锅或去皮高压锅等；罐头食品及腌制食品工业用的压热器及冷却器；果酱蒸煮器；糖果蒸煮器）。

⑨装有加热装置的浸渍容器或捣碎槽；啤酒花煎熬容器；啤酒巴氏杀菌器、冷却

器等。

⑩制糖工业用的提净容器、糖汁浓缩设备、真空煮沸锅、碳化槽、亚硫酸化槽或精炼桶等。

⑪从甜菜中萃取糖汁的浸提装置（浸提容器和"热法浸提器"同时报验的）不应归入本品目；但"热法浸提器"单独报验时，应归入本品目。

⑫供熔炼动物硬脂或皂化脂肪用的压热器；人造黄油固化槽，槽内装有冷却的旋转滚筒，人造黄油可在滚筒上凝固。

⑬化学处理木浆或水解木材用的罐、槽、压热器等。

⑭配制染料用的桶等。

⑮硫化橡胶用的压热器。

⑯金属酸洗或除油用的槽等。

⑰浸入式盘管。

⑱通常非供家庭用的专用加热或烹煮设备（例如，餐馆、食堂等用的柜台式咖啡渗滤壶、茶壶及奶壶、蒸汽壶等；蒸汽加热锅、加热板、加温橱、干燥箱等；油炸锅）。

⑲不带收款装置的热饮或冷饮自动配售机。

上述设备主要供工业用，但本品目也包括非电热的快速热水器及储备式热水器，还包括太阳能热水器，不论其是否家用型。然而这类热水器如果是电热的，则不应归入本品目（品目85.16）。

本品目不包括贱金属制的家用蒸汽锅、压力锅及某些渗滤壶（第十五类）。

（2）蒸馏及精馏设备。

除了陶瓷制的蒸馏器（品目69.09）或玻璃制的蒸馏器（品目70.17或70.20）以外，本组包括用以蒸馏各种物质（不论是液体还是固体）的所有设备。

（3）蒸发或干燥设备。

为了适应不同类型的材料及其对热的敏感性，这些设备可制成各种类型（有的须在真空条件下工作）；可以直接加热，也可以间接加热。本品目仅包括在相对低温下工作的蒸发或干燥设备，切勿与品目84.17所列的工业用炉或烘箱相混淆，后者可产生相当高的温度。

最为常见的工业用设备有：

①蒸发器。

②实验室用冻干设备。

③隧道式干燥器。

④旋转式干燥器，由内部加热或外部加热的旋转滚筒组成，适用于多种工业（例如，造纸、制马铃薯粉片等）。

⑤板式干燥器，为装有许多水平长眼筛板或搁架的金属干燥室，有时由内部进行加热。

⑥喷雾式干燥器。这类干燥器尤其适于制造奶粉。

本组还包括蒸发可裂变物质或放射性物质的溶液或干燥裂变产品或放射性产品用的机器设备。

但本组不包括：

①干燥放射性沉淀物用的离心机（品目84.21）。

②干燥瓶子或其他容器用的机器（品目84.22）。

③专供干燥纺织纱线、织物及纺织制品用的机器（品目84.51）。

（4）烘炒设备。

这些设备常由旋转的圆筒形或球形容器组成。在这些容器内，待加工产品（例如，咖啡豆、可可豆、谷物或坚果）经与加热的容器壁相接触，或使空气流直接穿过加热体（例如，煤气或汽油燃烧器或焦炭火），进行有控制的加热。这种设备常装有使产品不停翻搅的装置，以保证烘炒均匀，避免烧焦。其他类型的烘炒设备，其烘炒室内装有穿孔、倾斜或旋转的搁架，由热气供热。

本品目的货品不应与品目84.17所列的工业或实验室用炉及烘箱相混淆。

（5）汽蒸设备。

这是一种封闭式容器，可对容器内的各种材料进行湿热处理（例如，使用加压蒸汽或利用产品本身发出的气体的作用进行处理）。

这类设备可应用于各种制造业中（例如，加工蔬菜及动物精汁；食品工业；使用蒸汽进行脱脂或清洁处理），或用于对纺织纤维成批进行处理，以及对木材进行蒸汽处理等。

本品目不包括对纺织纱线或织物进行给湿处理或其他蒸汽处理的机器（品目84.51）。

（6）消毒设备。

这些设备主要由消毒容器或消毒室组成，一般用蒸汽或沸水（有时用热空气）加热，将待消毒的物品或材料在高温下存放一段时间以杀灭细菌等，但并不改变物品或材料本身的组织或物理状态。

本组不仅包括工业用消毒器（例如，供牛奶、酒、果汁及原棉的消毒用），也包括供手术室等用的消毒设备。

（7）液化空气用的机器；实验室专用设备及器具。

本品目包括液化空气用的林德式（Linde）或克劳德式（Claude）机器。

本品目也包括实验室专用的器具及设备，这类物品一般体积较小（高压锅；蒸馏、消毒或汽蒸器具；干燥器等）。但本品目不包括品目90.23所列的示范用仪器，以及第九十章已具体列名的测量、检验等用的仪器。

2. 本品目不包括：

（1）品目73.21所列的家庭用炉、灶等。

（2）品目73.22所列的非电热空气加热器及暖气分布器。

（3）品目74.18所列的家用烹饪或供暖器具。

（4）专用于分离同位素及利用"双温"方式交换同位素（例如，生产重水用）的分馏及精馏设备（品目84.01）。

（5）蒸汽发生锅炉及过热水锅炉（品目84.02）及其辅助设备（品目84.04）。

（6）品目84.03所列的集中供暖用锅炉。

（7）工业或实验室用炉及烘箱，包括利用热冶工艺分离放射性核燃料的设备及微波炉（酌情归入品目 84.17 或 85.14）。

（8）品目 84.18 所列的制冷设备及热泵。

（9）品目 84.36 所列的催芽设备、孵卵器及育雏器。

（10）品目 84.37 所列的谷物增湿机。

（11）品目 84.38 所列的萃取糖汁的浸提装置。

（12）纺织纱线、织物及纺织制品的热处理机器（例如，纱线给湿机及烧毛机）（品目 84.51）。

（13）制造半导体器件用的化学气相沉积设备（品目 84.86）。

（14）利用感应或介质损耗对材料进行热处理的工业或实验室用设备，包括微波设备（品目 85.14）。

（15）供餐馆或类似场所使用的工业或商业用微波炉（品目 85.14）。

（16）加热液体、半流体（固体除外）或气体用的非固定安装的浸入式加热器，以及固定安装在水槽内的浸入式热水器（品目 85.16）。

（17）品目 85.16 所列的电热土壤加热器、电热空间加热器及家用电热器具。

3. 零件。

除零件的归类总原则另有规定的以外，本品目包括上述设备的零件。这些零件包括蒸馏器或精馏塔的某些零件，例如，蒸馏甑、蒸馏泡罩和环、板及某种管道部件；烘炒器、干燥器等用的转板及转筒等。

经过弯曲但未经进一步加工的金属管子，如报验时并未装配，则不能确定其为本品目货品的零件，因而应归入第十五类。

本章加热设备及其他相关加热设备的归类规律如表 2-15 所示。

表 2-15　各种加热设备的归类

用途	加热方式	归类
家用	电热	品目 85.16
工业或实验室用	电热	品目 85.14
	非电热	品目 84.17
其他非家用的加热装置		品目 84.19
注：品目 85.16 还包括无论是否家用的电热热水器、电气空间加热器及土壤加热器等。		

（六）品目 84.21

1. 离心机，包括离心干燥机。

（1）本组包括：

①洗衣店、染坊、纸浆厂、面粉厂等用的离心干燥机。

②精炼食糖用的离心机。

③乳品的奶油分离机及离心澄清器。

④澄清油、酿造酒、蒸馏酒用的离心机。

⑤石油产品脱水或脱蜡用的离心机。

⑥酒、动物脂、淀粉等的脱水离心机。

⑦制造火棉用的硝化离心机。

⑧酵母菌分离器。

⑨化学工业用离心机（例如，高速抗生素提取器）。

⑩主要供实验室用的离心机，可在叠层中把液体加以分离，以便倾析。

⑪从血液中分离血浆用的离心机。

⑫干燥放射性沉积物用的离心机。

⑬提取蜂蜜用的离心机。

（2）本品目不包括：

根据离心分离原理工作的其他类型的某些机器，示例如下。

①分离铀同位素用的称作"气体离心机"的特种离心机（品目84.01）。

②液体离心泵（品目84.13）。

③离心式空气泵及鼓风机（品目84.14）。

④制粉工业用的离心筛分机（品目84.37）。

⑤金属的离心浇铸机（例如，制铸铁管用）（品目84.54），或未硬化水泥的离心浇铸机（例如，供浇铸混凝土管道用）（品目84.74）。

⑥离心磨矿机（品目84.74）。

⑦制造半导体圆片用的离心自旋干燥机（品目84.86）。

（3）零件。

除零件的归类总原则另有规定的以外，离心机的零件也应归入本品目（例如，板、桶、篮、鼓及收集器）。

2. 液体或气体的过滤或净化机器及装置。

（1）本组包括：

归入本品目的大部分过滤或净化设备均是完全静止设备，无任何运动部件。本品目包括各种类型（物理、机械、化学、磁性、电磁、静电等）的过滤及净化设备，不仅包括工业用的大型设备，也包括供内燃机用的过滤器及小型家用器具。但本品目不包括过滤漏斗、滤乳器及简单装有金属丝网或其他过滤材料的容器或槽罐等；也不包括通用的容器或槽罐等，即使它们装上一层砾石、砂、木炭等以后可用作过滤器。

一般来说，归入本品目的过滤机器及设备，根据其用于过滤液体还是气体，可分为两种不同类型。

①液体的过滤及净化机器等，包括软水器。

主要包括：

——家用型滤水器。本品目不包括主要由陶瓷或玻璃制成的过滤器（分别归入第六十九章或第七十章）。

——制造化纤纺织材料用的滤烛。它是一个不锈的容器，内装纺织部件，用以过滤纺纱溶液。

——供内燃发动机、机床等用的滤油器。

——锅炉水过滤器，通常为一个大型容器，内装多层过滤材料。

——压滤器，用于过滤或净化多种液体（例如，用于化学工业、制糖工业、酿造啤酒及其他酒、油类提纯、矿砂富集、制造陶瓷、化纤工业等）。

——转筒式真空过滤器。

——间歇式真空过滤器。

——化学净水器，例如，滤砂或沸石软水器及石灰净水器。

——电磁净水器。

本品目也包括渗析器。这是一种特殊类型的过滤器，主要有一层半渗透性薄膜，液体渗滤透过这层薄膜，可分离出胶体微粒。

②气体的过滤及净化机器等。

这类货品用于将气体中的固体或液体微粒分离出来，以便于回收有价值的产品（例如，从炉的烟气中回收煤粉尘、金属微粒等）或除去有害物质（例如，从气体或浓烟中去除灰尘、焦油等；去除蒸汽机蒸汽中的油）。

本组还包括下列核工业用的机器：专供除去放射性尘埃用的空气过滤器（物理式或静电式）；滞留放射性碘用的活性炭净化器；分离放射性元素用的离子交换装置，包括利用静电工作的离子交换设备；分离放射燃料或处理废液用的分离设备，不论其采用离子交换方法工作，还是采用化学方法（利用溶剂或沉淀等方法）工作。

（2）本组不包括：

①分离铀同位素用的气体渗滤设备（品目84.01）。

②品目84.15所列的空调机及品目84.79所列的空气减湿器。

③葡萄榨汁机、苹果榨汁机等（品目84.35）。

④人造肾透析设备（品目90.18）。

（3）零件。

本品目包括上述各种过滤器及净化器的零件，如间歇真空过滤器的叶片；压滤器的底盘、框架及滤板；液体或气体过滤器的转鼓；气体过滤器的挡板、多孔板等。

重要提示

纸浆制的滤块应归入品目48.12；其他一些过滤件（陶瓷、纺织品、毡等）应按其构成材料归类。

（七）品目84.22

1. 本品目包括：

家用型及非家用型的洗碟机（用于洗涤盘、杯、匙、叉等），不论是否配有干燥装置，电动洗碟机也归入本品目。本品目还包括用于洗涤或干燥瓶子及其他容器，对这类容器进行装填或封口（包括饮料充气机），以及一般用于包装（包括热缩包装）商品，以便于销售、运输或储存的各种机器。

（1）对瓶、坛、罐、箱、桶、搅乳器、奶油分离器的回转筒或其他容器进行清洁、洗涤、冲洗、干燥用的机器（不论是否使用蒸汽工作的）。这些机器有时还带有消毒或杀菌装置。

（2）装填容器用的机器（例如，桶、琵琶桶、罐、瓶、坛、管、安瓿、箱、包、袋等容器的装填机器），常配有辅助性的自动计量或计重控制装置，以及对容器进行封口的设备。

（3）瓶、坛的封口、加塞或压盖机器；封罐机（包括焊接封口机在内）。

（4）包装机及纸板箱装箱机。本品目包括把已装填好的罐头、瓶子等装入外包装（板条箱、箱子等）的机器。

（5）贴标签机，包括装有印刷、裁切或粘贴标签装置的。

（6）饮料充气机。实际上就是瓶子的灌装及封口机器，但配有用以在灌装饮料的同时充入二氧化碳气体的装置。

（7）打包机及捆扎机，包括手工操作的便携式器械。这些机器装有支承板或类似装置，使用时可放置在待捆扎的包裹、箱或其他包装物上。

本品目的机器通常同时具有上述好几种功能。它们也可配有某种装置，以便在真空或其他受控大气条件下进行装填或密封操作。

除包装、捆扎等功能以外，还具有一些附属于包装等的其他附加功能的机器仍归入本品目。因此，凡把商品包装或捆扎成通常在商业上供分发销售形式的机器，不论其是否带有计重或计量装置，均应归入本品目。同样，本品目也包括配有某种辅助设备，可把已经制成的产品切割、模制或挤压成出售的形式，但并不影响商品的基本特征的机器（例如，把黄油或人造黄油模制成块等并加以包装的机器）。然而，本品目不包括其主要功能并非包装或捆扎等，而是把原料或半成品制造成为制成品的机器（例如，卷烟包装联合机）。

2. 本品目不包括：

（1）家用型装瓶机或装罐机，以及其他重量不超过10千克的家用机械用具（品目82.10）。

（2）草料或饲料打包机（品目84.33）。

（3）纸袋、纸板箱的制造机器（品目84.41）。

（4）装袋后的缝袋机（品目84.52）。

（5）废金属的压包机等（品目84.62）。

（6）钉箱机（品目84.65）。

（7）将信件装入信封或用纸带包扎信件的机器（品目84.72）。

3. 零件。

除零件的归类总原则另有规定的以外，本品目也包括上述机器的零件。但应注意，对于组合机器，如其组成的某部分机器本身并不归入本品目，则这些机器的零件也应归入其相应品目，例如，衡器的零件（品目84.23）、制纸板箱及纸袋机器的零件（品目84.41）、印刷机零件（品目84.43）。

4. 子目注释。

子目8422.11包括家用型洗碟机，不论其是否电动的，也不论其具体用途如何。这类机器放置在地板上时，其外部尺寸为宽度不超过65厘米，高度不超过95厘米，厚度不超过70厘米。放置在桌子或柜台上的机器，其尺寸更小。

（八）品目 84.23

1. 本品目包括：

除感量为 50 毫克或更精密的衡器（品目 90.16）以外的下列器具。

（1）弹簧秤。

（2）家用或商店用秤。

（3）信件及包裹秤。

（4）体重秤（不论是否投币式），包括婴儿秤。

（5）便携式或移动式台秤。

（6）桥秤（液压式或其他类型）及其他平台秤。

（7）测量传送带或高架输送机等上货物用的秤。

（8）使用砝码操作的计数秤。

（9）恒重秤，例如，校核秤（根据标准重量，标明超重或重量不足）和连续衡器（用于校核纺织品及其他材料量的一致性）。

（10）料斗秤，用以对从料斗卸下的材料进行自动称重，包括衡量从几个料斗卸下的不同配料，以便将它们组成混合物用的衡器。

（11）把预定重量的材料装入袋子或容器用的秤，但不包括兼可把货品包装成商业上正常分发销售形式的机器。

（12）衡量流动液体用的自动衡器。

（13）对已经包装的物品进行称重及标明重量的全自动设备。这种设备由衡器、计数机、配有件数累加装置的打印机及重量标签推顶器组成。

上述各种衡器可配有自动打印重量标签、记录及累计一系列重量、投射或放大读数等装置。

本品目也包括供各种衡器用的任何材料制的砝码、秤砣，不论其是否成套。供品目 90.16 所列的精密衡器用的砝码，单独报验时也归入本品目；但如与精密衡器一起报验，则应按精密衡器归类。游标砝码（包括白金制的）也应归入本品目。

2. 本品目不包括：

（1）比重天平（或静水天平）（品目 90.16）。

（2）机械零件的平衡试验机（品目 90.31）。

（3）专供测量牵引力或压缩力等，而非供衡量货物、人畜等用的测力计等仪器（品目 90.24 或 90.31）。

3. 零件。

除零件的归类总原则另有规定的以外，本品目包括本品目所列衡器的零件。这些零件包括秤杆，不论是否标有刻度；秤盘及秤台；底板、支架及外罩；刃形支承、枢轴及枢轴轴承（全部由玛瑙或其他宝石或半宝石制的物品应归入品目 71.16）；液压缓冲器（振荡减震器）；重量指示盘。

4. 子目注释。

子目 8423.20 所列的输送机上连续称货的秤有累计和积算式的，用以称量和记录料斗或输送链及其他类似输送装置所盛物料通过时的重量。

（九）品目 84.24

本品目包括将蒸汽、液体或固体材料（例如，沙、粉末、颗粒、砂砾或金属研磨料）以射流状、散射状（不论是否成滴）或喷雾状进行喷射、散布或喷雾的机器及器具。

但本品目不包括供精密切割各种材料（例如，石料、复合材料、橡胶、玻璃、金属）用的水射流或水加研磨料混合射流切割机。这类机器通常是在 3000 巴～4000 巴（压强单位，1 巴 = 10^5 帕）的压力下，以 2 倍～3 倍于音速的速度喷射出水射流或水与精细研磨料混合的射流进行切割加工（品目 84.79）。

1. 灭火器，不论是否装药。

（1）本组包括：

使用产生泡沫的药料或其他药料的灭火器，不论是否装药。装有龙头、阀门、雷管或其他开启装置的简单灭火器也归入本品目。

（2）本组不包括：

①灭火弹及灭火器的装配药（品目 38.13）。

②消防泵，不论是否配有储水槽，非机动车辆型的归入品目 84.13；机动车辆型的归入品目 87.05。

2. 喷枪及类似器具。

本组也包括单独报验，用以装在印刷机上的手动"防污迹"喷射装置，以及应用喷焊器的工作原理进行操作，或由电热装置与压缩空气射流相结合而进行操作的手动金属喷枪。

本身装有电动机，并配有泵及喷射材料（油漆、清漆等）贮液容器的手持式喷枪也归入本品目。

3. 喷汽机或喷砂机及类似的喷射机器。

本品目也包括喷汽机械，用以除去金属机件上的油漆等。

4. 喷水器、喷雾器及粉末散布器。

（1）本组包括：

在农业、园艺或家庭中用于喷射杀虫剂、杀菌剂等的上述器具。本品目不仅包括用手操作（包括简单的活塞泵喷雾器）或脚踏型的喷射器具，还包括吹粉器、背负式喷雾器及移动式喷雾器，不论这些器具本身是否配有贮液器。本品目也包括机动喷雾机，其发动机既可用以驱动泵或喷雾器，又可通过齿轮传动装置在有限的范围内根据工作需要驱动机器。但本品目不包括已构成品目 87.05 所述正式车辆的机器。

本品目的喷射器具必须配有产生或散布喷雾或射流，或自动调整喷头方向的机械装置（包括由水压推动的简单机械装置）。

本品目也包括汽车挡风玻璃及车头灯的冲洗机械装置，以及除草及其他农业用的火焰喷射枪。

（2）本组不包括：

①用压力灌入装有简单压力释放阀的容器的杀虫剂（品目 38.08）。

②水龙软管喷头（归入第十五类；如装有龙头、旋塞、阀门或其他水流调节装置，

则应归入品目 84.81）。

③品目 90.18 所列的医疗仪器。

④香水喷雾器及类似的化妆用喷雾器（品目 96.16）。

5. 灌溉系统。

（1）本组包括：

①用石蜡或熔蜡喷涂各种物体（例如，杯、纸板箱、盒）的机器。

②静电喷漆设备。

③液体或粉末的喷射、散布或喷雾专用的工业机器人。

④灌溉系统。

这些灌溉系统由各种部件连接而成，其部件一般包括：

——控制站（由筛网过滤器、肥料喷射器、计量阀、止回阀、压力调节器、压力计、通气口等组成）。

——地下网络（从控制站把水输送到灌溉区的分布管道及分叉管道）。

——地面网络（由配有滴水器的滴水管道组成）。

这种灌溉系统应按照第十六类类注四的规定，作为功能机组归入本品目。

（2）本组不包括：

①手动的加油壶及润滑脂枪（品目 82.05）、压缩空气润滑脂枪及其他压力或润滑脂注射设备（品目 84.67）。

②锅炉用的喷汽除烟器（品目 84.04）。

③炉用燃烧器（品目 84.16）。

④利用喷水、喷汽或喷砂等方式清洁桶或其他容器用的机器（品目 84.22）。

⑤喷墨印刷（打印）机器（品目 84.43）。

⑥香水喷雾器式的自动售货机（品目 84.76）。

⑦将砂浆、混凝土或砾石散布或喷射在路面或类似表面上的机器（品目 84.79）。

⑧可安装在卡车上，用于清除积雪的撒盐和沙砾的机器（品目 84.79）。

⑨用于蚀刻、显影、去膜或清洁半导体圆片及平板显示器的喷射装置；在电镀加工前用以清除半导体组件金属引脚上杂质的清除机器（使用高压喷汽清除）（品目 84.86）。

⑩品目 85.15 所列的金属或金属陶瓷的电动热喷机器设备。

⑪牙科用的喷射钻（品目 90.18）及烟雾疗法用设备（喷雾器）（品目 90.19）。

（3）零件。

本品目包括本品目所列机器及器具的零件。因此，归入本品目的零件主要包括喷雾器的储液器、喷嘴、喷管下悬管及不属于品目 84.81 所列的涡流喷头。

（十）品目 84.25

本品目包括简单的起重或搬运设备。

如果卷扬机构成了拖拉机的正常工作部件，则该整部机器（拖拉机与卷扬机）应归入品目 87.01。

（十一）品目 84.38

本品目包括未归入本章其他品目的生产或加工食品或饮料用的机器（不论其制品是用于直接消费还是贮藏，也不论其制品是供人食用还是供动物食用）。但本品目不包括提取或加工动物油、脂或固定植物油、脂用的机器（品目 84.79）。

重要提示

实际上许多具有这类用途的机器不归入本品目。例如：

1. 品目 82.10 或 85.09 所列的家用器具（例如，绞肉机及切面包机）。

2. 工业或实验室用烘箱（品目 84.17 或 85.14）。

3. 烹煮、烘炒、汽蒸等的机器设备（品目 84.19）。

4. 离心机及过滤器（品目 84.21）。

5. 装瓶、装罐、包装等的机器（品目 84.22）。

6. 粮食磨粉工业用机器（品目 84.37）。

1. 糕点加工机器。

（1）本组包括：

用于制造面包、饼干、糕点等的机器，具体如下。

①生面团或糕点料拌和机。某些高速拌和机常配备水冷式包壳。

②分面机。这是一种容器，可将加料斗送进的面团分成每份大小相等的面块。这些机器有时还装有面团的过秤或滚压装置。

③模制机，把分好的每份面块模制成所需要的形状，以备烘焙。

④面包、糕饼等的切片机。

⑤捏碎干面包用的机器。

⑥饼干、糕点等的切块、成形、锯开或填馅机器。

⑦糕点装模机，用以把定量的糕点糊装入糕点模具内。

（2）本组不包括：

①面包、糕饼的烘箱（品目 84.17 或 85.14）。

②品目 84.20 所列的糕点滚压机。

2. 生产通心粉、面条或类似产品的机器。

（1）本组包括：

①供配制通心粉糊用的拌和机。

②切块或压型机。这种机器可把滚压成片状的糕点料切成或压成特定的形状，它们常配有滚压糕点料的装置。

③连续挤出机，专供制造通心粉、面条等之用。这种挤出机装上特定形状的印模后，可以把面团挤成各种字母、图样或其他特定形状，然后用装在印模板外的旋转刀片，把成形面团切成所需的厚度。

④饺子等的填馅机。

⑤把通心粉、粉丝等绕成绞束等的机器。

（2）本组不包括：

①通心粉的预干燥或干燥机（品目84.19）。

②把通心粉面团、糕点料等滚压成片的机器（品目84.20）。

3. 生产糖果的机器。

（1）本组包括：

①制糖霜用的碾磨或捣碎机。

②糖果拌和机，通常主要由装有机械搅拌装置或碾磨装置的容器组成，常装有加热或冷却盘管或夹套。

③"拉条"机，装有曲柄形旋转臂，用以揉捏具有可塑性的糖混合物。

④糖衣锅，通常为紫铜或玻璃制的半球形锅。这种锅装在一个倾斜的轴上旋转，可在硬质夹心料（例如，杏仁）上涂上一层糖或巧克力等。这类糖衣锅不论是从外部加热（热气流、独立的煤气炉等），还是本身配有加热装置，均归入本品目。

⑤糖果的模制、切制或成形机。

（2）本组不包括：

熬糖锅或其他加热设备（品目84.19）或冷却设备（品目84.18或84.19）。

4. 可可或巧克力的加工机器。

本组包括：

（1）脱壳、去芽或把已烘焙的可可豆碾成碎粉的机器。

（2）混合机、揉捏机及碾磨机，用以把已碾的可可豆及可可膏料加以混合、揉捏及碾磨，制成可可块。

（3）从可可块中提取可可脂的压榨机。它们一般装有可可膏加热装置，以利于提取可可脂。

（4）制可可粉用的机器。

（5）可可脂、可可粉、糖等的混合机。这些机器常配有各种混合物的计量装置。

（6）把上述混合物加以碾压及提炼的机器。

（7）制巧克力机。

（8）模制前对巧克力进行均化处理的机器。它可均匀地挤出巧克力块。

（9）压块及模制机。

（10）包衣机，主要有一输送带，用以运载饼干、糖果及其他夹心料通过喷雾设备或融池，以使其涂上一层巧克力或糖果料外衣。

5. 制糖机器。

榨取糖汁的机器，根据所用榨糖原料是甘蔗还是甜菜而有所不同。至于从糖汁中制取糖用的机器则大致相同。

本组不包括：

（1）品目84.19所列的澄清容器、糖汁浓缩设备、真空煮锅或结晶锅及其他设备。

（2）离心分离器及压滤机（品目84.21）。

6. 酿酒工业用的机器。

（1）本组包括：

①催芽机，装有慢速搅拌装置、转筒或类似机械部件。

②转筒（用以除去经烘干后麦芽上的根芽），以及筛选机。

③麦芽压榨机。

④麦芽浆桶，装有机械搅拌器等，但无加热装置。在麦芽浆桶中将压碎的麦芽加水磨成麦芽浆，从而把其所含的淀粉成分转化为糖（糖化作用）。

⑤泄料桶。这是装有搅拌器的大型容器，具有多孔的双层底，用以把麦芽渣从麦芽汁中分离出来。

本品目也包括第十六类类注四所述功能机组范围的酿酒机器。这些机器主要由催芽机、麦芽压碎机、麦芽浆桶、泄料桶等部分组成。但辅助机器（例如，装瓶机、标签印刷机）则不应归入本品目，而应归入其相应品目。

（2）本组不包括：

①无机械装置或冷却装置的发酵桶，它们应按其构成材料归类。

②麦芽干燥设备；装有加热装置的浸渍容器及麦芽浆桶；熬啤酒花或把啤酒花熬液与麦芽汁放在一起熬煮的容器（品目 84.19）；装有冷却盘管及啤酒冷却器的发酵桶（品目 84.18 或 84.19）。

③压滤机（品目 84.21）。

7. 肉类加工机器。

（1）本组包括：

①屠宰动物及进行随后加工用的机器。

②猪的刮毛机，由旋转支架及若干把弹性刮刀组成。旋转支架用以支承猪身。弹性刮刀的转动方向与支架旋转及方向相反。

③切肉机或剁肉机。用圆盘锯、旋转刀等切开整头宰好的猪等。

④锯骨机或砍骨机。

⑤打肉机，用带尖齿或刀片的梳刀割断肉类的神经纤维，使肉类更为鲜嫩。

⑥绞肉机及切粒机。

⑦内脏清洗机。

⑧灌肠机，主要为一个圆筒容器，用活塞把肉从容器中塞进肠衣。

⑨肉或咸肉切片机。

⑩肉或脂肪模压机。

⑪家禽的宰杀、拔毛及取出内脏的机器及器具（电击及放血刀、高产家禽拔毛机、去内脏机器、剥胗肝机、挖肺机）。

⑫腌肉机。这种机器带有与泵相连的手工操作盐水枪；或配有全自动的输送装置，用以把肉送进装有注盐水针的格栅。

（2）本品目不包括品目 84.19 所列的烹煮器具、高压釜、加热橱及类似的机器设备。

8. 水果、坚果或蔬菜的加工机器。

（1）本组包括：

①去皮机。

②豌豆及类似蔬菜的去荚机，通常由装有拍打器的多孔转筒组成。

③青豆去梢机。

④加仑子、鹅莓、樱桃、葡萄等的去梗机等。

⑤从水果中去除核、籽等的机器。

⑥坚果等的去壳机。

⑦磨碎或切碎鲜果或干果、蔬菜、木薯等的机器。

⑧切碎或腌制卷心菜（供制泡菜用）的机器。

⑨将水果或蔬菜捣成浆状，用以加工果酱、调味酱、番茄酱等的机器，但不包括榨果汁机（例如，桃、葡萄柚及西红柿的榨汁机）（品目84.35）。

（2）本组不包括：

①火焰或辐射热去皮机（品目84.17）。

②水果的沸水去皮设备、制马铃薯粉片的加热设备及品目84.19所列的其他设备。

③水果或蔬菜的分级机（品目84.33）。

9. 鱼、贝壳动物等的加工机器。

本组不包括油炸、烟熏或腌制设备或品目84.19所列的其他机器设备。

10. 食品或饮料工业用的其他生产或加工机器。

本组包括：

（1）醋化机械设备（制醋用）。

（2）咖啡豆的去壳机或去皮机（圆筒式、圆盘式或刀片式）。

（3）从柑橘中提取香精油的钉齿滚筒式榨取机。

（4）茶叶的切断或压实机器。

11. 零件。

本品目所列机器的零件也归入本品目（例如，连续制面包用的模具或焙锅；糖果模制机用的模具；巧克力模制机用模具；制造通心粉、面条或类似食品的挤出机用的铜制模具）。

（十二）品目84.50

1. 本品目包括家用型或洗衣房用洗衣机（不论是否电动的，也不论其重量大小），通常在家庭、商业洗衣房、医院等场所使用，用于清洗衣物、制成品等。它们一般配有浆式搅拌器或旋转滚筒，使液体在衣物中保持环流；有时还配有某种装置，使液体产生高频振动。

本品目还包括洗涤干燥两用机。

干洗机应归入品目84.51。

2. 子目注释。

子目8450.11包括在设定有关程序后，无须人工干预即可自动进行洗涤、漂清和甩干的洗衣机。

（十三）品目84.57

本品目仅适用于可对单一的工件完成下列不同形式机械操作之一的金属加工机床[车床（包括车削中心）除外]：

——按照机械加工程序从刀具库或类似装置自动更换刀具（加工中心）。

——同时或按顺序自动使用不同的动力头对固定不动的工件进行加工（单工位组合机床）。

——自动将工件送向不同的动力头（多工位组合机床）。

1. 加工中心。

加工中心是独立的机器，即所有机械加工操作均是在一台独立的（多功能）机床上进行的。

这类加工中心必须符合两个条件：

（1）它们必须能进行多种机械加工操作。

（2）它们必须配有刀具自动更换装置，可按照机械加工程序从刀具库或类似装置自动更换刀具。

据此，本组包括可利用刀具库或类似装置上的刀具自动更换，进行两种或多种机械加工操作的机床。但只能使用一个刀具或者同时或连续地使用多个刀具进行一种机械加工操作的机床（例如，多轴钻床或多刀铣床）则应归入品目84.59至84.61。

按照刀具能自动更换的技术要求，本品目不包括各种刀具不能自动更换的多功能机器（例如，能进行钻孔、镗孔、攻丝及铣削的机器）。这些机器应按第十六类类注三或归类总规则三（三）的规定，归入品目84.59至84.61，除非它们可作为多工位组合机床，即可自动将工件送向不同的动力头［参见下列第（三）部分］。

加工中心还可包括某些辅助装置，例如，随行夹具变换装置、随行夹具库系统或刀具库变换装置。

2. 单工位组合机床。

单工位组合机床是一种多功能机器，工件夹在机上固定不动，而动力头则移到与工件相应的位置进行操作或机械加工。

动力头是这种机器的组成部分。它们装在机器上，用以夹紧、引导或操纵（转位、走刀或回刀）可互换刀具。旋转刀架一般装有电动机；而平移刀架则通常装有液压缸。上述两种刀架可结合在一起使用。

本组包括可利用两个及以上动力头进行两种或多种机械加工操作的单工位组合机床。

但使用多个动力头进行一种机械加工操作的机器，或使用单一的动力头进行多种机械加工操作的机器，不应归入本品目。

3. 多工位组合机床。

这类机器必须符合以下3个条件：

（1）它们必须可进行多种机械加工操作。

（2）它们必须能自动将工件送向刀具。

（3）它们必须配有多种动力头。

组合机床一般可分为旋转式及直线式两种。旋转式组合机床的几个动力头呈环状装在同一机座上，进行各种不同的加工操作。工件绕动力头运转，在每一间歇（工位）由相应动力头上的刀具对其进行加工（例如，钻孔、镗孔、攻丝）。直线式组合机床的动力头呈直线装在同一机座上，当工件沿直线从一动力头运行到另一动力头时，这些动力头可逐个对其进行加工。

根据本章章注四（三）规定，本品目不包括将几种机器连起来，由输送机输送工件的传输生产线。

按照上述章注的有关规定，本品目也不包括柔性制造系统（FMS）。这种设备是由多台一般是数控的机器或多台机组组成，配有升降架、输送机、无人驾驶的吊运车、机械手及工业机器人等自动搬运设备，用以将工件送进机器，或在加工后将工件送走；构成可调加工系统的各种机组及搬运设备是由自动数据处理机控制的。

4. 本品目也不包括：

（1）用激光、其他光、光子束、超声波、放电、电化学法、电子束、离子束或等离子弧处理各种材料的加工机床；水射流切割机（品目84.56）。

（2）切削金属的车床（包括车削中心）（品目84.58）。

（3）直线移动式动力头机床（品目84.59）。

（4）品目84.68及85.15所列的焊接机器设备。

（十四）品目84.69

1. 本品目包括：

使用任何字符（例如，正常的字母及数码、速记符号、音符或盲文符号）进行打印的打字机。操作原理与普通打字机相同的书写代码或解码的机器，也应归入本品目。

用电动机或电磁继电器操作的电动打字机，或某种配有电子装置的自动打字机，均归入本品目。

本品目所列的打字机也可用于打印油印机用的油印蜡纸，或在塑料片或金属箔上压印文字，以供印刷机使用。

重要提示

刻制地址印字机或包装箱印唛用模板的特种机器与打字机明显不同，这种机器应归入品目84.72。

（1）自动打字机。

①穿孔纸带打字机，将预先穿孔的纸带通过机器，即可打出一段现成的文字或一封现成的信。制穿孔纸带的机器归入品目84.72。

②具有有限存储能力的打字机，通过使用附加的功能键，可自动记忆、修改及重复打出存入的文字。

③无键盘机器（打印机），它通过可互换的活字轮逐个打印字符，并以适当的连接装置与其他打字机、文字处理机、自动数据处理机等相连接。除本章章注五（二）另有规定的以外，符合本章章注五（四）第1项所列条件的打印机，应作为品目84.43的打印机归类。

（2）在电线的绝缘套管上打印识别符号（有时还可用加热字符打出火印标志）的机器。

（3）不带有计数装置，但专供会计用的打字机（例如，用以在特殊表格上打制发票、活页分户账、日记账或分档卡片等）。

（4）带有某种装置，可将打出的数字传送到独立计算机器的打字机，或带有测速用计数装置的打字机。

（5）文字处理机。这种机器除配有键盘外，还配有一个或多个大容量存储器（例如，大磁盘、小磁盘或盒式磁带）、显示装置及打印机。各种部件可装在一个机壳内，也可装在各种分立单元内用电缆连接起来。文字处理机可配有接口，以便接通其他文字处理机、照相植字设备、自动数据处理机、电信系统。文字处理机在修改写作文章上比自动打字机方便得多，但在数字运算方面却远不如自动数据处理机（其定义参见本章章注五），因此仍具有文字处理机的特征。

重要提示

文字处理机与品目84.71所列自动数据处理机的区别在于，这种机器在运行过程中不能通过逻辑判断修改程序的执行。

2. 本品目也不包括：

（1）会计计算机（品目84.70）。

（2）自动数据处理机（品目84.71）。

（3）填写及签支票用的机器（品目84.72）。

（4）电传打字机（品目85.17）。

（5）玩具打字机（品目95.03）。

（十五）品目84.70

本品目的所有机器（某些现金出纳机除外）都具有一个共同的特点，即均带有一个计算装置，可把至少两个多位数相加。

1. 计算机器及具有计算功能的袖珍式数据记录、重现及显示机器。

本品目主要包括袖珍式电子计算器和办公室用电子计算器，不论其是否可编程序。本类也包括具有计算功能的袖珍式数据记录、重现及显示机器。

可编程序的电子计算器与自动数据处理机的区别主要在于，这种计算器在运行过程中，没有人为干预，不能通过逻辑判断，在处理程序认为必要的地方修改指令的执行。这种计算器配有一个微处理器，可进行复杂的数学运算。

2. 会计计算机。

这种机器适于记账等。它不仅具有会计功能（即将一系列数字加以汇总），还可在打印数字的同时，打印字母或符号，以完成会计手续所需的内容。

会计计算机装有数字式或字母数字式打印装置，既可垂直打印，也可横向打印。这是会计计算机与一般计算机的区别之一。

多数情况下，这些机器使用专门印制的格式，如工资单、发票、活页日记账、日记账、分类账及档案卡片等。有些会计计算机能同时打印在两种或多种表格上（例如，打印在发票及其相应的日记账及分类账上）。

这些机器常配有一些装置，以便将数据以代码形式转录到数据记录媒体上。有些会计计算机在卡片上打印的同时，还以代码形式将计算结果录在卡片边缘的磁路上。

这些计算结果可作为基本数据供机器继续运算之用。

与一般计算机一样，这些机器可以是一个独立单元，也可由几个分立单元组成，以电缆相连接。

3. 现金出纳机。

本类包括不论是否带有计算装置的现金出纳机。

这些机器适用于商店、办公室等场所，将发生的各种交易情况（销售、服务等）、每笔交易的金额、总额记录下来，有的还可记录所销售商品的编号、数量、交易时间等。

现金出纳机通常在显示计算结果的同时还可将结果打印在给顾客的发票及计数纸卷上，这些计数纸卷可以定期取下作核对之用。

这些机器常配有抽屉或格子供存放现款之用。

它们还可配有各种辅助装置，例如，扩充运算能力用的乘法器、计算应找金额用的计算器、自动找零器、购物券发放器、信用卡阅读器、支票数位核对器，以及把部分或全部交易数据以代码形式转录到数据记录媒体上的装置。若单独报验，这些装置应归入其相应的品目。

本品目也包括与自动数据处理机连用的现金出纳机（不论是在线连用还是离线连用），以及利用通过电缆所连的另一台现金出纳机的存储器和微处理器进行同样工作的现金出纳机。

本组也包括利用信用卡或借记卡进行电子支付用的终端机。这些终端机利用电信网络连接到金融机构，以获得授权并完成交易，记录并制发标有借贷金额的收据。

4. 配有计算装置的其他机器。

这些机器包括：

（1）邮资盖戳机，用以在信封上印出一个图样，以代替邮票。这种机器装有一种不可逆汇总装置，用以汇总邮资总额。此外，这种机器还可在信封上印出其他内容（例如，广告短语）。

（2）售票机，用以在售票（例如，电影票或火车票）的同时将票款加以记录并汇总。有些售票机还可印制票券。

（3）赛马场用的赌金计算机，用以售票，并记录、汇总赌注金额。有些较复杂的赌金计算机能按赌注算出输赢。

仅可计算售出票数而不能汇总金额的机器，不归入本品目（一般归入品目84.72）。投币式机器则归入品目84.76。

5. 本品目不包括：

（1）品目84.71所列的数据处理机。

（2）带重量累计装置的衡器（品目84.23或90.16）。

（3）计算尺、圆盘计算器、圆筒计算器及其他根据计算尺原理或其他数字计算原理工作的计算器具，包括用记录针按给定程序选择数字的袖珍式加减器（品目90.17）。

（4）逐项计数用的器具，例如，品目90.29所列的转数计、产量计数器等。

重要提示

仅可逐个计数或相加的装置，不能视为计算装置（例如，装在某些邮票粘贴机、转数计、产量计数器上的装置）。本品目的机器可用手工或电气操作，用机械装置、电磁装置、电子装置或射流装置进行计算。

（十六）品目 84.71

1. 自动数据处理设备及其部件。

数据处理是指按预定的逻辑顺序对各种信息进行处理，既可专用于某一方面，也可用于多方面。

自动数据处理设备可根据预定指令（程序），进行逻辑上相互关联的操作，以提供可直接使用的数据。有些数据则用作其他数据处理的依据。

本品目包括的数据处理设备可因任务不同而变换逻辑操作顺序；还可自动操作，即在操作过程中不需要人工干预。这些机器多数是利用电子信号进行工作，但也可利用其他技术进行工作。这些机器可以是独立单元，即将所有数据处理部件装在同一机壳内，也可以是由多个分立部件所组成的系统。

本品目还包括单独报验的上述自动数据处理系统的各种组成部件。

但本品目不包括配有自动数据处理装置，或与数据处理机连用，但具有特定功能的某些机器、仪器或设备。这些机器、仪器或设备应按其特定功能归入相应的品目，无特定功能的应归入未列名品目。

（1）自动数据处理设备。

本品目的自动数据处理设备必须能同时满足本章章注五（一）所列的条件，即：

①能存贮一个或多个处理程序及执行程序直接需要的起码数据。

②可按照用户要求随意编辑程序。

③可按照用户指令进行算术计算。

④在运行过程中，可不需人为干预而通过逻辑判断，执行一个处理程序，这个处理程序可修正计算机指令的执行。

因此，仅可使用固定程序（即不能由用户修改的程序）操作的机器，即使有多个固定程序可供用户选择，也不归入本品目。

这些设备具有存贮能力，可按不同的任务变换存贮的程序。

自动数据处理设备是以代码形式进行数据处理的。代码是一组限定字符（二进制代码、国际标准化组织的标准六位代码等）。

数据的输入通常是利用各种数据记录媒体（例如，磁带）或通过直接阅读原始文件等自动进行，也可由人工用键盘将数据输入，或用某些仪器（例如，测量仪器）直接将数据输入。

所输入的数据由输入部件转换成设备可以使用的信号，存入存贮部件内。

部分数据及程序可暂时存贮在使用磁盘、磁带等的辅助存储器内。但数据处理设备必须配有一个主存储器，可为直接执行某一具体程序服务，并具有足够容量存贮部分处理和编译程序及当次处理运行中所必需的数据。

自动数据处理设备可以装在同一机壳内，由一个中央处理部件、一个输入部件（例如，键盘或扫描器）及一个输出部件（例如，可视显示器）组成，也可由多个分离的部件互相连接而成。对于后一种情况，这些部件至少包括一个中央处理部件、一个输入部件及一个输出部件，从而形成一个"系统"。可以通过有线或无线方式互相连接。

完整的自动数据处理系统至少包括：

①一个中央处理部件，一般包括主存储器、运算及逻辑元件、控制元件。这些元件有时以分立单元的形式出现。

②一个输入部件，用以接收输入数据，并将其转换成机器能够处理的信号。

③一个输出部件，用以将机器提供的信号转换成可阅读的形式（打印文字、图表或显示等），或转换成代码数据，以便于进一步使用（处理、控制等）。

上述两个部件（例如，输入及输出部件）也可组合成一个部件。

完整的自动数据处理系统应该归入本品目，即使其中一个或多个部件在单独报验时可归入其他品目［参见下述第（2）部分"单独验报的部件"］。

这类系统包括以数据终端机的形式出现的与主机相距较远的输入或输出部件。

这类系统除包括输入或输出部件以外，还包括可扩充系统性能（例如，扩充中央处理器的一种或多种功能）的部件。这些部件一般装在输入部件与输出部件之间（在系统的首尾部分），但有时适配及转换部件（通道适配器及信号转换器）是装在输入部件之前或装在输出部件之后。

自动数据处理设备及系统用途很广。例如，用于工业、商业、科研、公共管理或私人管理等。关于装有自动数据处理装置或与自动数据处理设备连接使用，但却从事某项专门功能的机器的归类，参见本章章注五（五）。

（2）单独报验的部件。

除本章章注五（四）及（五）另有规定的以外，本品目也包括单独报验的数据处理系统的组成部件。它们可以是具有单独机壳的部件形式，也可以是没有单独机壳的部件形式，用以插入一台设备中（例如，在主机板上插入中央处理器）。作为整个系统组成部分的组成部件的定义，参见以上第（1）部分及下文。

一台装置只有符合以下条件，才能作为自动数据处理系统的部件归入本品目。

①执行数据处理功能。

②符合本章章注五（三）所规定的下列标准：

——专用于或主要用于自动数据处理系统。

——可以直接或通过一个或多个其他部件同中央处理器相联接。

——能够以本系统所使用的方式（代码或信号）接收或传送数据。

③没有被本章章注五（四）及（五）的规定所排除。

根据本章章注五（三）最后一段的规定，凡是符合上述（2）②所列标准后两条的键盘、X-Y坐标输入装置及盘（片）式存储部件，应一律按数据处理系统的组成部件归类。

执行数据处理以外的某项专门功能的部件，应按其功能归入相应的品目，无法按功能归类的，应归入未列名品目。不符合本章章注五（三）所列标准，或不执行数据处理功能的装置，应运用归类总规则一的规定，必要时结合归类总规则三（一）的规定，按其特征进行归类。

单独报验的器具，例如，测量或检测仪器，加装一些装置（例如，信号转换器）后，虽可直接与数据处理机连接使用，但这些器具不应视为自动数据处理系统的部件，而应归入其相应品目。

除中央处理部件及输入与输出部件以外，各种部件还包括：

①外接于中央处理部件的附加存储器［磁卡片机、磁盘或光盘存储器、磁带自动加载装置及程序库、光盘驱动程序库（有时称为"自动光盘机"）等］。本组还包括称为"专用存储格式"的附加数据存储装置，不论其用于安装在自动数据处理设备内部或供外部使用。这些装置可以是磁盘驱动器，也可以是磁带驱动器。

②用以扩充中央处理器数据处理能力的附加设备（例如，浮点运算部件）。

③控制及适配部件，用以使中央处理器与输入或输出部件相连接（例如，USB插口）。但本品目不包括有线或无线通信网络用的控制及适配部件（品目85.17）。

④信号转换部件。输入时可将外来信号转换成机器能识别的信号，输出时可将机器处理后输出的信号转换成可在外部使用的信号。

⑤X-Y坐标输入装置，即将位置数据输入到自动数据处理设备的部件。它们包括鼠标器、光笔、操纵杆、跟踪球及触感屏，其共同的特征是显示与某固定点相关位置的数据即构成（或解释为）输入，其共同的用途是控制在显示部件上光标的位置，以取代或辅助键盘的光标键。

本类也包括图形输入板，即一种可以捕获并记录曲线及任何其他几何形状的坐标的X-Y坐标输入装置。这种装置一般由一块带敏感触面的长方形板、绘图用的指示器或笔、连接到联接板的图像放大器构成，用于输入数据。

本类还包括具有与图形输入板功能相类似的数字转换器。但图形输入板用于制作艺术及图形的原本，并可选定应用菜单及控制屏幕上的目标，而数字转换器则一般用于捕获仅以硬拷贝形式存在的现有图形。数字转换器指示器可假定为任何形状，但其尺寸必须较小，以便于用手握住并在数字转换器的感触区域来回移动。十字指针为最常见的形状。

2. 未列名的磁性或光学阅读机、将数据以代码形式转录到数据记录媒体的机器及处理这些数据的机器。

本组包括的机器范围很广，其中许多是电磁或电子式设备。它们的作用往往是互补的，用于进行统计、会计或其他工作。本组包括磁性或光学阅读机、将数据以代码形式转录到数据记录媒体的机器，以及处理数据并进行译码的机器。

本组仅包括在其他品目未列名的机器。因此，不包括下列机器：

——上述第1部分所列的自动数据处理设备及其部件，但条形码阅读机除外。

——自动打字机及文字处理机（品目84.69）。

——品目84.70所列的计算机器、会计计算机及现金出纳机。它们与本类机器的区别在于本类机器没有手工输入装置，而只能完全以代码形式将数据输入（磁带、磁盘、光盘等）。

（1）磁性或光学阅读机。

磁性或光学阅读机用以阅读特殊形式的字符，并将其转换成电信号（脉冲信号）。机器可用这种电信号直接转录或处理代码信息。

①磁性阅读机。这种设备是先用特种磁性墨水将字符磁化，再由读出磁头将其转换成电脉冲，然后通过与寄存在存储器的数据比较或用一般为二进制的数字码对这些脉冲信号加以识别。

②光学阅读机。这种阅读机无须使用特种墨水，由一组光电管直接阅读字符，并将其译成二进制代码。本组还包括条形码阅读机。这些设备通常使用光敏性半导体装置（例如，激光二极管），并作为输入单元与自动数据处理设备或其他设备（例如，现金出纳机）连接使用。它们可以是手提式或台式，也有装在机器上使用的。

上述阅读机只有在单独报验时才归入本品目，如果与其他机器（例如，将数据以代码形式转录到数据记录媒体的机器及处理这些数据的机器）结合使用，并与这些机器同时报验，则应与有关机器一并归类。

（2）将数据以代码形式转录到数据记录媒体的机器。

本组包括：

①将代码信息从一媒体转到另一媒体的机器。这些机器可将代码信息从一种媒体转录到另一种媒体或转录到同类型的其他媒体上。同类媒体转录机器包括将主磁带、主磁盘或主光盘上的数据全部或部分地复制在新磁带、新磁盘或新光盘（例如，DVD、CD-ROM）上所用的复制机。

②将固定程序输入集成电路的机器（程序编制器）。这些机器可将存于程序编制器的内存储器中的数据以代码形式转到集成电路上。程序编制器根据所使用的可编程序集成电路类型，用各种不同的技术，将信息"烧录"于一片或多片集成电路上。

某些程序编制器（仿真程序器）具有附加功能，能使用户在实际将程序转到集成电路上之前，先将程序运行结果显示或模拟出来。

3. 零件及附件。

除零件的归类总原则另有规定的以外，本品目所列机器的零件及附件应归入品目84.73。

4. 本品目也不包括：

（1）电源（品目85.04）。

（2）调制解调器。这种装置以电话网络可传输的形式对从自动数据处理机获得信息进行调制，然后重新将其转换成数字形式（品目85.17）。

（3）电子集成电路（品目85.42）。

（4）模拟飞行器（例如，品目88.05）。

5. 子目注释。

（1）子目8471.30包括便携式自动数据处理设备，重量不超过10千克。该设备带有一个平面屏幕，可以在没有外接电源的情况下工作，并经常带有调制解调器或其他装置，以供与网络建立连接。

（2）子目8471.90主要包括光盘文件生成系统。它通常包括键盘、显示器、光盘驱动器、扫描器及打印机。该系统可以带有一台作为控制器用的自动数据处理机，或配置成可通过一台自动数据处理机进行存取或控制。它一般具有以下功能：通过电子扫描记录图像、生成文件、信息检索、显示数据、在普通纸上打印。

（十七）品目84.72

"办公室用机器"，其含义较广，包括在办公室、商店、工厂、车间、学校、火车站、旅馆等场所用于"办公室工作"（即有关书信、文件、表格、记录、账目等的书写、记录、分类、归档等工作）的各种机器。

办公室机器必须装有底座以备安装或放置在桌上或台上等，才能归入本品目。本品目不包括第八十二章所列未装有类似底座的手工工具。

本品目所列的机器可用手工操作，也可以是机动或电动的（包括电磁继电器及电子操作的机器）。

1. 本品目主要包括：

（1）胶版复印机（例如，明胶版复印机或醇溶碳纸复印机）、油印机（用铁笔或打字机预先刻制的蜡纸进行复印）。本品目还包括与胶版复印机连用的小型压机。

但本品目不包括即使是办公室用的小型印刷机（例如，凸版印刷机、平版或胶版印刷机）、使用凸纹塑料片或金属片进行复印的复印机（含兼可用蜡纸复印的机器），以及感光复印机、热敏复印机（品目84.43）及缩微胶片设备（第九十章）。

（2）地址印写机。本品目也包括刻制模板或压制凸纹金属模板的专门机器，以及可在多种地址模板中进行挑选的机器。

（3）售票机，但不包括装有计算装置的售票机（品目84.70）及投币式机器（品目84.76）。本品目包括小型的手提式票券打洞机或用纸卷印发票券的机器（例如，公共汽车及有轨电车售票员使用的售票机），也包括在票券上加盖日期的机器。

（4）硬币分类机或硬币计数机（包括钞票计数及支付机）。这些机器不论是否装有硬币或钞票的包装装置（有时还装有在包装纸上印出总金额的装置），均归入本品目。

计重式硬币计数机应归入品目84.23或品目90.16。

（5）自动付钞机，与自动数据处理机连用，不论是在线的还是离线的。

（6）自动柜员机，顾客可通过该机器对他们的账户进行存款、提款、转账和查询结余等操作，而无须直接与银行职员联系。

（7）削铅笔机，包括手工操作的在内。

本组不包括非机械式卷笔刀。卷笔刀应归入品目82.14，如果具有玩具特征，则应归入第九十五章。

（8）打洞机，用以在纸卡或文件上打洞（例如，供活页归档用或作简单索引或分类用）。

本品目不包括成行穿孔机（例如，供邮票穿孔用）（品目84.41）。

（9）在纸带上穿孔供自动打字机用的机器。

（10）用穿孔纸带操作的机器。这种机器本身未装有打字装置，但已构成与普通打字机连用进行自动打字的分立单元。这类机器有些可按要求在穿孔纸带中进行选择，以打印某份信件或文件。

（11）订书机（用订书钉装订文件）及拆钉机。

本组不包括：

①订书枪（品目 82.05）。

②装订书籍用的订书机器（品目 84.40）。

③制纸板箱用的装订机（品目 84.41）。

（12）折信机。这种机器有时装有某种装置，可将信插入信封或用纸带包扎信件。

（13）开信机及封信机。

（14）邮票盖销机。

（15）邮局用的信件分类机，主要由编码台、预分拣信道系统、中间分拣机及最终分拣机所组成。整套设备是由一台自动数据处理机控制，从而构成一个第十六类类注四所指的“功能机组”。

（16）供应包装纸或胶水纸的机器。

（17）涂湿胶水纸或邮票的机器（包括简单的滚筒式涂湿机）。

（18）销毁保密文件用的碎纸机。

（19）支票填写机。这是一种填写支票专用的小型机器。这种机器除可逐个字母填写外，一般还可同时打出整个单词或词组（例如，将支票插入机器后，可用文字打印出金额）。

（20）支票签署机。这种机器用不能涂抹的方式自动在支票上签名，一般还有难以复制的精密背景。

（21）自动找零机，可与现金出纳机连用，向顾客自动找零。

（22）在办公室供文件及打印材料的分类和整理用的独立式机器。

上述第（19）项及第（20）项所列的机器也可用于填写、签署其他文件。

2. 本品目不包括：

（1）作为品目 84.43 所列机器的零件或部件的分页器。

（2）口授机及其他声音录制或重放设备（品目 85.19）。

（3）检查钞票或其他文件用的 X 射线装置（品目 90.22）。

（4）时间记录器（品目 91.06）。

（5）手工操作的日期戳、封缄戳及类似印戳（品目 96.11）。

（十八）品目 84.73

1. 本品目包括：

（1）连续将纸张送进打字机、会计计算机等用的表格输入装置。

（2）打字机、会计计算机等用的自动定距器。

（3）装在地址印写机上的造表装置。

（4）制表机的辅助打印装置。

（5）装在打字机上的纸张夹持器。

（6）明显用于地址印写机的金属地址印板，不论是否已切割或压纹。

（7）打字机、会计计算机、计算机器等用的计算装置。

（8）清洁自动数据处理机等的软盘驱动器用的软磁盘。

（9）适合专用于或主要用于自动数据处理设备的电子存储器模件［例如，单列直插式内存模块（SIMM）和双列直插式内存模块（DIMM）〕，不构成第八十五章章注八（二）2所列的分立元件，也不具有独立功能。

但本品目不包括罩套、提箱及毡垫，这些货品应归入其相应的品目。本品目也不包括家具（例如，橱及桌），不论其是否办公室专用（品目94.03）。但通常专用于品目84.69至84.72所列机器的台架，仍归入本品目。

2. 本品目也不包括：

（1）适用于品目84.69、84.70、84.71或84.72所列机器的卷轴或类似芯子（按其构成材料归类，例如，归入品目39.23或第十五类）。

（2）油印蜡纸或胶印版纸（品目48.16）或其他材料制的模板（按其构成材料归类）。

（3）印制的统计卡片（品目48.23）。

（4）磁性记录用的磁盘及其他媒体（品目85.23）。

（5）电子集成电路（品目85.42）。

（6）转数计（例如，装在打字机上测速用的）（品目90.29）。

（7）打字机色带或类似色带，不论是否带轴或装盒（应按其材料属性归类，如已上油或经其他方法处理能着色的，应归入品目96.12）。

（十九）品目84.76

1. 本品目包括：

各种在投币孔中投入一个或几个硬币、辅币或一张磁卡后能供应某些商品的机器（但不包括在《协调制度》其他品目列名更为具体的机器，或在本类类注或本章章注中规定不包括在本章范围内的机器）。本品目所称的"售货"，是指购买者与机器之间进行"货币"交换以获得某项商品。本品目不包括用于分发商品但不带收款装置的机器。

不带收款装置的热饮或冷饮自动配售机不归入本品目（品目84.19）。

本品目不但包括自动送出商品的售货机，也包括配有若干小货柜，投币后可从柜内取出商品的售货机，这种售货机配有相应小货柜的开锁装置（例如，按压相应按钮即可开锁）。

简单的投币开锁橱柜或容器（例如，用以在车站寄存行李或在戏院供应观剧望远镜）不应归入本品目，而应归入第十五类或第九十四章。

本品目包括装有加热或制冷装置或调制所售商品装置的售货机（例如，装有榨果汁器、咖啡牛奶混合器、冰淇淋搅拌器），但这种机器的主要功能及用途必须是自动售货。

本品目包括出售邮票、火车票、巧克力、糖果、冰淇淋、香烟、雪茄、饮料（例如，啤酒、葡萄酒、甜酒、咖啡及果子汁）、化妆品（包括香水喷雾器）、袜子、照相胶卷、报纸等的投币式自动售货机，也包括在细长金属片上压印铭牌用的机器。

本品目还包括钱币兑换机。

2. 本品目不包括下列投币式机器或器具：

（1）投币开启的锁（例如，用于小橱柜或公共厕所）（品目83.01）。

（2）在汽车加油站或修理厂供应燃料或润滑油用的泵（品目84.13）。

（3）衡器（品目 84.23）。

（4）打字机（品目 84.69）。

（5）投币式自动擦鞋机（品目 84.79）。

（6）电动剃胡刀（品目 85.10）。

（7）电话设备（品目 85.17）。

（8）电视机（品目 85.28）。

（9）望远镜、照相机、电影放映机（第九十章）。

（10）供应煤气或电力用计量表（品目 90.28）。

（11）游戏机（品目 95.04）及第九十五章所列的其他机器。

3. 零件。

本品目也包括装在店铺门面里的自动售货装置，以及本品目所列机器的零件。

4. 子目注释。

子目 8476.21 及 8476.29 所称"饮料自动销售机"，是指各种自动销售饮料（例如，咖啡、茶、果子汁、酒精饮料等）的机器，它们既可以将饮料装在杯子或其他任何容器（例如，铁罐、瓶子或纸盒）里，以即可供饮用的方式提供，也可将速溶混合粉和热水或凉水分别提供。

（二十）品目 84.79

1. 本品目仅限于符合下列三个条件的具有独立功能的机器。

（1）任何类或章注中均未规定不包括在本章内。

（2）未更为具体地列入《协调制度》其他各章的某一品目内。

（3）由于下列原因，不能归入本章其他品目：

①根据其功能、品名、种类均不能归入其他品目。

②根据其用途或所适用的行业，不能归入其他品目。

③可同时归入两个或多个其他品目（通用机器）。

重要提示

本品目所列的机器与机器零件等（应按零件的归类总原则归类）之间的区别在于它们具有独立功能。

2. 下列机械装置应视为具有"独立功能"。

（1）可独立于其他机器设备之外执行其功能的机械装置（不论是否配有发动机或其他动力装置）。

例如，空气增湿或减湿是一种独立功能，可以由独立于其他机器设备的器具来执行。

单独报验的空气减湿机，即使准备装在臭氧发生器上，但因其具有独立功能，仍应归入本品目。

（2）必须安装在另一台机器或器具上，或安装在一套较复杂的设备中才能执行其功能的机械装置，但其功能必须是：

①不同于所装机器设备的功能。

②在上述机器设备操作中并不起必不可少的和不可分割的作用。

例如，链式割线器是装在工业用缝纫机上自动割线而缝纫机无须中断操作的一种装置。这种装置在缝纫机进行缝纫操作时并不起作用，因而具有独立功能。由于没有其他列名更为具体的品目可归，故链式割线器应归入本品目。

又如，内燃机用汽化器（化油器）的功能与内燃机的功能尽管不同，但不能认为汽化器具有上述独立功能，因为汽化器的功能在内燃机操作中起不可分割的作用。因此，单独报验的汽化器应作为内燃机的零件，归入品目84.09。

同样，机械式或液压式减震器构成所装机器或器具的不可缺少部分。因此，单独报验的减震器应作为所装机器或器具的零件归类（车辆或飞机用的减震器应归入第十七类）。

3. 本品目主要包括下列货品。

（1）通用机器，包括：

①装有机械装置（搅拌器等）的大桶或其他容器（例如，电解用的大桶或槽）。这些大桶或容器既不是专用于某一特定工业，也不是品目84.19所列的加热、烹煮等用的器具。仅装有旋塞、液面计、压力计或类似品的大桶或其他容器，应按其构成材料归类。

②非某种货品或某种工业专用的压力机、破碎机、磨粉机、混合机等。

③非某种工业专用的容量分配装置（例如，机械加料斗）及连续整列送入工件以备加工的机械布料器。

④适于铆接各种材料（例如，纺织品、纸板、塑料及皮革等）的空心（管形）铆钉铆接机器，以及适于用U形钉接合纺织品、橡胶及其他材料制的机器皮带两端用的机器。

⑤电动震抖装置，配有一个电动机，其转轴的伸出端配有偏心盘，可产生径向振动，以便传动所装装置或器具（例如，溜槽、料斗、加料斗、输送机、压实工具等）。

⑥电磁振动机。这是输送、筛选、压实等设备的辅助装置，其底板上装有一块电磁铁，两个金属棒支撑着一块金属片，与电磁铁相隔一定距离，由两组弹簧加以固定。金属片交替由电磁铁吸引，然后再由弹簧拉回。

⑦通用的工业机器人。工业机器人是一种自动机器设备，可按程序重复进行一套动作。工业机器人可利用传感器获得作业现场的有关信息，并加以分析，从而使其行动样式能适应作业现场的变化。

工业机器人用途广泛，例如，适用于焊接、喷涂、搬运、装卸、切割、装配、修剪金属等；用以代替人在有害环境下（例如，接触有毒物品或在粉尘飞扬等环境下）执行任务或从事体力劳动（移动重型物品、重复镗孔等）。工业机器人配有工具夹具及特制工具（例如，钳、抓爪、焊头等），以便进行各种操作。

本品目仅包括简单更换不同工具即可执行各种功能的工业机器人。但本品目不包括具有某种特定功能的工业机器人，这些工业机器人应按其功能归类（例如，归入品目84.24、84.28、84.86或85.15）。

（2）某种工业用的机器，包括：

①公共工程用机器，具体如下。

——摊铺灰浆或混凝土用的机器［不包括灰浆或混凝土的搅拌机（品目 84.74 或 87.05）］。

——筑路机器。这些机器可用以震动混凝土使之坚实并使路面呈弧拱形，有时也可用以摊铺混凝土。

但本品目不包括品目 84.29 的平地机。

——在路面或类似表面上铺撒砂砾的机器，不论是否自推进式；摊铺及夯实沥青路面材料的自推进式机器。但不包括装在汽车底盘上的砂砾摊铺机（品目 87.05）。

——在新浇的混凝土、沥青或类似未固结材料上刮平、压沟、打格子等用的机器及机械器具。

沥青等的加热设备不包括在本品目内（品目 84.19）。

——步行操纵的小型养路器具（例如，扫路机及划白线用的器具）。

连同底卸式垃圾斗及洒水系统装在有轮的汽车底盘上，并由品目 87.01 所列牵引车驱动的旋转式机械扫，即使与牵引车同时报验，也应作为可更换的设备归入本品目。

——可安装在卡车上，用于清除积雪的撒盐及沙砾的机器，包括一个盛放盐及沙砾的储槽，配有可以粉碎、碾磨盐块的粉碎搅拌器，以及一个带撒布盘的液压喷射装置。该机器的各种功能可在卡车驾驶室内进行遥控操作。

②油类、制皂或食用油脂工业用的机器，具体如下。

——专用于加工含油子仁或含油果实的磨粉机、破碎机、碾碎机或压榨机。

——装有机械搅拌器的槽，专用于净化油类。

——牲油洗涤设备。

——滚压生牛羊油以便在溶化前将细胞压碎的设备。

——混合人造奶油各种成分用的搅乳器及混合器。

——肥皂的切割或模制机器。

③处理木材或类似材料用的机器，具体如下。

——利用原木互相摩擦使其剥皮的剥皮滚筒。

——黏聚木纤维、木片、锯屑或软木粉用的特种压力机。

——木材硬化压力机。

——在压力下浸渍木材用的机器。

④用纺织纱线、金属丝或两者并用制绳或制缆的机器（搓捻或绞扭等用的机器），包括绞制电导体用的机器，但不包括纺织工业用的捻线机（品目 84.45）。

本组不包括将纺织纱线等卷绕成球的机器（品目 84.45）、对纺织纱线等作表面处理（上光、抛光）的机器（品目 84.51）。

⑤处理金属用的机器，包括电线线圈卷绕机，例如：

——坩埚虎钳式压力机，供铁轨、机器零件等的铝热焊接之用。

——用酸、三氯乙烯等擦光或酸洗金属的机器。包括薄板轧机用的酸洗设备，但不包括品目 84.24 的喷气机或喷砂机。

——除砂、除锈或擦亮金属货品（例如，螺帽、螺栓或滚珠轴承）的转筒。

——用浸入法镀锡的机器。

——生铁击碎机及击碎废铸铁用的特种冲压机。

——用纺织纱线、浸渍纸带、石棉带或其他绝缘或保护材料卷绕或包覆电缆的特种机器；但不包括品目84.47所列的嵌芯狭辫带机。

——电线线圈卷绕机（例如，用于制造电动机、变压器或电感器的机器）。

⑥用柳条、竹料、藤、草、木条、塑料等编织篮筐等的机器，例如：

——编织有盖提篮或类似品的机器。

——编织装坛、瓶等的柳条筐用的机器。

——用草编织瓶罩的机器。

——在制帽工业中编织草帽、草帽缠及草帽带等用的机器。

本组不包括劈木、剥柳条、削圆藤条等的机器（品目84.65）。

⑦制造漆刷或其他刷子用的机器，例如：

——加工（包括修边及整形）毛发、鬃毛、纤维等用以制刷的机器。

——将毛发、鬃毛或纤维等插入刷座、刷架或刷柄的机器。

本组不包括将鬃毛或纤维加以消毒的机器（品目84.19），用木材、软木、骨、硬质橡胶或类似硬质材料制刷柄架或刷柄的机器（品目84.65）。

（3）杂项机器，包括：

①空气增湿机或减湿机，但不包括品目84.15、84.24或85.09所列的器具。

②发动机启动器（机械式、液压式或气压式等），但不包括品目85.11所列的电气设备。

③液压蓄能器，用以在压力下储蓄一定量的液体，使流量保持均匀或向液压机器供压。这种蓄能器通常为一个垂直圆筒，由泵供液，内装一个重锤式活塞，可调至一定压力。

④泵式自动加润滑脂机。

⑤火柴浸渍机器。

⑥木桶涂焦油或涂层用的机器，但不包括品目84.24所列的喷涂机器。

⑦电焊条涂层机。

⑧清洗或重涂胶印墨辊的机器。

⑨在底料上涂敷光敏乳剂的机器，但不包括品目84.86所列的机器。

⑩用酸蚀法制毛玻璃的机器。

⑪螺栓安装及拆除机和金属芯拔除机，第八十二章所列的手工工具及风动、液压或本身装有电动或非电动动力装置的手提式小型工具除外（品目84.67）。

⑫保养管线或其他刚性管道用的机器（例如，用于清洁油管，并给油管涂上沥青或其他保护材料的小型自推进式机器；利用管内流体流动清洁管道内部的机器）。

⑬将针布安装在梳理滚筒上的机器。

⑭制造麻绳鞋底的机器。

⑮对羽毛褥垫进行洗涤、冲刷、除尘的机器。

⑯装填鸭绒被褥或褥垫的机器。

⑰在任何底料（织物、纸等）上涂敷研磨料的机器。

⑱卷绕软缆或软管的机器（例如，用于卷绕纺织材料或金属制的缆、绳、电缆或

铅管）。

⑲切割水草用的机械器具。它将一把卧式镰刀装在立轴上，镰刀可在立轴上旋转，立轴由一可装于小船上的支架支着，可用人工或动力驱动放在水面下进行操作。

⑳有机械装置的潜水箱或金属潜水衣等。

㉑船舶用或具有类似用途的陀螺稳定器，但不包括第九十章所列仪器的陀螺装置（陀螺罗盘等）及鱼雷的陀螺装置（品目93.06）。

㉒船舶驾驶及操舵设备，但不包括船舵本身（一般归入品目73.25或73.26），也不包括自动操舵机（陀螺驾驶仪）（品目90.14）。

㉓飞机、船舶及各种车辆用的电气、液压或气动式风挡刮水器，但自行车或机动车辆用的除外（品目85.12）。本品目也包括刮水片支架及已经安装的刮水片（只要能确定是供上述刮水器用的），但机动车辆风挡刮水器用的除外（品目85.12）。

㉔清洁金属零件及其他杂项物品用的超声波装置。完整的超声波装置（不论是装在同一机壳内还是分立配置）由一个高频发生器、一个或多个换能器及储物容器所组成，报验时可配有或不配有储物容器。本品目还包括上述装置用的超声换能器。本品目不包括专用于或主要用于清洁半导体圆片或平板显示器的超声波装置及超声换能器（品目84.86）。

㉕水下喷焊器，一般装有一个特别点火装置，并配有一种装置，可通过一个套着喷嘴的环形气孔另外供应压缩空气或氧气，在水中形成空腔，以便于火焰燃烧。

㉖利用钢铁吹氧燃烧所产生的高温切割岩石或混凝土的装置。这种装置比较简单，一般配有一个耐热手柄，上面装有一个阀门，并有一些配件与氧气源及一节钢铁管相连。操作时，氧气通过钢铁管，在钢铁管的另一端（原已加至炽热）继续燃烧，从而产生高温，使岩石或混凝土融化。

㉗自动擦鞋机。

㉘用浸渍法制蜡纸杯及蜡纸容器等用的机器。

㉙工业用地板擦光器。

㉚蒸发式空气冷却器。

㉛旅客登机（船）桥。这些登机（船）桥允许旅客和人员在候乘大楼与停泊的飞机、游轮或轮渡之间行走，而无须穿行室外。它们通常由旋转平台、两节或两节以上的矩形伸缩通道、带行走机构的垂直升降柱及位于廊桥前端的接口舱组成，包括可使登机（船）桥呈水平、垂直和扇形移动的机电或液压装置（例如，伸缩部件、接口舱及垂直升降柱等），以便将登机（船）桥调整到处于飞机、游轮或轮渡舱门（入口）的合适位置。此外，在码头使用的旅客登船桥前端还可配有渡板，可伸入游轮或渡轮舱门（入口）。这些登机（船）桥自身不能升降、搬运或装卸任何东西。

㉜原地清洗地毯的器具，向地毯中注入清洁溶剂，再由泵将溶剂抽出，设计供单位（家庭房舍除外）使用的，例如，供宾馆、汽车旅馆、医院、办公室、餐厅及学校使用的，应归入品目84.51。

本品目也不包括组装半导体用的封装机器（品目84.86）。

4. 零件。

除零件的归类总原则另有规定的以外，本品目也包括本品目所列机器的零件，其中包括可归入其他品目（特别是归入品目84.80）以外的模具。

（二十一）品目84.81

本品目包括在管道、罐、桶或类似品中，用以调节流体（液体、粘滞流体或气体）或某些固体（例如，砂）流量（供应或排放等）的龙头、旋塞、阀门及类似装置。本品目也包括用以调节液体或气体的压力或流速的装置。

这些装置通过开闭孔径（例如，门、盘、球、塞、针或隔膜）进行流量控制。它们可用手工（例如，按键、转轮或按钮等）进行操作；或用发动机、螺线管、发条装置等进行操作；还可用弹簧、砝码、浮杆、恒温控制元件或压力传感器等自动装置进行操作。

配有上述装置的龙头、阀门等仍归入本品目。例如，配有恒温控制元件的阀门（例如，双叶式、套管式、球式等）仍归入本品目。本品目也包括用毛细管与恒温控制元件接通的阀门等。

由龙头、阀门等与品目90.26或90.32所列恒温器、稳压器或其他测量、检验或自动控制仪器或装置所组成的部件，如果上述仪器或装置已装在或准备直接装在龙头、阀门等之上，而且该组合器件具有本品目所列物品的基本特征，仍应归入本品目。如果不符合上述条件，则应归入品目90.26（例如，装有排水旋塞的液压表）或品目90.32。

在遥控系统中，只有龙头、阀门等才归入本品目。

龙头、阀门等一般是用贱金属或塑料制成；但其他材料（未硬化硫化橡胶、陶瓷或玻璃除外）制的龙头、阀门等，也应归入本品目。

龙头、阀门等即使配有一些附属装置（例如，配有加热或冷却用复壁、短管、端部有喷头的短管、小型喷泉饮水器、闭锁装置等），仍应归入本品目。

专用于特定机器或装置，或专用于车辆或飞机的龙头、旋塞、阀门等仍应归入本品目。但装有完整的阀门的某些机器零件，或虽未构成完整的阀门，但在机器内起控制流量作用的机器零件，应按有关机器的零件归类。例如，内燃机的进气阀或排气阀（品目84.09）、蒸汽机的滑阀（品目84.12）、空气或其他气体压缩机的进气阀或增压阀（品目84.14）、挤奶机的脉动器（品目84.34）及非自动油脂喷嘴（品目84.87）。

1. 本品目主要包括：

（1）减压阀，用以将气体压力降低，并利用一个活塞或阀瓣使已降低的压力大致保持恒定。活塞或阀瓣通常由一个配有可调节张力弹簧的压力装置（例如，隔膜、风箱、膜盒等）加以控制。

本品目也包括安装在压力容器或锅炉的出口处、进气管道系统上或有关设备附近，对压缩空气、蒸汽、水、碳氢化合物及其他流体进行流量控制的减压阀（有时称为压力调节器、减压器、调压降压器）。

减压阀与压力表的组合装置如果具有龙头、阀门等的主要特征，仍归入本品目，否则应归入品目90.26。

（2）油压或气压传动阀。这些阀门可以是各种形式的（例如，减压阀、止回阀等），在液压或气压系统中专用于传递"流体动力"，以加压流体（液体或气体）的形式提供能源。

（3）单向阀（例如，回转止回阀及球阀）。

（4）安全阀、溢流阀等，不论是否配有汽笛。在某些情况下，可用一种爆破隔膜（塑料或金属薄圆片）作为安全装置来代替阀门。这种爆破隔膜用一种特制装置装在管道系统或压力容器上，受到一定压力时会爆裂。这种器件应按其构成材料归类（品目39.26、71.15、73.26、74.19、75.08、76.16等）。

（5）歧管阀（例如，三通阀及圣诞树形阀）。

（6）液面计的控制旋塞、排放旋塞、关闭阀等。

（7）散热器放水龙头。

（8）内胎气门。

（9）浮球控制阀。

（10）疏水阀。蒸汽管道中凝结的水流入疏水阀，由疏水阀自动排出（例如，利用浮体操作）。本品目也包括这样一种疏水阀，其活塞或阀瓣由装在疏水阀内的恒温元件（双金属片或膜盒式）促动（恒温控制疏水阀）。

（11）消防栓（立管）、消防旋塞、水龙软管咀及类似品，装有旋塞或阀门，使出水形成喷射或喷雾状。

灭火设备的机械喷头、园艺用的机械喷头及其类似品均不归入本品目（品目84.24）。

（12）配有两个或多个入口及一个混合室的混合龙头及阀门。本品目也包括恒温控制的混合阀门。这种阀门配有可调压力的恒温元件，以促动活塞或阀瓣，调节不同温度的流体进入混合室。

（13）带塞头的排废孔（但手工堵塞的简单排废孔应按其构成材料归类）。

（14）船舶用通海旋塞及其他水下用阀门、旋塞等。

（15）带有软管或伸缩套管的润滑油龙头，用以润滑轮船的轴等。

（16）汽水瓶阀门。

（17）压力喷雾罐盖。这些压力喷雾罐在压力下装满液态或气态杀虫剂、杀菌剂等。它的金属盖装有一个按钮，可使阀针移位，用以开关喷孔。

（18）装在大桶、琵琶桶等桶孔的龙头及旋塞。

（19）罐瓶机用龙头，当液面达到瓶口时，该龙头可自动关闭。

（20）酒吧用的气动啤酒出售装置，主要配有一个或多个手动开关龙头，由预先注入啤酒桶的二氧化碳所产生的压力进行操作。

2. 本品目不包括的货品。

（1）下列材料制的龙头、旋塞、阀门及类似装置：非硬化硫化橡胶制的（品目40.16）；陶瓷制的（品目69.03或69.09）；玻璃制的（品目70.17或70.20）。

（2）在洗涤槽、厕所、浴室及类似场所排放废水用的 U 形弯管，以及不论是否装有机械装置的冲洗水箱，应按其构成材料归类（例如，归入品目39.22、69.10或73.24）。

（3）蒸汽机的离心调速器（品目84.12）。

（4）蒸汽喷射器或喷射泵（品目84.13）。

（5）喷气设备等（品目 84.24）。

（6）气压加脂枪（品目 84.67）。

（7）气焊用焊炬（品目 84.68）。

（8）带有计量装置的龙头，供出售冰淇淋酒类、牛奶等用（品目 84.79）。

（二十二）品目 84.82

1. 本品目包括：

各种滚珠轴承、滚子轴承或滚针轴承。这些轴承用以代替光滑的金属轴承，能明显减少摩擦，通常装在轴承座与转轴之间，可起径向支承作用（径向轴承），或用以承受轴向推力（止推轴承）。某些轴承可同时起径向及推力支承作用。

正常情况下，轴承是由包含滚珠或滚子的两个同心环（套圈）所组成，并配有一个定位圈，用以固定滚珠或滚柱，并使其间距保持恒定。

（1）滚珠轴承，配有单排或双排的滚珠。本组还包括配有滚珠轴承的滑动装置。具体如下。

①由一个钢制外环与一个黄铜制内环刚性相接配置而成的滚珠轴承。内环有六条纵长狭槽，呈细长椭圆状，装有小钢珠。

②限定行程式钢制轴承，由刻槽圆筒、夹珠圈及轴承座组成。

③自由行程式钢制轴承，由一个扇形体、内装滚珠的轴承套及有槽（剖面为三角形）导轨组成。

（2）滚子轴承，配有单排或双排各种不同形状（短圆柱形、圆锥形、腰鼓形等）的滚子。

（3）滚针轴承。这种轴承与普通滚子轴承的不同之处在于它配有直径不超过 5毫米的圆柱形滚子，且滚子长度至少是其直径的 3 倍。滚子端部是磨圆的。这些滚子安装在轴承的两个座圈之间，大多数情况下没有夹柱圈。

由于要承受高压，因此轴承一般是用钢（特别是铬钢）制成，但具有特殊用途的轴承也可用青铜、紫铜或塑料制成。

2. 本品目不包括：

配有滚珠轴承、滚子轴承或滚针轴承的机器零件。这些机器零件应归入其相应品目，具体如下。

（1）轴承座及轴承架（品目 84.83）。

（2）自行车轮毂（品目 87.14）。

3. 零件。

本品目也包括滚珠轴承、滚子轴承或滚针轴承的零件，例如：

（1）抛光钢珠（不论是否用于本品目所列的轴承），其最大直径及最小直径与标称直径相差均不超过 1%或 0.05 毫米（以相差数值较小的为准）。不符合上述要求的滚珠应归入品目 73.26（参见本章章注六）。

（2）紫铜、青铜、塑料等制的轴承滚珠。

（3）各种形状的轴承滚针或滚子。

（4）环（套圈）、定位圈、固定座套等。

（二十三）品目 84.83

1. 本品目的货品主要包括：

用以将动力从外部动力装置传送到一台或多台机器的某些机械零件；在机器内部将动力传送到机器各部分的某些机械零件。

（1）传动轴（包括凸轮轴及曲柄轴）及曲柄。

它们通常用以传送旋转动力，品种如下。

①由发动机直接驱动的主轴或主动轴。

②副轴，用皮带、滑轮或齿轮等将其与主轴连接，用以将动力从主轴传送到多台机器或机器的各个部分。

③活动关节轴，用球及球关节等将两节或多节的传动轴连接而成。

④挠性轴，用以将动力从驱动装置传送到手工工具、测量仪器等（例如，转数表、速度表等）。

⑤曲柄及曲柄轴，可以是单件的，也可以是由几部分拼装而成的。它们可将接收到的往复运动（例如，从活塞式发动机产生的往复运动）转换成旋转运动，或者将接收到的旋转运动转换成往复运动。

⑥凸轮轴及偏心轴。

本品目不包括不具有传动作用而单纯用以支撑转轮或其他旋转部件的轴。

本品目也不包括：横截面完全一致的钢铁条（品目 72.14 或 72.15）；制造挠性轴用的绞扭金属线，未装有联轴器的（品目 73.12）；割草机上将动力传递至刀杆用的摆动连杆（品目 84.33）。

（2）轴承座及滑动轴承。

轴承座是用以安置滑动、滚珠、滚子等轴承的架座，轴的两端可在轴承中（止推轴承则对着轴承）旋转。轴承座通常由两部分组成，合并起来形成一个轴承圈，用以夹住轴承，还可配有轴承润滑装置。

轴承座一般还配有板、垫板、搁架等，用以将其固定在机器上，或固定在墙壁或建筑物的其他部分上。但有关板、垫板、搁架等如既未装于轴承座上，本身也并非专用于安置轴承的，应按其构成材料归类（一般归入品目 73.25 或 73.26）。

装有滚珠、滚子或滚针轴承的轴承座仍应归入本品目，但单独报验的滚珠、滚子或滚针轴承应归入品目 84.82。

另一方面，滑动轴承即使在报验时不带轴承座，仍应归入本品目。它们是由减摩金属或其他材料（例如，烧结金属或塑料）制成环圈，可以是整体式的，或者是由几个部件互相夹紧组成的光滑轴承，轴可在其中旋转。

本品目不包括石墨轴承或其他碳精轴承（品目 68.15）。

（3）齿轮及齿轮传动装置（包括摩擦轮）及链轮。

一般的齿轮是带齿的轮子、圆筒、圆锥、齿条或蜗杆等。

本组包括各种齿轮，包括简单的嵌齿轮、斜齿轮、锥形齿轮、螺旋齿轮、蜗杆、齿条及小齿轮、差动齿轮等，以及由多个上述齿轮组成的齿轮传动装置，也包括用于传动链的带齿轮盘或类似轮子。

本组也包括摩擦轮。摩擦轮有轮状、盘状或圆筒状，当分别将其装在主动轴及从动轴上时，可利用互相之间的摩擦传递动力。这种装置通常是用铸铁制成，有时在摩擦面上覆以皮革、木料、粘合纤维或其他材料以加大摩擦力。

（4）滚珠或滚子螺杆传动装置。

这种装置可将旋转运动变成直线运动，反之亦然。

（5）齿轮箱及其他变速装置，包括扭矩变换器。

这些装置可根据机器的不同要求，在一定范围内用手工或自动改变速度。本类主要包括如下货品。

①齿轮箱，其中有几套齿轮可供变换选择，传动的速度因此可因齿轮组的不同而变化。

②摩擦圆盘或摩擦锥体联轴节及配有链条或传动带的联轴节，其中圆盘、锥体、链条或传动带与摩擦轮接触，摩擦轮与圆盘中心或锥体两端的相对位置可以自动（或按需要）改变，从而控制所传送的旋转速度。

③变速液力耦合器，包括液力扭矩变换器。它们利用主动元件轮叶在液体（通常为油）中对着从动元件的固定或活动轮叶旋转形成变速。能量是利用压力（例如，流体静压变换器）或流体动力作用（例如，流体动压变换器或扭矩变换器）传递的。

本品目不包括与动力机装配在一起的齿轮箱或其他变速装置，这类装置应与动力机一同归类。

（6）飞轮。

这是较为大型而笨重的轮子，其结构一般是将质量集中到轮缘。飞轮旋转时其惯性可抵消动力机转动时的速度变化，从而使转速保持恒定。有些飞轮的轮缘有槽或有齿，或装有连杆，因此可用以传送动力（例如，用作主动滑轮或嵌齿轮）。

（7）滑轮，包括滑轮组。

滑轮由多个轮子构成，有些滑轮的轮缘有槽，可利用绕在滑轮上的环带或绳索，将旋转运动从一个滑轮传送到另一个滑轮。本品目包括一般滑轮、鼓轮（宽滑轮）、锥形滑轮、级轮等。

本组也包括提升机等用的滑轮组，以及本身并不传送动力而仅作为传动缆绳的导杆或转向杆的自由滑轮（例如，调节传动带松紧用的惰轮及导轮）。

但由两个或多个滑轮组组成的装置（例如，提升机）不归入本品目（品目84.25）。

（8）离合器。

离合器用以随意连接或切断传动。它们包括：摩擦离合器，这种离合器的转盘、环、锥体等带有摩擦面，可以接合或分离；犬牙式（爪形）离合器，这种离合器的两个对立面有凸出部分及相应的凹槽；自动的离心离合器，这种离合器可按转速离合；压缩空气离合器；液压离合器等。

但电磁离合器除外（品目85.05）。

（9）联轴器（包括万向节）。

本类包括套管联轴器、凸轮联轴器、挠性联轴器、液压联轴器等，还包括万向联轴器（例如，万向节及奥尔德姆联轴器）。

2. 本品目不包括：

（1）品目 72.07 所列的经锻压成型的粗坯件。

（2）专用于或主要用于车辆或飞机的上述传动设备（变速器、传动轴、离合器、差动齿轮等）（第十七类）。但必须注意，此项规定不适用于车辆或飞机发动机的零件，这些零件仍应归入本品目。

因此，曲柄轴及凸轮轴即使专用于汽车发动机，仍应归入本品目，但汽车的传动（推动）轴、变速器及差动齿轮则应归入品目 87.08。

还须注意，本品目所列的传动装置即使专用于船舶，仍应归入本品目。

（3）钟表零件（品目 91.14）。

典型案例

案例：旅客登机桥是连接候机大厅与飞机舱门之间的机坪移动式活动通道。此设备能为旅客提供一个不受恶劣天气条件影响的上下飞机的安全环境，确保旅客在正常或紧急情况下都能登上或离开飞机。整个登机桥由固定端旋转大厅组件、伸缩活动通道、垂直提升立柱、轮架系统、接机舱五个部分组成，具体情况如下：1. 固定端旋转大厅组件与候机楼连接，由走廊、圆形大厅及支撑立柱构成。该组件的设计将保证不会有任何负载或振动从登机桥传到候机楼。2. 伸缩活动通道分为 A 段（最小）、B 段（三节桥的中段，两节桥的最大端）、C 段（三节桥的最大端），横截面部分是长方形的，伸缩活动通道的侧壁是玻璃结构或钢结构，能根据停靠飞机的不同位置，伸缩至相应的长度。3. 垂直提升立柱，是为登机桥提供垂直方向运动的构件，由提升电机及提升构件等部件组成，使登机桥能以最佳的高度泊靠不同的飞机。4. 轮架系统，是为登机桥提供水平方向运动的构件，由行走电机、减速箱和实心橡胶轮胎等部件组成，使登机桥能以最快和最安全的速度泊靠飞机。5. 接机舱，该部件在登机桥泊靠飞机时，控制登机桥行走、提升并直接与飞机接触，由操控台、接机雨棚、可调节的接机地板等部件组成，保证登机桥与飞机之间只有软接触，并方便旅客的上下。同时，留有维修人员和机务人员进出的通道和楼梯。

解析：旅客登机桥一端与候机大厅相连，另一端通过立柱、轮架系统和接机舱可以多方位移动与飞机舱门相连，符合品目 84.79 及其子目条文的描述，所以，根据归类总规则一及六，应把该商品按用于机场的旅客登机桥归入子目 8479.7100。

提示：该旅客登机桥在开始生产出来时，有观点认为其主要材料是钢铁，应该把该商品按钢铁制品归入第七十三章，而美国则认为该商品与品目 84.24 项下输送机类似，应该把该商品按输送机归入品目 84.24 项下。中国海关则认为该商品不是简单的钢铁制品，属于机电商品，且品目 84.24 项下的输送机是机器运动，而货物相对静止不动，旅客登机桥则刚好相反，是登机桥不动，人在上面行走，因此应该把该商品按未列名的具有独立功能的机器及装置归入品目 84.79 项下，并向世界海关组织提出申请。在 2012 年版的《协调制度》修订中，世界海关组织批准在品目 84.79 下单独列目。

案例：某品牌 Pad 平板电脑，长 242.8 毫米，宽 189.7 毫米，厚 13.4 毫米，重 680

克。配有处理器，具有浏览互联网、收发电子邮件、阅读电子书、播放音频或视频文件等功能。

解析： 此设备属于电脑，故应归入品目 84.71 "自动数据处理设备及其部件"。

由于此设备是一种便携式的电脑，它将电脑所需的中央处理部件、输入部件、输出部件集合于一体，并且将一般电脑输入所需的键盘转变成能同样完成键盘输入功能但更加先进、更加方便的触摸式的虚拟键盘，所以符合 8471.3 "重量不超过 10 千克的便携式自动数据处理设备，至少由一个中央处理部件、一个键盘及一个显示器组成"，故应归入子目 8471.3010。

案例： ABS 塑料制汽车空调用风向转动板。

解析： 尽管该商品属于塑料制品，并且属于机器零件，但是不能归入子目 3926.9010 "机器及仪器用零件"，因为机电产品的零件的归类应该根据第十六类类注二的规定来确定。由于该零件符合第十六类类注二（二）"专用于或主要用于某一种机器或同一品目的多种机器（包括品目 84.79 或 85.43 的机器）的其他零件，应与该机器一并归类"的规定，故应按空调专用零件归入品目 84.15。

由于"汽车用空调"应归入子目 8415.2000，故其专用零件应该按"其他"归入子目 8415.9090。

提示： 该商品容易误按"塑料制的机器及仪器用零件"归入子目 3926.9010，或误按汽车零件归入品目 87.08 项下。

第八十五章　电机、电气设备及其零件；录音机及放声机、电视图像、声音的录制和重放设备及其零件、附件

一、本章概述

本章包括所有电机及电气设备，但下列货品除外：

1. 第八十四章所列的机器及器具。这些机器及器具即使是电气的，仍应归入第八十四章。

2. 从整体上看不归入第十六类的某些货品。

与第八十四章相反，本章所列的货品即使由陶瓷材料或玻璃制成，仍应归入本章，但品目 70.11 所列的玻璃外壳（包括玻璃泡及玻璃管）除外。

第八十五章货品归类概况如表 2-16 所示。

表 2-16　第八十五章货品归类概况

品目	货品
85.01~85.07	电能的产生、变换及储存设备
85.06~85.16	利用电能工作的机械或设备
85.17	通信设备
85.18~85.22	声音、图像的录放设备
85.23	信息记录媒体
85.25~85.29	广播、电视及相关设备
85.30~85.31	视觉信号装置及电气音响
85.32~85.48（85.43 除外）	各种电子元器件
85.43	其他具有独立功能未列名的电气设备

二、类注及章注要点

（一）本章包括的货品

1. 发电、变电或蓄电的设备及装置。例如，发电机、变压器等（品目 85.01 至 85.04）；原电池（品目 85.06）及蓄电池（品目 85.07）。

2. 某些家用器具（品目 85.09），以及电动剃须刀、电动毛发推剪及电动脱毛器（品目 85.10）。

3. 某些利用电性能或电效应（例如，电磁效应、电热性能等）工作的设备及装置（品目 85.05、85.11 至 85.18、85.25 至 85.31 及 85.43）。

4. 声音的录制或重放设备及装置；电视图像的录制或重放设备；上述设备及装置的零件及附件（品目 85.19 至 85.22）。

5. 声音记录媒体或其他信息的类似记录媒体（包括视频信号记录媒体，但第三十七章的照相或电影用胶卷除外）（品目 85.23）。

6. 某些通常不单独使用，但可在电气设备中作为元器件起某种作用的电气物品。例如，电容器（品目 85.32），开关、熔断器、接线盒等（品目 85.35 或 85.36），电灯（品目 85.39），热电子管等各种电子管（品目 85.40），二极管、晶体管及类似的半导体器件（品目 85.41），电气设备用碳精制品（品目 85.45）。

7. 某些因其导电或绝缘性能而应用于电气设备及装置的物品及材料。例如，绝缘电线及其组装件（品目 85.44）、绝缘子（品目 85.46）、绝缘配件及内衬绝缘材料的金属导管（品目 85.47）。

除上述各种电气货品以外，本章还包括永磁铁（尚未磁化的也包括在内），以及永磁铁工件夹具（品目 85.05）。

重要提示

1. 本章仅包括某些类型的电热器具，例如，电炉等（品目85.14），空间加热设备、家用电热器具等（品目85.16）。

电气加热器具应归入其他各章（主要是第八十四章）。例如，蒸汽锅炉及过热水锅炉（品目84.02）；空气调节器（品目84.15）；烘炉、蒸馏设备及其他设备（品目84.19）；研光机和类似的滚压机器及其滚筒（品目84.20）；家禽孵卵器及育雏器（品目84.36）；供木料、软木、皮革等用的通用烫烙机（品目84.79）；医疗器械（品目90.18）。

2. 既不能作为品目85.23所列产品归类，又不具有其他独立功能的某些电子存储器模件〔例如，单列直插式内存模块（SIMM）和双列直插式内存模块（DIMM）〕，应运用第十六类类注二的规定，按以下规则进行归类：

（1）仅适用于或主要适用于自动数据处理设备的模件，应按这些机器的零件归入品目84.73。

（2）仅适用于或主要适用于其他特定机器或某一相同品目项下多种机器的模件，应按该机器或该组机器的零件进行归类。

（3）无法确定其主要用途的模件，应归入品目85.48。

应注意本章不包括的货品。

（二）零件

本章所列设备或装置的非电气零件，应按以下规则进行归类：

1. 许多非电气零件实际上应归入其他各章，特别是第八十四章。例如，泵及风机、风扇（品目84.13或84.14）；龙头、旋塞等（品目84.81）；滚动轴承（品目84.82）；传动轴、齿轮传动装置等（品目84.83）。

2. 专用于或主要用于本章的某种电机（或用于本章同一品目中的几种设备）的其他非电气零件，应与有关设备一同归类，或者归入品目85.03、85.22、85.29或85.38中的适当品目。

3. 其他非电气零件应归入品目84.87。

三、归类要点

（一）品目85.09

1. 本品目包括的货品。

本品目包括多种装有电动机的家用器具。本品目所称"家用器具"，是指通常在家庭中使用的器具。这些器具可根据其类型及一个或多个特征（例如，总体尺寸、设计、容量、体积）加以确定。确定这些特征的标准是有关器具的工作范围不得超出家庭需要。

除本章章注三中列名不包括的货品及超出其规定重量的货品以外，本品目包括符合上述标准的器械。本品目不包括由独立的电动机（不论是否使用软轴、传动带或其他传动装置）驱动的器具，也不包括虽在结构及用途上类似于家用器具，但显然专供工业用的器具（例如，用于食品工业、打扫烟囱、清洗机器或清洁街道等）。这些器具一般归入品目82.10或第八十四章。

本品目的器具可分为下述两组。

（1）不论其重量多少均归入本品目的物品。这类物品为数有限。

本组仅包括：

①地板打蜡机（不论是否装有打蜡装置，也不论是否配有使蜡液化的加热元件）。

②食品研磨机及搅拌器。例如，肉、鱼、蔬菜或水果研磨机；多用途研磨器（用于研磨咖啡、大米、大麦、碎豆等）；牛奶摇动器；冰淇淋搅拌器；果汁冰水搅拌器；面团揉捏器；蛋黄酱搅拌器；其他类似的研磨器及搅拌器（包括调换部件后也可进行切割或其他操作的用具）。

③水果或蔬菜的榨汁器。

（2）重量在20千克及以下的本品目物品。这类物品不受种类限制。

本组主要包括：

①地板擦洗、刮垢、冲洗器具及擦洗后吸去污水或皂泡的器具。

②在擦光前往地板上喷撒上光剂的器具。这类器具通常配有加热元件，以使蜡液化。

③厨房废料处理器。这种器具附在厨房洗涤槽中，用于磨碎厨房废料。

④马铃薯或其他蔬菜的削皮机、切片机、切碎机。

⑤各种切片机（例如，肉、香肠、咸肉、乳酪、面包、水果或蔬菜的各种切片机）。

⑥磨刀器及净刀器。

⑦电动牙刷。

⑧空气增湿机或减湿机。

2. 本品目不包括的货品。

（1）风扇及装有风扇的通风罩或循环气罩，不论是否装有过滤器（品目84.14）。

（2）冰箱（品目84.18）。

（3）滚压机及其他熨烫机（品目84.20或84.51）。

（4）离心干衣机（品目84.21）及家用洗衣机（品目84.50）。

（5）洗碟机（品目84.22）。

（6）割草机（品目84.33）。

（7）乳品厂用的搅乳器（品目84.34）。

（8）原地清洗地毯的器具，向地毯中注入清洁溶剂，再由泵将溶剂抽出，设计为供单位（家庭房舍除外）使用的，例如，供宾馆、汽车旅馆、医院、办公室、餐厅及学校使用的（品目84.51）。

（9）缝纫机（品目84.52）。

（10）电动脱毛器（品目85.10）。

（11）家用电热器具（品目85.16）。

（12）按摩器具（品目90.19）。

3. 与本品目所列器具同时报验的器材。

以上所列的许多器具可与互换零件或辅助装置同时报验，以使其适于各种用途。例如，食品搅拌器也可用于切割、研磨、掼打、绞碎等；切片机配有磨刃器件；地板擦洗器配有一套擦光刷；擦洗器配有肥皂供给器及清除污水或皂泡的吸吮器件。此类器具与其零件及附件同时报验时，如果这些零件及附件是用于有关器具，而且品种及数量正常，应一并归入本品目。在确定这些器具能否按上述 1（2）类所列条件归入本品目时，外加的可互换零件或可拆卸辅助装置的重量可不计在内。

本品目器具可装上滑行装置、小脚轮或类似装置，以方便使用。

（二）品目 85.10

1. 本品目包括：

装有电动机或振动器的电动剃须刀及毛发推剪，不论是供人使用或用于剪羊毛、修饰马毛、剪牛毛等。

本品目还包括本身装有电动机的电动脱毛器。

2. 本品目不包括：

用一个独立的电动机通过软轴驱动的毛发推剪应归入品目82.14；其电动机（不论是否装有软轴）应归入品目85.01。

3. 零件。

除零件的归类总原则另有规定的以外，电动剃须刀、电动毛发推剪或电动脱毛器的零件也归入本品目。这些零件主要包括刀架、刀片及梳形刀片。

（三）品目 85.12

1. 本品目包括：

（1）直流发电机，由一只摩擦轮在自行车（或在极少数情况下在摩托车）轮胎钢圈或轮辋上运转带动发电。

（2）电池座，装有开关、接线柱、触点等供自行车照明装置使用；电池灯，装于自行车上使用的。

（3）各种类型的车头灯，包括装有变暗或倾斜装置的车头灯；漫射驾驶灯；防雾灯；聚光灯；警车或类似车辆用的探照灯（包括装有一节电缆，可用作手提电灯或放置在道路上使用的探照灯）。

（4）边灯、尾灯、停车灯、车牌照明灯。

（5）刹车灯、转向指示灯、倒车灯及类似灯。

（6）由上述某些灯装配在一个壳套内组成的组合灯。

（7）车辆内部照明灯。例如，顶灯、壁灯、踏板指示灯、门框灯及仪表板灯。

（8）发光超车信号装置。当有车辆超车时，这种装置可自动（有时使用光电池）发出信号，告知驾驶员。

（9）其他电气视觉信号设备。例如，挂有拖车的车辆用三角形发光装置；出租汽车、警车、消防车等用的发光标志（旋转圆顶式或长排灯式）。

（10）停车设备。这种设备由车身外部的探测装置操纵。当探测装置触及路边或其他物体时，可发光或发出其他信号以警告驾驶员。

（11）防盗报警器，当车辆遭到偷盗时，它会通过视觉或声音信号发出警告。

（12）喇叭、汽笛及其他电气音响信号装置。

（13）倒车时就车辆附近的车辆或车后其他物体通过声音信号向驾驶员发出警告的电气装置。这种装置通常包括超音速传感器、电子控制装置、蜂鸣器或呼叫器及其配线。

（14）在机动车辆中通过视觉或声音信号警告驾驶员附近有雷达枪或激光枪等测速装置工作的电子装置。

（15）风挡刮水器，由电动机驱动的，包括双刮水器。

（16）除霜器及去雾器。这些器具是将电阻丝装在一个框架上而构成的，可安装在风挡上。

2. 本品目不包括：

（1）玻璃透镜（品目70.14）。

（2）空气调节器或设备（品目84.15）。

（3）干电池（品目85.06）、蓄电池（品目85.07），也不包括品目85.11的直流发电机及永磁直流发电机。

（4）传声器、声频扩大器及扬声器组成的电气扩音设备。这种设备可把拖车后面的警告喇叭声或其他路面有声信号告知牵引车辆的驾驶员（品目85.18）。

（5）装有两种或多种品目85.36所列装置的盘、板及其他基座（例如，装于转向柱上的组合开关）（品目85.37）。

（6）电灯，包括封闭式聚光灯（品目85.39）。

（7）绝缘电线及电缆，不论是否切成一定长度或装有接头，也不论是否制成布线组（例如，点火布线组）（品目85.44）。

（8）可作除霜器或去雾器用的非电气汽车加热设备（品目73.22或87.08）。

（四）品目85.13

1. 本品目包括：

（1）手电筒。

（2）其他手提电灯（包括可调光束的手提电灯）。

（3）以钢笔为造型的电灯、手电筒或闪光信号灯，常配有一个夹扣，以便在不用时紧固在使用者的口袋上。

（4）莫尔斯信号灯。

（5）矿工安全灯。矿工安全灯的照明器件通常装在矿工的安全帽上，其电源（蓄电池）通常钩挂在腰带上。

（6）通用检查电灯，装于头带（通常为弧形金属带）上。这种电灯只有在带有自供电源（例如，干电池装在使用者的衣袋中）时，才归入本品目。本品目的电灯供医生、钟表匠、珠宝商等使用。医疗专用（例如，用于咽喉或耳朵检查）的检查灯不归入本品目（品目90.18）。

（7）以手枪、唇膏等为其造型的花式电筒。电灯或手电筒与钢笔、螺丝刀、钥匙圈等组成的组合物品，如果以照明为其主要功能，仍归入本品目。

（8）配有夹扣或类似品，以便附在书本或杂志上的台灯。

2. 本品目不包括：

（1）照相闪光灯装置（品目90.06）。

（2）配有激光二极管的激光笔（品目90.13）。

（五）品目 85.16

1. 本品目包括：

（1）电热的快速热水器、储存式热水器、浸入式液体加热器。

①快速热水器。水流过热水器时即可加热。

②储存式热水器（不论是否压力型）。这种热水器配有浸入式加热元件的保温水箱，水可在其中逐渐得到加热。

③双系统热水器。这种热水器可用电把水加热，也可通过连接燃料热水系统把水加热。它们通常配有恒温控制装置，一旦非电力热水系统加热不足，即启动电力加热系统进行加热。

④电极热水锅炉。交流电通过两电极间的水，使其得到加热。

⑤浸入式加热器。根据用途不同具有不同的形状，一般置入箱、槽等里面，将液体、半流体（固体除外）或气体加热。

由浸入式液体加热器固定装在水箱、水槽或其他容器内所组成的组合装置应归入品目84.19，但专用于将水加热或家用的此类装置仍归入本品目。太阳能热水器也归入品目84.19。

⑥开水供应设备。

集中供暖用的电热水锅炉应归入品目84.03。

（2）电气空间加热器及土壤加热器。

①储存式电热装置。这种装置可用其电气元件将固体（例如，砖）或液体加热，并把热量储存起来，在需要时再将其释放到周围空气中。

②电暖炉（例如，风扇取暖炉及辐射取暖炉），包括便携式电炉。

③电气散热器。

④对流加热器。这是使用对流气流，有时还借助于风扇以循环空气的一种装置。

⑤加热嵌板。这种装置装嵌在天花板或墙壁上，包括产生红外线辐射，用于公共场所、街道等的供暖装置。

⑥汽车、火车、飞机等用的电热装置，但除霜器及去雾器除外。

⑦道路加热设备，用以防止路面结霜；土壤加热设备，其加热元件一般埋于土中，主要用于促进植物生长。

⑧发动机加热器，装于汽车的底部以利于汽车启动。

（3）电热的理发器具及吹风机。

①吹风机，包括罩式吹风机，以及带枪式握柄和机内装有风扇的吹风机。

②发器及卷发电熨器。

③电热卷发钳。

④干手器。

（4）电熨斗。

本组包括家庭用及供裁缝等使用的各种电熨斗，无绳电熨斗也包括在内。本组还包括蒸汽电熨斗，不论其是配有贮水器，还是与蒸汽管道相连。

（5）其他家用电热器具。

本组包括通常供家庭使用的所有电热机器及器具，例如，电暖炉、蒸汽快速热水器、吹风机、电熨斗等，以及如下货品：

①微波炉。

②其他电炉及电锅、电热板、加热环、烧烤炉及烘烤器（例如，对流式、电阻式、红外线、高频感应式及气电式器具）。

③咖啡壶或茶壶（包括渗滤器）。

④烤面包器，包括面包烤箱。它主要用于烘烤面包，但也可用于烘焙诸如马铃薯之类的小件食品。

⑤电热水壶、平底锅、蒸汽锅；带夹套的电热水壶，用以加热牛奶、汤及类似品。

⑥制薄饼机。

⑦蛋奶烘饼电热铁钳模。

⑧餐盘保温器及食品保温器。

⑨炒锅及土豆电炸锅（油炸锅）。

⑩咖啡烘烤器具。

⑪暖瓶器。

⑫制造酸乳酪及干乳酪的电热器具。

⑬水果保藏用的消毒器具。

⑭爆玉米花用的烹饪用具。

⑮脸干燥器及类似品。

⑯蒸汽美容器，配有一个面罩，从中蒸发水蒸气以对脸部皮肤进行护理。

⑰毛巾晾干器及晾毛巾的加热横杆。

⑱暖床器。

⑲香水加热器或电热点香器，以及杀虫剂扩散加热器。

⑳非机械的电热洗涤锅炉。

（6）加热电阻器。

除碳制加热电阻器（品目85.45）以外，所有加热电阻器，不论其应用于哪个品目的设备或装置上，均应归入本品目。

加热电阻器即使专用于某种机器或器具，仍应归入本品目；如果除了装有绝缘线圈架和电气接头以外，还与机器或器具的零件组装在一起，则应作为有关机器或器具的零件归类（例如，电熨斗的底板及电锅用的电热板）。

2. 本品目不包括：

（1）电暖的毯子、裤子、足套及类似品；电暖的衣服、靴鞋、耳套及其他供人穿戴的电暖物品（这些物品应归入其相应品目，参见本章章注一）。

DI-SHILIU LEI

（2）滚筒式熨烫机（品目84.20）及衣服的熨平机（品目84.51）。

（3）柜台式的咖啡渗滤器、茶壶或牛奶壶；小食店等用的炒锅、土豆片炸锅及其他非家庭用的电热器具（归入品目84.19等）。

（4）工业用微波炉、烘箱及设备（例如，餐馆用微波炉）（品目85.14）。

（5）配有加热元件的家具（例如，被服橱及服务小推车）（第九十四章）。

（6）香烟打火机、煤气打火机及类似品（品目96.13）。

本品目也不包括除霜器及去雾器，它们是一根装在框架上的电阻丝，用于安装在挡风玻璃上（品目85.12）。

（六）品目85.17

1. 本品目包括：

通过有线网络的电流或光波，或者通过无线网络的电磁波发送或接收两地讲话或其他声音、图像或其他数据用的设备。其信号可以是模拟式的，也可以是数字式的。上述网络可以是互连的，包括有线电话网、有线电报网、无线电话网、无线电报网、局域网及广域网。

（1）电话机，包括蜂窝网络或其他无线网络用的电话机。

①有线电话机。

有线电话机是将声音转换成可以传送到另一台设备的信号，在接收信号后又可将信号转换成声音的通信设备，由送话器、受话器（头戴受话器或耳机）、消侧音电路、振铃器、电键或"钩键"、号盘等部分组成。

单独报验时，传声器与受话器（不论是否已经组成送受话器）、扬声器应归入品目85.18；电铃及蜂鸣器应归入品目85.31。

本品目包括各种类型的电话机，具体如下：

——无绳电话机，由一个电池供电的无线电频率收发器及送受话器组成，装有号盘、电键及有线接入电话网络的无线电频率收发器基座（其他无绳电话机可不配有送受话器，而是装有一个组合式头戴受器及传声器，与电池供电的便携式无线电频率收发器、号盘及电键组合装置相连接）。

——由一个组合式号盘及电键装置（有线接入电话网络）与一个组合头戴受器及传声器组成，并一同报验的电话机。

②蜂窝网络或其他无线网络用的电话机。

本组包括用于任何无线网络的电话机。该类电话机可接收与发射由基站或卫星等接收及转发的无线电波。

它们主要包括蜂窝电话机或移动电话机、卫星电话机。

（2）发送或接收声音、图像或其他数据用的其他通信设备，包括有线或无线网络（例如，局域网或广域网）用的通信设备。

①基站，用以从蜂窝电话或其他有线或无线网络接收并向其发送无线电波。每个基站覆盖一定的地域（话区）。当用户在通话时从某个话区转到另一话区时，通话也将从某个话区自动切换到另一话区而不会中断。

②门口电话系统，该系统通常由一个电话听筒及按键盘或一个扬声器、一个话筒

和一些按键所组成，一般安装在有多个住户的建筑物的入口处。通过这种系统，来访者可以按下适当的按键呼叫某一住户，并与他们通话。

③大楼用的可视电话，主要由有线电话机、电视摄像机及电视接收机（有线传输）组合而成。

④除品目84.43的传真机以外的电报通信设备。这类设备主要用于把字符、图形、图像或其他数据转换成适当的脉冲信号并加以传送。接收机把接收到的脉冲信号重新转换成代表字符、图形、图像或其他数据的常用符号或代号，或者转换成字符、图形、图像或其他数据本身。具体如下：

——发报装置，例如，拨号或键盘式发报机及自动发报机（例如，电传打字机或电传打字发报机）。

——收报装置，例如，电传打字收报机。有时发报机与收报机联合构成收发报机。

——传真电报设备。这种设备用的摄影辅助装置（例如，显影装置）应归入第九十章。

⑤电话或电报的交换设备。

——自动交换机，主要特点是能根据编码信号，自动把用户线路接通。

——非自动交换机，包括一个机架，上面装有各种手工操作的交换装置，需要操作员对交换机接到的每次来电用手工加以接通。

⑥无线电话及无线电报的发送与接收设备。

——无线电话或无线电报用的固定设备（发送机、接收机及发送接收机）。主要用于大型台站的某些设备配有诸如保密装置（例如，频谱转换器）、多路传输装置（用以同时发送两条以上的电文）及某些称为"分集接收机"之类的接收机。"分集接收机"使用多路接收机技术，以克服衰减。

——多语种会议上同声传译用的无线电发送器及接收器。

——船舶、飞机等求救信号的自动发送机及专用接收机。

——遥测信号的发送机、接收机或发送接收机。

——机动车辆、船舶、飞机、火车等用的无线电话设备，包括无线电话接收机。

——利用电池工作的便携式接收机，例如，呼叫、报警或传呼用的便携式接收机。

⑦其他通信设备。

本组包括可连接到有线或无线通信网络上使用的设备，或者在上述网络中传输或接收讲话或其他声音、图像或其他数据用的设备。

通信网络主要包括有线载波通信系统、有线数字通信系统及其混合系统。可将其设置成公共电话交换网、局域网（LAN）、城域网（MAN）及广域网（WAN），无论是专有的还是开放式的。

本组通信设备具体如下：

——网络接口卡（例如，以太网接口卡）。

——调制解调器（调制及解调组合器）。

——路由器、桥接器、网络集线器、中继器及通道—通道衔接器。

——多路转换器及相关的有线设备（例如，发射机、接收机或电光转换器）。

——编解码器（数据压缩器/解压器），可发送及接收数字信息。

——脉冲音频转换器，能将拨号脉冲信号转换成音频信号。

2. 本品目不包括：

（1）传真机（品目84.43）。

（2）穿孔机，不论是否电动的。穿孔机可将纸带穿孔以供自动电报机使用（品目84.72）。

（3）插入电话或电报线路使用的感应线圈（品目85.04）。

（4）电池、电池组及蓄电池（品目85.06或85.07）。

（5）电话自动应答机，与电话机一起使用，但不与电话机组装在一起（品目85.19）。

（6）无线电广播或电视信号的发送或接收设备（品目85.25、85.27或85.28）。

（7）电铃或指示器（例如，由电话拨号盘操作的发光指示器）（品目85.31）。

（8）继电器及开关装置。例如，用于自动电话交换机的选线器（品目85.36）。

（9）绝缘电线、电缆等，以及由单根被覆光纤组成的光缆，不论是否带有接头，包括交换机用的带插头电缆（品目85.44）。

（10）通信卫星（品目88.02）。

（11）电话通话登记器及计数器（第九十章）。

（12）载波或其他方式的接收器及发送器，与模拟式或数字式遥测仪器及装置组成一套设备，或与后者组成第九十章章注三所称的"功能机组"（第九十章）。

（13）时刻记录器（品目91.06）。

3. 子目注释。

子目8517.62包括单独报验的无绳电话手机或基座。

有关音像设备及无线广播、电话接收设备的归类分布如表2-17所示。

表2-17　音像设备及无线广播、电话接收设备及其归类

信号种类	设备及功能	归类
声音	话筒和喇叭（声音⇆电信号）	品目85.18
	放音设备（记录媒体→声音）	品目85.19
	录音设备（声音→记录媒体）	品目85.19
	收音设备（无线电广播信号→声音）	品目85.27
图像	录像设备（图像电信号→记录媒体）	品目85.21
	放像设备（图像电信号←记录媒体）	品目85.21
	摄像设备（图像→记录媒体）	品目85.25
	电视接收机（无线或有线电视信号→图像、声音）	品目85.28

（七）品目85.18

1. 本品目包括：

单独报验的各种传声器、扬声器、耳机、耳塞机及声频扩大器，不论其实际用途

如何（例如，电话传声器、耳机及耳塞机，以及收音机扬声器）。

本品目还包括电气扩音机组。

（1）传声器及其座架。

本品目也包括无线传声器成套装置。

传声器应用很广，例如，用于有线广播扩音系统、电话、录音设备、飞机或潜艇探测器、战壕监听装置、脉搏听诊器。

有些传声器工作时需要供电，可由调音台或录音设备供电，或者通过独立的外置电源供电。单独报验的外置电源不归入本品目（一般归入品目85.04）。有时传声器还装有集中声波的装置。在有线广播扩音系统中，传声器还配有特殊支架，以供放置在桌子等上面，或放置在地面上使用，也可把传声器悬挂在这些支架上。这些支架或装置如果专供传声器使用，或专供装配在传声器上，即使单独报验，也应归入本品目。

（2）扬声器，不论是否装成音箱。

扬声器的作用与传声器相反。扬声器可把来自扩大器的电流变化或振荡变成机械振动并传入空气中，从而重放声音。

扬声器可装在框架、底座上，或装在不同类型的箱体内（常按声学原理组装），甚至可以装在家具中。如果整套装置的主要功能是作为扬声器使用的，仍应归入本品目。单独报验的框架、底座、箱体等，只要能确定为主要供装配扬声器使用的，也应归入本品目。但第九十四章的家具，除其主要功用外，也适于安放扬声器的，仍应归入第九十四章。

与自动数据处理设备连接使用的扬声器单独报验时归入本品目。

（3）耳机及耳塞，不论是否装有传声器，以及由一个传声器及一个或多个扬声器组成的组合机。

本品目包括耳机及耳塞，不论是否带有供电话或电报用的传声器；由一个特殊的喉式话筒及固定式耳机构成的头戴送受话器（例如，航空用的头戴送受话器）；通常由电话接线员使用的装有电话用话筒/扬声器组合机的有线电话手持送受话器；供插入收音机、电视机、放音机或自动数据处理设备使用的耳机及耳塞机。

本品目也包括由一个传声器及一个或多个扬声器组成的组合机，传声器和扬声器可以装配在一起。该机可配有一个耳机或耳塞，以供私人收听之用。这种组合机可插入或连接到带音频扩大器的中央控制系统，还可以供出席会议的代表使用。

本品目也包括通常由一个传声器、一个耳机、一个扬声器、一个锥形助听器、音量控制开关和电池盒组成的产前听诊装置。这种设备有助于听到胎儿和母亲心跳的声音，但不包括声音记录装置。该装置设计为非医疗专用的。

但医疗、外科或兽医专用的电气诊断装置应归入品目90.18。

（4）声频扩大器。

本品目包括作为电话增音器或测量扩大器使用的声频扩大器。

高频或中频放大器应视为具有独立功能的电气器具归入品目85.43。调音台及均衡器也应归入品目85.43。

（5）电气扩音机组。

本品目还包括由传声器、声频扩大器及扬声器组成的扩音机组。这种设备广泛应用于公共娱乐场所、公共有线广播扩音系统、广告车、警车，也可和某些乐器一起使用等。类似的设备还用于大型货运车辆（尤其是拖带挂车的货车），以使驾驶员听到车后的不正常声响或声音信号，否则这些声音可能由于发动机的响声过大而听不到。

2. 本品目不包括：

（1）装有耳机的飞机驾驶员安全帽，不论是否带有话筒（品目 65.06）。

（2）电话机（品目 85.17）。

（3）品目 90.21 的助听器。

（八）品目 85.19

1. 本品目包括：

声音录制设备、声音重放设备及既能录制又能重放声音的设备。一般是将声音录制在内部存贮装置或媒体（例如，磁带、光学媒体、半导体媒体或品目 85.23 的其他媒体）上，或从这些内部存贮装置或媒体上加以重放。

声音录制设备使记录媒体发生变化，从而使声音重放设备能在随后重放原声波（讲话、音乐等）。可以接收声波为基础进行录音，或通过其他方式进行录音，例如，利用自动数据处理设备把从互联网的网页或光盘上下载的数据声音文件录制到数字式音频装置（例如，MP3 播放机）的内存储器（例如，闪存）上。将声音录制成数字代码的装置一般不能重放声音，除非它们装有能将录音从数字代码转换成模拟信号的装置。

（1）用硬币、钞票、银行卡、代币或其他支付方式操作的设备。

该类设备用硬币、钞票、银行卡、代币或其他支付方式操作，允许选择并按指定的顺序或随机播放录音。它们通常被称为"自动唱片点唱机"。

（2）唱机转盘（唱机唱盘）。

（3）电话应答机。

这类设备与电话机连用（但不与电话机构成一体），以传送预先录制的信息，并可具有录制打电话者留言的功能。

（4）使用磁性、光学或半导体媒体的其他设备。

本组的设备可为便携式的，也可装有或设计为可配上音响装置（扬声器、耳塞机、耳机）及扩音机。

①使用磁性媒体的设备。

本组包括使用磁带或其他磁性媒体的设备。它们通过改变媒体的磁性进行录音。媒体在拾音磁头前经过，即可重放声音。例如，盒式磁带放音机、磁带录音机及盒式磁带录音机。

②使用光学媒体的设备。

本组包括使用光学媒体的设备。可将声音从强弱不同的放大电流（模拟信号）转换成数字代码，刻录在录音媒体表面。利用激光读取该媒体，即可重放声音。例如，光盘播放器及迷你光盘播放器。此类设备还包括采用磁性及光学技术混合媒体的设备。

例如，使用磁光盘的设备，这些磁光盘上具有不同反射率的区域是采用磁性技术刻制的，但通过光束（例如，激光）读取。

③使用半导体媒体的设备。

本组包括使用半导体媒体（例如，固态非易失性的）的设备。可将声音从强弱不同的放大电流（模拟信号）转换成数字代码，刻录在录音媒体表面。读取该媒体即可重放声音。半导体媒体可永久地安装在设备中，也可以是可插取的固态非易失性存贮媒体。例如，闪存音频播放器（例如，某些 MP3 播放器），为电池供电的便携式设备，主要由一个闪存（内置的或可插取的）、一个微处理器、一个包括音频放大器在内的电子系统、一个液晶显示屏及控制键组装在一个机壳内构成。微处理器已编程，用以处理 MP3 或类似文件格式。这些设备能与自动数据处理设备连接，以便下载 MP3 或类似文件。

④使用磁性、光学或半导体混合媒体的设备。

这类设备所配装置能使用磁性、光学或半导体中的任何两种或全部进行录制或重放。

（5）其他声音录制或重放设备。

①电唱机。电唱机可装有一个自动装置，能接连不断地播放多张唱片。

②电影用声音录制设备，利用光电方法进行录音，把声音录制在膜带上，膜带上的声迹有变积式和变密式两种。

电影用声音录制设备除录音磁头外，还配有软片暗盒、马达驱动装置及软片运送装置。马达驱动装置可使软片转动的速度与电影摄影机的转动速度同步。

③电影用放音机。这种放音机装备了带有光电拾音头及电荷耦合器件的读取装置。

④电影用的再录设备。例如，用于以光电或数字方式对以其他方式，如磁性方式、光学方式或电子方式录制的音轨进行再录。

2. 本品目不包括：

（1）复制已录塑料光盘用的压塑机或注塑机（品目 84.77）。

（2）与电话机组成一体的电话自动应答机（品目 85.17）。

（3）单独报验的麦克风、扬声器、音频放大器及电器扩音机组（品目 85.18）。

（4）品目 85.21 的视频信号录制或重放设备。

（5）与无线电广播接收设备组装在同一机壳内的声音录制或重放设备（品目 85.27）。

（6）与电视机组装在一起的声音录制或重放设备（品目 85.28）。

（7）与声音录制或重放装置组装在一起的电影摄影机及投影机（品目 90.07）。

（九）品目 85.21

1. 本品目包括：

（1）录制设备及组合的录制重放设备。

在与电视摄像机或电视机连接时，这类设备可把与电视摄像机捕捉到或电视机接收到的图像及声音相对应的电脉冲（模拟信号）或由模拟信号转换成的数字代码（或两者相结合）录制在媒体上。图像及声音一般是录制在同一媒体上。可采用磁学或光学方式进行录制，记录媒体通常为带式或盘式。

本品目也包括将自动数据处理设备录入的代表视频图像及声音的数字代码录制在记录媒体（一般为磁盘）上的设备（例如，数字式录像机）。

用磁带录制时，图像及声音是录制在磁带不同的磁道上。用磁盘录制图像及声音时，声音及图像是以磁像或磁点录制在磁盘表面的螺旋形磁道上。

以光学方式录制图像及声音时，用激光将代表图像及声音的数字数据刻录在光盘上。

（2）重放设备。

这种重放设备只能直接利用电视机重放图像及声音。重放设备所使用的媒体是在特殊录制设备上用机械、磁性或光学方法预先录制的。重放设备有下面两种。

①一种是使用圆盘的重放设备。其用各种方法把图像及声音信息储存在圆盘上，然后使用激光阅读系统、电容传感器、电压传感器或磁头即可拾取到储存的图像及声音信息。根据第十六类类注三的规定，同时兼可重放录像及录音节目的设备应归入本品目。

②一种是把录制在感光软片上的图像信息译出并转成视频信号的重放设备（声音用磁性方法录制在同一软片上）。

2. 本品目不包括：

（1）品目 85.23 的记录媒体。

（2）视频摄像机（品目 85.25）。

（3）电视接收装置（不论是否装有无线电收音装置或声音、图像录制或重放装置）、视频监视器及视频投影机（品目 85.28）。

（十）品目 85.22

除零件的归类总原则另有规定的以外，本品目包括专用于或主要用于品目 85.19 或 85.21 所列设备的零件及附件。

1. 本品目包括：

（1）唱盘或声音机械录制软片用的拾音头。拾音头可将机械振动（由记录针沿着录制媒体的纹道运行所产生）转换成电脉冲。

（2）激光阅读系统。

（3）磁头，用于录音、放音或抹音。

（4）磁带式适配器，可借助磁带播放器重放来自便携式光盘播放器的声音。

（5）光电拾音头。

（6）绕带或倒带装置。该装置主要由两个卷轴架组成，其中至少有一个配有使其转动的装置。

（7）唱盘用的拾音臂、转盘。

（8）唱针用的已加工蓝宝石及钻石，不论是否已装配。

（9）唱片刻纹器。

（10）专用家具，专为声音录制或重放设备设计或制造的。

（11）盒式清洁带，用于清洁声音或图像录制或重放设备的磁头，不论是否和清洁溶剂配在一起作零售包装的。

（12）其他磁性录音或放声设备专用的零件及附件。例如，磁性抹音头、抹音棒及抹音机；磁性唱针头；口授时显示达到某一点的刻度盘。

（13）视频图像录制或重放设备专用的零件及附件。例如，视频信号录制磁鼓；用以保持磁带与录音头或拾音器接触的真空装置；绕带装置等。

2. 本品目不包括：

（1）卷盘、卷轴或类似芯轴，含没有磁带的录像带盒或录音带盒（按其材料属性归类，例如，归入第三十九章或第十五类）。

（2）声音录制或重放设备用的电动机，未与上述录制或重放设备的零件或附件装配在一起的（品目85.01）。

（3）品目85.23的记录媒体。

（4）装有拾音头，在同步工作台上与画面取景器一同使用的装置（品目90.10）。

（十一）品目85.23

本品目包括记录声音或其他信息（例如，数字数据，文本，图像、视频或其他图形数据，软件）用的各种媒体，不论是否已录制。这些媒体一般可在记录或阅读装置中插入或拔取，并可将信息从一台记录或阅读装置转到另一台装置。

本品目的媒体报验时可以是已录制的、未录制的，或虽已预录某些信息，但仍能记录更多信息。

本品目包括批量生产已录制媒体成品用的媒体中间品（例如，母片、带阴纹母盘、带阳纹母盘、压模用盘）。

但是，本品目不包括将数据记录到媒体上或从媒体上检索数据的装置。

1. 本品目主要包括：

（1）磁性媒体。

本组的产品一般为磁盘、磁卡或磁带的形式。它们由不同的材料制成（一般为塑料、纸或纸板、金属），其本身具有磁性或涂有某种磁性材料，如磁带式录音机用的盒式磁带或其他磁带、便携式摄录机或其他录像装置（例如，VHS、HI-8TM、mini-DV）用磁带、磁盘或磁条卡。

本组不包括磁光媒体。

（2）光学媒体。

本组的产品一般为圆盘的形式，由玻璃、金属或塑料制成，镀有一层或多层的反光层。储存在这种圆盘上的任何数据（声音或其他信息）要通过激光束读取。本组包括已录制或未录制的圆盘，不论其是否可擦写。

例如，本组包括光盘（例如，CDs、VCDs、CD-ROMs、CD-RAMs 等）、数字通用光盘（DVDs）。

本组也包括磁光媒体。

（3）半导体媒体。

本组的产品含有一个或多个集成电路。

本组包括：

①从外部数据源记录数据的固态、非易失性数据存储器件。这些器件（也称为"闪存卡"或"电子闪存卡"）用于从外部数据源记录数据，或向导航及全球定位系统、数据采集终端、便携式扫描仪、医疗监测仪器、音频记录设备、个人通信设备、移动电话、数字式照相机及自动数据处理设备等提供数据。通常，一旦与特定装置连接之后，即可将数据存储在该装置上，并可从中读取数据，也可将数据上载至自动数据处理设备，或从自动数据处理设备下载数据。

这类媒体仅需通过与之相连的装置供电，无须使用电池。

这些非易失性数据存储器件在同一机壳内包含有一个或多个闪存（"FLASH E2 PROM/EEPROM"），以集成电路的形式装配在一块印刷电路板上，并装有与主机连接的接口。它们可以包括集成电路形式的电容、电阻及微型控制器。例如，USB 闪存驱动器就是一种固态非易失性数据存储器。

②"智能卡"，装有一个或多个集成电路［微处理器、随机存取存储器（RAM）或只读存储器（ROM）］芯片。"智能卡"可带有触点、磁条或嵌入式天线，但不包含任何其他有源或无源电路元件。

这些"智能卡"也包括符合本章章注四（二）所列条件的"邻近卡或牌"。邻近卡/牌通常由一个带只读存储器的集成电路构成，该电路连接于印制天线上。邻近卡/牌可在天线上产生一个干扰场（其性质可由只读存储器内的编码加以确认），以影响阅读器发射的信号，并反馈给阅读器。该装置不传输数据。

（4）其他。

本组包括唱片。

2. 本品目不包括：

（1）带有一条或多条声道的照相或电影用胶卷（第三十七章）。

（2）光电记录感光胶卷（品目 37.02）。

（3）准备制成但尚未制成声音或其他信息记录媒体的物品。这些物品应归入其各自的品目内（例如，归入第三十九章、第四十八章或第十五类）。

（4）记有数据的纸带或穿孔卡片。这些材料是使用穿孔方法进行记录的（第四十八章）。

（5）某些电子存储模块［例如，单列直插式内存模块（SIMM）及双列直插式内存模块（DIMM）］，它们应根据第十六类类注二的规定进行归类。

（6）游戏机用卡带（品目 95.04）。

上述易失性内存与非易失性内存的区别在于，易失性内存断电后所储存的数据会自动消失。

（十二）品目 85.25

1. 本品目包括：

无线电广播或电视发射设备（不论是否装有接收装置或声音的录制或重放装置），不论是利用电磁波发射，还是利用线路传送的电视设备，一律归入本品目。

2. 本品目不包括：

（1）品目 85.17 的设备。

（2）单独报验的与转播设备合并使用的无线电广播接收设备（品目 85.27）。

（3）卫星电视接收机及卫星电视接收系统（品目 85.28）。

（4）永久性装有本品目的无线电广播或电视发射机的特殊用途机动车辆（一般归入品目 87.05）。

（5）通信卫星（品目 88.02）。

电视摄像机用的"移动"式活动机械设备，不论是否单独报验，均不归入本品目（品目 84.28）。

电视摄像机的远距离控制及调焦用的电气设备单独报验时，也不归入本品目（品目 85.37）。

（十三）品目 85.26

1. 本品目包括：

（1）无线电导航设备（例如，无线电信标及无线电浮标，装有固定或旋转天线；接收机，其中包括装有多路天线或定向线圈天线的无线电罗盘），也包括全球定位系统（GPS）接收机。

（2）船舶或飞机导航雷达设备（不论装在船舶、飞机等上面，还是架设在陆地上），其中包括港口雷达设备及安装在浮标、灯塔等上面的识别装置。

（3）飞机场用的盲降及交通控制设备。

（4）雷达测高设备（无线电测高计）。

（5）气象雷达，用于跟踪暴风雨云或气象气球。

（6）盲目投弹设备。

（7）炮弹或炸弹近爆引信用的雷达装置。装有雷管的整套引信归入品目 93.06。

（8）空袭警报雷达装置。

（9）海军或高射炮用雷达测距测向装置。

（10）雷达发射—应答器。这种设备能接收雷达脉冲，在应答所收到脉冲时，所发送的脉冲常带有重叠信息。发射—应答器用于飞机上，使雷达操作员能对其加以识别。发射—应答器也用于仪器气球上，用以测量距离及方向，并传送气象情报。

（11）遥控船舶、无人驾驶飞机、火箭、导弹、玩具、航海模型及航空模型等的无线电设备。

（12）地雷引爆或机器遥控用的无线电装置。

2. 本品目不包括：

永久性装有雷达或本品目其他设备的特殊用途机动车辆（一般归入品目 87.05）。

（十四）品目 85.27

归入本品目的无线电播音设备必须是接收通过自由空间而不是线路所传播的电磁波信号的。

1. 本品目包括：

（1）各种类型的家庭用收音机（台式、落地式收音机；装在家具、墙壁等上面的收音机；便携式收音机，不论是否与声音录制、重放装置或时钟组装在同一机壳内的收音机）。

（2）汽车用收音机。

（3）与品目 85.25 所列的转播设备连用，但单独报验的接收装置。

（4）袖珍盒式磁带收放机。

（5）装有收音机的立体音响系统（高保真音响系统），组合成套供零售用，由多个具有独立外壳的组合单元所组成，例如，由高密光盘播放器、盒式录音机、带调谐器的扩大器、扬声器等组合而成。收音机构成了该系统的主要特征。

2. 本品目不包括：

（1）品目 85.17 或 85.25 的物品。

（2）永久性装有本品目所列的无线电广播接收机的特殊用途的机动车辆（一般归入品目 87.05）。

（十五）品目 85.28

1. 本品目包括：

未带有电视接收装置的监视器及投影机。

用于信号显示的电视接收装置（电视机），不论是否装有无线电收音装置或声音、图像的录制或重放装置。

不具备显示功能的电视信号接收装置（例如，卫星电视广播接收机）。

（1）专用于或主要用于品目 84.71 的自动数据处理系统的监视器。

本组包括用图示的方法显示已处理数据的阴极射线管监视器或非阴极射线管（例如，平板式屏幕）监视器。这些监视器能够与其他类型的监视器及电视接收装置区分开来。它们包括：

①只能接收自动数据处理设备的中央处理部件所给出的信号，因而不能接收广播级（NTSC、SECAM、PAL、D-MAC 等）波形的合成视频信号来重放彩色图像的监视器。它们装有数据处理系统所特有的接头（例如，RS-232C 接口、DIN 或 SUB-D 接头），并且不具有声频电路。它们由装在自动数据处理设备的中央处理部件内的特种适配器（例如，单色或图形适配器）所控制。

②显示间距尺寸至少为 0.41 毫米的中分辨率阴极射线管监视器，间距尺寸越小，分辨率越高。

③为了适应显示小幅而清晰的图像，比下述第（2）部分所描述的监视器及电视接收机所采用的光点（像素）更小、聚集标准更大的阴极射线管监视器。

④视频带宽（确定每秒传送多少光点才能形成图像的范围）一般为 15 兆赫及以上的阴极射线管监视器，而下述第（2）部分所描述的监视器，其带宽一般不大于 6 兆赫。这些监视器的行扫描频率根据各种不同的显示模式而有所不同，通常从 15 千赫到 155 千赫以上。它们当中许多能够采用多行扫描频率。下述第（2）部分所描述的监视器，其行扫描频率是固定的，一般为 15.6 千赫或 15.7 千赫，视所适用的电视标准而定。另外，公共广播的国内或国际广播频率标准或闭路电视的频率标准不适用于本组的监视器。

本组的监视器具有低电磁场放射的特点，通常装有倾斜及旋转调节机构、无眩光表面、无闪烁屏幕，并具有其他便于延长靠近监视器观看时间的工效学设计特征。

（2）非专用于或主要用于品目 84.71 的自动数据处理系统的监视器。

本组包括的监视器为通过同轴电缆直接与电视摄像机或录像机相连接的接收器，完全不带射频电路，供电视公司或闭路电视系统（飞机场、火车站、工厂、医院等）使用。这些设备主要由能够发生光点并将其与源信号同步显示在屏幕上的装置所构成，装有一个或多个可调整光点强度的视频放大器，并能将红（R）、绿（G）及蓝（B）信号分开输入或按某一特定制式（NTSC、SECAM、PAL、D-MAC 等）进行编码。要接收已编码信号，监视器必须装有一个能分开红、绿及蓝信号的解码装置。最常见的图像重显方式是可直接显示的阴极射线管或带有高达三个投射式阴极射线管的投影机。然而，其他监视器通过不同的手段（例如，液晶屏幕、将光线衍射到油膜上）亦可达到相同的目的。它们可以是阴极射线管监视器或平板显示器的形式，例如，液晶显示器（LCD）、发光二极管显示器（LED）、等离子体显示器。

（3）投影机。

投影机可把通常在电视接收机或监视器的屏幕上重放的图像投影到外表面上。它们可基于阴极射线管技术或基于平板技术［例如，数字镜像装置（DMD）、液晶显示（LCD）、等离子体］。

（4）电视接收装置。

本组包括下列装置，不论其在设计上是否有带有视频显示器或屏幕。

①不带显示装置（阴极射线管、液晶显示器等）的电视广播（地面、有线、卫星）接收装置。这些装置接收信号并将其转换成一种适合于显示的信号，还可装有调制解调器，以便连接到因特网上。

这些接收装置是与图像录制或重放设备、监视器、投影机或电视机一起使用。但仅能隔离高频电视信号的装置（有时称为视频调谐器）应按零件归入品目 85.29。

②工业用电视接收机（例如，用于远距离监测仪器或危险地区观测的电视接收机）。这类设备通常是有线传送的。

③各种家用的（液晶显示、等离子体显示、阴极射线管显示等）电视接收机（电视机），不论是否带有无线电广播接收装置、磁带录像装置、DVD 播放装置、DVD 录制装置、卫星接收器等。

2. 本品目主要不包括：

（1）视频信号录制或重放设备（品目 85.21）。

（2）永久性装有电视接收机或本品目所列其他设备的特殊用途机动车辆（例如，广播用车）（一般归入品目 87.05）。

（3）电影放映机（品目 90.07）及品目 90.08 的影像投影仪。

（十六）品目 85.29

除零件的归类总原则另有规定的以外，本品目包括上述四个品目所列器具、设备的零件。

1. 归入本品目的零件包括：

（1）各种发射或接收天线及天线反射器。

（2）用于无线电广播或电视广播接收天线的旋转系统。该系统主要由一个电动机及一个控制盒组成。电动机装在天线杆上使之转动，控制盒则是独立的，用于天线的跟踪及定位。

（3）品目85.25至85.28所列器具、设备的专用箱、壳。

（4）天线滤波器及分离器。

（5）支架（底架）。

2. 本品目不包括：

（1）天线杆（例如，品目73.08）。

（2）高压发生器（品目85.04）。

（3）蜂窝电话（也称移动电话）用蓄电池（品目85.07）。

（4）能同时主要用于品目85.17及品目85.25至85.28所列货品的零件（品目85.17）。

（5）耳塞机及耳机，不论是否带有传声器，用于电话或电报，或者与无线电或电视接收机连接使用（品目85.18）。

（6）阴极射线管及其零件（例如，偏转线圈）（品目85.40）。

（7）天线放大器及无线电频率振荡装置（品目85.43）。

（8）电视摄像机用的镜头及滤色镜（品目90.02）。

（十七）品目85.30

1. 本品目包括：

供铁道、气垫火车系统、道路或内河航道交通管理使用的各种电气设备。在一定程度上，类似设备也可用于对船舶（例如，在港口）、飞机（例如，在飞机场）及停车场的管理，这类设备也归入本品目。但是，本品目不包括机械操作的类似设备，即使这些设备装有辅助性的电气部件（例如，使用电气照明的机械信号设备，或用电启动的液压或气动控制设备）（这类设备归入品目86.08）。

静态的标志，即使使用电气照明（例如，用作方向标志的发光板），也不能视为交通管理设备。因此，这类标志不能归入本品目，而应归入其相应品目（品目83.10、94.05等）。

（1）铁道或电车道设备（包括地下矿井铁道设备）及气垫火车运输系统设备。这些设备分为两类。

①信号或安全设备。

这类信号设备用于车站、交叉路口、平交道口等的交通管理，或用于控制铁路同路段多次列车的通行。后一种信号设备包括自动路段信号设备，当火车从某一路段驶进下一路段时，这种设备可自动发出必要的信号。

本品目还包括（用警铃或视觉显示器）向车站或信号塔通知关于火车的位置或抵达情况，或关于各个道岔及信号装置等状态的设备。

这种信号设备中装在机车上的部分不归入本品目。

②轨道控制设备。

这类设备包括道岔遥控设备，还包括编组车场内用于铁路货车自动控制的某些复杂设备［例如，安装在大型编组车场的接续中继存储设备及铁路货车的移动控制设备（"球形自动控制器"）］。

（2）道路、内河航道或停车场用的设备。具体如下。

①平交道口自动信号装置。例如，闪烁信号灯、铃、发光停车信号灯。

操纵闸门或栏栅的电气设备也归入本品目。

②交通灯，通常由安装在交叉路口等的一组颜色信号灯组成。

2. 零件。

本品目所列货品的零件也归入本品目。

（十八）品目85.31

除自行车或机动车辆所用信号装置（品目85.12）及道路、铁道等的交通管理信号设备（品目85.30）以外，本品目包括所有其他电气信号装置，不论其是以音响（电铃、电蜂音器、电笛等）或是使用视觉显示（灯、活片、发光号码等）发出信号，也不论是人工操作（例如，门铃）或自动操作（例如，防盗报警器）。

静态的标志，即使是电气照明的（例如，灯、提灯、发光板等），也不作为信号设备归类。因此，这种标志不归入本品目，而应归入其相应品目（品目83.10、94.05等）。

1. 本品目主要包括：

（1）电铃、电蜂音器、电门钟等。本品目还包括电门钟及教堂电钟，但不包括弹奏音乐用的电子钟琴（第九十二章）。

（2）电气音响信号装置、喇叭、电笛等，其声响由电气操作的振簧或旋转圆盘运动时或电子声响发生器发出。这类装置包括工厂用的电笛、空袭警报器、船用电笛等。

（3）其他电气信号装置（例如，闪烁信号灯或间歇信号灯等），用于飞机、船舶、火车或其他运输工具（品目85.12的自行车或机动车辆用的电气信号装置除外），但不包括品目85.26的无线电或雷达装置。

（4）显示板及类似物品。这类物品适于在办公室、旅馆及工厂等场所，用以呼唤工作人员，指示何处需要某人或某项服务，显示房间是否空余。

这类物品具体如下。

①房间显示器。这是一种大型显示板，显示板上的号码与房间号码相同。按动有关房间的按钮时，显示板上有关房间的号码即会发光，或者使遮片或活片落下，显出号码。

②号码显示器，其信号以发光数字的形式在一个小盒子的面上显示出来。这种显示器中有些使用电话拨号盘操作。另有一种时钟型的号码显示器，利用一根指针绕着号码盘移动以指示号码。

③办公室显示器。例如，表示一个办公室内有关人员是否有空闲的显示器。这种显示器有些只是简单的"请进"或"免进"标志，这些标志可由办公室内人员随意操纵发光。

④电梯显示器。这种显示器可在一块发光板上显示出电梯所在的楼层及升降。

⑤船舶机舱传令装置。

⑥车站显示板，用于显示火车的时间及站台。

⑦赛马场、足球场、滚木球场等用的显示器。

在上述各类显示板等中，有些还装有电铃或其他音响信号装置。

本品目不包括道路或铁路公共地图（按动相应的按钮，地图上有关的地点、道路、路段或路线即会发光）。本品目也不包括电气广告标志。

（5）防盗报警器。这种报警器由探测装置及信号装置（电铃、电蜂音器、视觉显示器等）两部分组成。信号装置由探测装置操纵自动启动。

（6）防火报警器，为自动报警器，也由探测装置及信号装置（电铃、电蜂音器、视觉显示器等）两部分组成。这类报警器具体如下。

①使用易熔制品（蜡或特殊合金）工作的装置。当温度升高到超过某一点时，该类装置中的易熔制品便会熔化，从而接通电路并引发警报。

②利用双金属片、液体或气体的膨胀作用工作的装置。膨胀超过某一程度时即引起警报。有一种防火报警器，其气缸内的气体膨胀时，可推动气缸内的活塞。这种报警器还装有一个阀门，从而使气体缓慢膨胀时不至于引起警报，只有在温度骤然升高，气体突然膨胀时，才引发警报。

③利用电阻变化工作的装置。这类装置中元件电阻的变化是由温度变化引起的。

④利用光电管工作的装置。一束光线聚焦于光电管，当这束光线被浓烟所遮变暗，达到预定程度时，即引起警报。装有刻度指示器或记录器的类似装置应归入第九十章。

除自动防火报警器外，本品目还包括非自动报警器，例如，安装在街道上，用于呼唤消防队的装置。

（7）电气气体报警器，由探测装置及音响或视觉报警装置组成。当有毒气态混合物（例如，天然气、甲烷）存在时，可发出警报。

（8）火焰报警器（火焰探测器）。它装有光电管，当火焰点燃或熄灭时，光电管可通过继电器引起警报。未装有电气音响或视觉报警装置的探测器归入品目85.36。

2. 本品目不包括：

（1）开关及开关板，不论是否装有简单的指示灯（品目85.36或85.37）。

（2）装有检烟器的防火报警器，其检烟器装有放射性物质的（品目90.22）。

（3）液晶监视器或电视接收机（品目85.28）。

（十九）品目85.36

本品目包括用于电压不超过1000伏的电气装置。这些电气装置一般供寓所或工业设备使用。但本品目所列电器如果工作电压超过1000伏，则应归入品目85.35。本品目也包括光导纤维、光导纤维束或光缆用连接器。

1. 本品目包括：

（1）电路开关装置。

这些装置主要由接通或切断相联的一条或多条电路的器件构成，或由可将一条电路转换到另一条电路的器件组成。电路开关根据所配转换电路的多少，可称为单极开关、双极开关、三极开关等。本组还包括转换开关及继电器。

①本品目的开关装置包括无线电装置、电气仪器等用的小型开关；家用电线开关

（例如，翻转开关、杠杆操纵开关、旋转开关、悬垂式开关、按钮开关）；工业用开关（例如，极限开关、凸轮开关、微型开关及接近开关）。

利用开门或关门来操纵的开关及用于启动荧光灯的自动热电开关（启辉器）也归入本品目。

其他可归入本品目的装置包括：由光耦合输入输出电路构成的交流电电子开关（绝缘可控硅交流电开关）；电子开关，包括温度保护电子开关，由一个晶体管和一块逻辑集成电路（多层芯片技术）构成，用于不超过 1000 伏电压的电路；用于不超过 11 安电流电路的机电快速开关（拨动开关）。

本品目包括使用半导体元件、无触点操作的电子开关（例如，用于晶体管、可控硅、集成电路）。

配有开关的门锁不包括在本品目内（品目 83.01）。

②转换开关，用于将一条或多条线路与另外一条或多条线路接通。

最简单的转换开关是把一条线路接在中央的接点上。该接点可通过移动臂接上其他任何一条线路。比较复杂的转换开关包括电动机用的启动开关以及电动车辆用的控制机构。这类开关不仅包括开关装置，还包括可根据需要接通或切断电路的多个电阻器。

本品目还包括收音机或电视接收机等用的复杂开关单元。

③继电器，一种利用相同或其他电路的变化自动控制电路的电气装置。继电器可用于通信设备、道路或铁道信号设备，以及用于机床的控制及保护等。

（2）电路的保护装置。

本品目包括熔断器。这是一种装有（或可以装上）一段保险丝的器件。它插入电路后，当电流增强造成危险时，保险丝会熔化，从而切断电路。根据所使用电路及电流的不同，熔断器也有所不同。保险丝管由一个装有保险丝的管子构成，保险丝与管子两端的金属帽相接触。其他熔断器有一个底座或插座（用以插入线路），以及一个装保险丝的连接器件（可用螺丝钉旋进插座，或压入两个弹簧接点之间）。本品目包括完整的熔断器，不论是否已装保险丝。单独报验的插座及连接器件也归入本品目。但这些货品如果全部由绝缘材料制成（模制时为了装配的需要而加入的少量金属件除外），则不归入本品目（品目 85.47）。保险丝应根据其构成材料归类，但带有回线或其他连接器件而即可使用的小段保险丝仍归入本品目。

本品目包括防止电路过载的其他装置（例如，当电流超过某一定值时，可自动切断电路的电磁装置）。

本品目不包括恒定电压变压器（品目 85.04）及自动电压调节器（品目 90.32）。

（3）电路的连接装置。

这类装置可把电路中的各部分连接起来，具体如下。

①插头、插座或其他接触器，用于将可移动的引线或装置与固定的设备相连接，其种类如下。

——插头或插座（包括用以连接两个可移动引线的）。插头有一个或多个插销或侧接点，这些插销或侧接点与插座上的孔眼或接点相配。插头的边缘或其中一个插销可供接地之用。

——滑动接触器。例如，电动机用的电刷及电动牵引车、升降设施等用的集电器（架空或输电轨集电器等），但碳精或石墨制品除外（品目85.45）。滑动接触器可由块状金属、丝网布或叠片条组成，即使其外表涂有石墨润滑层，仍归入本品目。

——灯泡或灯管插座及灯座。某些灯座的外形与蜡烛相似，以便装在灯台上，或镶在墙壁上作为壁灯托架。这些货品只要其主要作为灯座使用，仍归入本品目。

装有一段电线或电缆的插头及插座等的货品不归入本品目（品目85.44）。

②其他连接器、接线柱、线端条等。它们包括装有电气连接器的绝缘材料小方块（骨牌状接线器）；接线柱（接入导体的金属件）；小金属件，可装在线路末端以接通电路（铲形线端、鳄鱼夹等）。

线端条为条状绝缘材料，装有多个金属线端或连接器，用以连接电线。本品目还包括接线条或接线板。这类产品把多块金属片装进绝缘材料中，以便把电线焊接在上面。接线条用于无线电装置或其他电气装置。

③接线盒，内装有接线柱或其他器件，以便与电线连接在一起。未装有电器连接器件或预留其安装位置的盒子，不归入本品目，而应根据其构成材料归类。

（4）光导纤维、光导纤维束或光缆用连接器。

品目85.36所称"光导纤维、光导纤维束或光缆用连接器"，是指在有线数字通信设备中，简单机械地把光纤端部相连成一线的连接器。它们不具备诸如对信号进行放大、再生或修正等其他功能。不带有光缆的光导纤维用连接器仍归入本品目，但带有光缆的光导纤维用连接器不包括在内（品目85.44或90.01）。

2. 本品目也不包括：

（1）用作电压控制器的非线性电压电阻器（压敏电阻器/VDR）（品目85.33）。

（2）上述所列装置的组合体（不包括简单的组合开关）（品目85.37）

（3）作电压控制器用的半导体二极管（品目85.41）。

（二十）品目85.37

1. 本品目包括：

前面两个品目所列装置（例如，开关及熔断器）的组合体，装在盘、板、台上面或柜子里。这类装置一般还配有仪表，有时还配有辅助装置，例如，变压器、电子管、电压调节器、变阻器或发光电路图。

本品目的货品，小至仅装有几个开关、熔断器等的小型配电盘（例如，供照明设施用的），大至供机床、轧钢厂、发电站、无线电台等使用的复杂的控制板，甚至由几个本品目所列物品组装在一起的组合体，均包括在内。

本品目还包括：

（1）装有自动数据处理机的数字控制板，一般用于控制机床。

（2）控制设备用的程序控制板，根据其操纵方式而有所不同。这类货品一般用于家用电器设备，例如，用于洗衣机或洗碟机。

（3）可编程序控制器，为数字式装置。这种装置使用可编程序存储器存储逻辑、顺序、计时、计数及数值运算等特定功能的执行指令，通过数字式或模拟式输入/输出组件控制各种机器。

本品目不包括品目90.32的自动控制设备。

2. 本品目不包括：

（1）电话交换机（品目85.17）。

（2）简单的组合开关，例如，由两个开关及一个连接器组成的组合开关（品目85.35或85.36）。

（3）电视机、视频录像机或其他电器设备的遥控器用无绳红外器件（品目85.43）。

（4）装有钟表机构或同步电动机的定时开关（品目91.07）。

（二十一）品目85.41

1. 二极管、晶体管及类似的半导体器件。

这些半导体器件是依靠某些"半导体"材料的电子性能进行工作的。

这些半导体材料的主要特点是在室温下其电阻率介于导体（金属）与绝缘体的电阻率之间。

二极管的主要类型有信号管、整流管、调压管、基准电压管。

但天然半导体材料（例如，方铅矿）须经装配才可归入本品目。

本组不包括第二十八章的化学元素（例如，硅及硒）经过掺杂后用于电子工业的产品。它们为圆片、薄片或类似形状，不论是否已经抛光，也不论是否已经覆有均匀的外延层，均不归入本品目，除非这些货品已经有选择地掺入掺杂剂或者已经过扩散，形成分立的导电区。

2. 光敏半导体器件。

本组包括光敏半导体器件，这些半导体在可见光线、红外线或紫外线的作用下，利用其内在光电效应，引起电阻率的变化或产生电动势。

利用外部光电效应（光电发射）进行工作的光电发射管，应归入品目85.40。

光敏半导体器件的主要类型如下。

（1）光电管（光敏电阻器），一般装有两个电极，两个电极之间为半导体（硫化镉、硫化铅等），其电阻随所受到的光照强度而变化。

光电管用于火焰探测器，自动照相机、移动物体计数器、自动精密测量装置用的曝光表，自动开门系统等。

（2）光电池，可直接把光变成电能，无须外部电源。用硒作阻挡层的光电池主要用于照度计及曝光表。用硅作阻挡层的光电池具有较大的输出功率，特别适用于控制与调节设备、检测光脉冲及纤维光导通信系统等。

光电池的主要类型如下。

①太阳电池，一种硅阻挡层光电池，可直接把太阳光变成电能。太阳电池通常成组作为电源使用，例如，用于探索太空的火箭及人造卫星；山区呼救送话器。

本品目也包括不论是否装在组件内或组装成块的太阳电池。但本品目不包括配有元件，直接为电动机、电解槽等供电的电池板及电池组件，不论所配元件如何简单（例如，用于控制电流方向的二极管）（品目85.01）。

②光电二极管（锗光电二极管、硅光电二极管等）。光电二极管的特点是，当光线

照射到 p-n 结时，其电阻率会发生变化。它可用于自动数据处理（储存数据的读取），在某些电子管中作为光阴极使用，以及用于辐射高温计等。光电晶体管及光敏闸流晶体管均属这类光电接收器件。

光电二极管装上外壳后，可根据其外壳与上述第（1）部分所列的二极管、晶体管及闸流晶体管相区别。光电二极管的外壳有部分是透明的，以便透光。

③光电耦及光电继电器，由电发光二极管与光电二极管、光电晶体管或光敏闸流晶体管组成。

光电半导体器件报验时，不论是已经装配（例如，装有线接头或引线），已装外壳或未经装配的，均归入本品目。

3. 发光二极管。

发光二极管，或电发光二极管（特别是使用砷化镓或磷化镓的发光二极管）是一种可把电能变成可见光线、红外线或紫外线的半导体器件，例如，可在控制系统中作显示或传输数据之用。

激光二极管。这种二极管可发射出连贯的光束，用于探测核子，也用于测高计、遥测设备或纤维光导通信系统。

4. 已装配的压电晶体。

压电晶体主要由钛酸钡（包括用钛酸钡制成的多晶偏光元件）、锆酸钛酸铅或品目 38.24 所列的其他晶体、石英或电气石晶体制成，用于传声器、扬声器、超声波装置、稳频振荡电路等。只有已装配的压电晶体才归入本品目。压电晶体一般为板、棒、圆片、环等形状，并且必须装有电极或电接头。压电晶体可涂有一层石墨、清漆等，或装在支座上，常装有一个外壳（例如，金属盒、玻璃泡）。但如果装配了其他器件，整件货品（装上附加晶体）则不能作为已经装配的晶体，而应作有关机器或器具的零件并按有关机器或器具的零件归类。例如，传声器或扬声器用的压电元件（品目 85.18）；拾音头（品目 85.22）；超声波测厚仪用的拾波元件（探针）［一般酌情根据第九十章章注二（二）归入第九十章或归入品目 90.33］；电子表用的石英振荡子（品目 91.14）。

本品目不包括未装配的压电晶体（一般归入品目 38.24、71.03 或 71.04）。

(二十二) 品目 85.42

集成电路是一种由无源及有源元件或部件高密度组装而成的器件，人们把它作为单一元器件看待。但仅装有无源元件的电子电路不归入本品目。

与集成电路不同，分立元件可具有单一的有源电性能［第八十五章章注八（一）所称的半导体器件］，或单一的无源电性能（电阻器、电容器、电感器等）。分立元件是不可分割的，是一个系统里的多个基础电子结构元件。

然而，由多个电路元件构成并具有多种电性能的元件，例如，集成电路等，不应作为分立元件对待。

集成电路包括存储器（例如，动态随机存取存储器、静态存储器、可编程只读存储器、可擦可编程只读存储器、电可擦除只读存储器）、微控制器、控制电路、逻辑电路、开关阵列、接口电路等。

1. 单片集成电路。

这是将电路元件（二极管、晶体管、电阻器、电容器、电感器等）基本上整体制作在一片半导体材料（例如，掺杂硅）基片的表面，并不可分割地连接在一起的一种微型电路。单片集成电路可分为数字式、线式（模拟式）或数字模拟式几种。

单片集成电路在报验时可以是下列形态：

（1）已经装有线端或引线，不论是否装在陶瓷、金属或塑料外壳内。其外壳可呈圆筒形、平行六面形等。

（2）未经装配，即仅切成小片，一般呈长方形，边长通常只有几毫米。

（3）未切成形的圆片（即未切成小片的）。

2. 混合集成电路。

这是一种在已形成薄膜或厚膜电路的绝缘基片上组合而成的微型电路。在制膜电路时，可同时制作某些无源元件（电阻器、电容器、电感器等）。但是，要制成本品目所列的混合集成电路，必须将半导体器件互相结合起来并装在基片的表面。半导体器件或呈集成电路芯片形式（不论是否已封装），或是已经封装的半导体器件（例如，封装在专门设计的微型外壳内）。混合集成电路还可装有另外制作的无源元件，这些无源元件采用与半导体器件同样的方式组装在基础膜电路上。这些无源元件一般为电容器、电阻器、电感器等芯片状元件。

3. 多芯片集成电路。

这是由两个或多个相互连接的单片集成电路实际上不可分割地组合在一片或多片绝缘基片上构成的电路，不论是否带有引线框架，但不带有其他有源或无源的电路元件。

多芯片集成电路的绝缘基片可以带有导电区。这些区域由特殊材料组成或形成特殊形状，以通过分立电路元件以外的方式而获得无源性能。当基片上出现导电区时，它们会被当作是单片集成电路相互连接的一种典型方法。当这些基片被置于最底部的芯片或芯粒上时，也可称之为"中介层"或"间隔层"。

单片集成电路可以通过诸如黏合剂、丝焊或"倒装晶片"技术等多种方式相互连接。

本品目不包括完全由无源元件构成的膜电路（品目85.34）。

本品目不包括录制声音或其他信息用的固态非易失性存储器件、"智能卡"及其他媒体（参见品目85.23及本章章注四）。

重要提示

除上述第2及第3部分关于混合集成电路和多芯片集成电路的介绍中提到的实际上不可分割的组合件外，本品目也不包括由以下方式组成的组件：

1. 把一个或多个分立元件装在一个支座上，例如，装在一个印刷电路上。

2. 把一个或多个其他器件（例如，二极管、变压器、电阻器）加进电子微型电路。

3. 分立元件组合件或多芯片型集成电路以外的电子微型电路组合件。

这些组件可按下列规则进行归类：

1. 构成完整的机器或器具（或可按完整品归类的机器或器具）的组件，应归入有关机器或器具的相应品目内。

2. 其他组件，按零件的归类规则［特别是按第十六类类注二（二）及（三）的规定］进行归类。

以上规定尤其适用于某些电子存储器模件［例如，单列直插式内存模块（SIMM）和双列直插式内存模块（DIMM）］。这些模件应运用第十六类类注二的规定进行归类。

（二十三）品目 85.43

1. 本品目包括：

未归入本章其他品目，也未更为具体地列入本《协调制度》其他各章的品目，而且第十六类或本章章注也未列名不包括的所有电气器具及装置。更为具体地列入其他各章的电气产品主要是指第八十四章的电动机械及第九十章的某些仪器及设备。

归入本品目的电气器具及装置必须具有独立功能。

本品目所列的大部分器具是电气产品或零件（电子管、变压器、电容器、扼流圈、电阻器等）的组合装置，完全用电气操作。但本品目也包括带有机械性能的电气产品，只要这些机器的机械性能附属于这些机器的电气性能。

（1）粒子加速器，一种可使带电粒子（电子、质子等）获得高动能的装置。

粒子加速器主要用于原子核研究，但也应用于放射性材料的生产，用于医疗或工业射线照相，以及对某些产品的消毒等。

归入本品目的粒子加速器包括范·德·格拉夫氏加速器、科克科罗夫及沃尔顿氏加速器、直线加速器、回旋加速器、电子感应加速器、同步回旋加速器、同步加速器等。

专用于产生 X 射线的电子感应加速器及其他粒子加速器，包括必要时可产生 β 射线或 γ 射线的粒子加速器，应归入品目 90.22。

（2）信号发生器，一种以可分配频率（例如，高频或低频）产生已知波形与量值等电信号的装置。这些装置主要包括脉冲发生器、图形发生器、扫描发生器。

（3）金属探测器。这种装置利用接近金属物体时产生的磁通变化进行工作。类似的探测器可用于探测装有烟草、食品的木桶及木料中的金属异物，并可用于探测埋在地下的管道。

（4）调音台。这种装置可在录音时把两个或多个传声器所输出的信号混合在一起。调音台有时配有放大器。音频混频器和均衡器也应归入本品目。但本品目不包括电影摄影专用的调音台（品目 90.10）。

（5）降低噪声装置。这类装置可与录音装置一起使用。

（6）配有电阻器的除霜器及去雾器，用于飞机、船舶、火车或其他车辆［脚踏车或机动车辆用的除霜器及去雾器除外（品目 85.12）］。

（7）同步器。这种装置可在多个发电机供电给同一线路时使用。

（8）矿用电雷管，由一个手提发电机（直流发电机）及一个电容器组成。

（9）高频或中频放大器（包括测量放大器及天线放大器）。

（10）电镀、电解或电泳机器及装置（但不包括品目 84.86 的机器及装置和品目 90.27 的电泳仪）。

（11）一般工业用的紫外线辐照设备。

（12）臭氧发生及扩散电气装置，用于非医疗方面（例如，供工业或房屋的臭氧处理等用）。

（13）电子音乐组件，用于装在各种日常用品或其他货品上，例如，装在手表、杯子及贺卡上。这类组件通常由一块电子集成电路、一个电阻器、一个扬声器及一个汞电池构成，带有编制好的音乐程序。

（14）电篱网激发器。

（15）电视机、视频录像机或其他电器设备的遥控器用无绳红外线器件。

（16）以场致发光材料（例如，硫化锌）为基质，置于两层导电材料之间的场致发光器件，一般呈条、块或板状。

（17）数字式飞行数据记录仪（飞行记录器），是一种防火、防撞的电子装置，用以连续记录飞行中的具体飞行数据。

2. 本品目不包括：

（1）半导体或平板材料掺杂用的离子植入机（品目 84.86）。

（2）制造半导体晶圆、半导体器件、集成电路或平板显示器用的物理气相沉积设备（品目 84.86）。

（3）本章章注四（二）所定义的"智能卡"（包括邻近卡或牌）（品目 85.23）。

（二十四）品目 85.44

1. 本品目包括：

在电气机器、器具或设施中作为导体使用的绝缘电线、电缆及其他绝缘导体（例如，编结带、条、棒）。基于上述规定，本品目包括适用于内部或外部安装的电线、电缆（例如，地下、海底或架空电线或电缆）。这些货品可以是非常细小的绝缘电线，也可以是较为复杂的大型电缆。

非金属的导体也归入本品目。

（1）本品目所列货品由下列材料构成。

①导体，为单股线或多股线，可由一种金属或多种不同金属组成。

②一层或多层绝缘材料包皮。

③在某些情况下，一层金属护套（例如，铅、黄铜、铝或钢制护套）。这些护套既可用作绝缘包皮的保护层，也可用作气体绝缘或油绝缘的管道，或在某些同轴电缆中作为辅助导体使用。

④有时还装有金属铠装层（例如，螺旋盘绕的钢铁丝或带），主要用于保护地下或海底电缆。

（2）本品目的绝缘电线、电缆等有以下几种结构形式。

①单股或多股绝缘电线。

②把两根或多根上述电线绞扭在一起。

③把两根或多根上述电线组装在同一绝缘护套内。

（3）本品目主要包括的货品。

①漆包线，一般很细，主要用于线圈绕组。

②经过阳极化等工艺处理的电线。

③通讯电线及电缆（包括海底电缆及数据传输电线和电缆），一般由双芯线、四芯线或电缆芯线构成，整条线（缆）通常由一护套包裹。

④绝缘架空电缆。

⑤永久性长途电缆，常使用充满绝缘气体或绝缘油的管道。

⑥地下铠装电缆，装有防锈蚀护套。

⑦矿井用电缆。这种电缆装有纵向铠装层以抗拉力影响。

此外，本品目包括涂漆的或装有绝缘护套的编结电线。

本品目还包括通常用于大型电机或控制设备的绝缘带。

电线、电缆等即使已切成一定长度，或在一端或两端装有接头（例如，插头、插座、接线片、插孔、套管或接线柱），仍归入本品目。本品目还包括由上述电线或电缆等制成的成组电线或电缆等（例如，连接机动车火花塞与分电器的成组电缆）。

本品目还包括光缆。光缆由单根被覆光纤组成，不论是否装有电导体或接头。纤维的包层常具有不同颜色，以便于对电缆两头的纤维加以辨别。光缆主要用于通信，因为光缆传输数据的容量大于电导体。

2. 本品目不包括：

品目85.16的用绝缘材料包覆的加热电阻器（例如，绕卷在玻璃纤维芯或石棉芯上的特种合金线）；品目85.36的光导纤维、光导纤维束或光缆用连接器。

本品目的光缆与品目90.01的光缆区别如表2-18所示。

表2-18　品目85.44光缆与品目90.01的光缆的区别

品目	85.44	90.01
外观	光缆断面可以区分出根数，每根光纤外面有包覆层	每根光纤外面无包覆层，从断面上分不出根数
用途	主要用于通信	非用于通信

典型案例

案例：冷热饮水机，型号QZH-25，品牌千纸鹤。该商品由压缩机、温控器、电热管、冷水龙头、热水龙头、水箱、塑料外壳等构成。该商品具有两种功能，利用压缩机对水制冷和利用电热管对水加热。性能指标220伏（交流），冷水温度2℃~12℃，热水温度85℃~95℃。用途为提供冷热饮用水。

解析：从商品的描述可知，该商品具有加热和制冷两种功能，其用途是提供冷热饮用水。该商品属于多功能机器，根据第十六类类注三"多功能机器"的归类原则，除品目另有规定者外，主要功能视为唯一功能，按主要功能归类；不能确定主要功能，应"从后归类"。该商品的加热和制冷两种功能无法确定哪一种为主要功能，因此该商品不能按制冷机器归入品目 84.18 项下，而应"从后归类"。

所以，根据归类总规则三（三）及六，该冷热饮水机应按电热饮水机归入子目 8516.7910。

案例：带电源线的插座，额定电压 220 伏，LIAN HUA 牌，型号 SY220E，电源线一头为插头，另一头为插座。

解析：《商品及品目注释》中品目 85.36 项下"电路的连接装置"的解释规定，装有一段电线或电缆的插头及插座等的货品不归入本品目（品目 85.44），同时品目 85.44 的解释规定，电线、电缆等即使已切成一定长度，或在一端或两端装有接头（例如，插头、插座、接线片、插孔、套管或接线柱），仍归入本品目。所以，根据归类总规则一及六，该商品应按额定电压超过 80 伏，但不超过 1000 伏的带有接头的电缆归入子目 8544.4221。

提示：该商品在实际工作中易被误按插座归入子目 8536.6900。归错的主要原因是不熟悉《商品及品目注释》对品目 85.36 项下"电路的连接装置"的解释。

案例：微波烘干机，又称"超级微波炉"，长 18 米，宽 1.3 米，高 2 米。用于烘干纱线、织物。

解析：由于该微波炉用于烘干纱线、织物，并且体积庞大，属于"工业微波炉"，故不能按家用微波炉归入品目 85.16 项下。

工业用微波炉是通过介质损耗将电磁波的能量转换成热能，从而使被加热物体得到均衡加热，故应归入品目 85.14"工业或试验用电炉及电烘箱（包括通过感应或介质损耗工作的）；工业或实验室用其他通过感应或介质损耗对材料进行热处理的设备"。然后按"通过感应或介质损耗工作的炉及烘箱"归入子目 8514.2000。

案例：电动睫毛刷（装有纽扣电池）。

解析：尽管睫毛刷可以归入品目 96.03"帚、刷（包括作为机器、器具、车辆零用件的刷）、非机动的手工操作地板清洁器、拖把及毛掸，供制帚、刷用的成束或成簇的材料；油漆块垫及滚筒；橡皮扫帚（橡皮棍除外）"，但是电动睫毛刷有电动机，属于家用电动器具，并且符合第八十五章章注三"品目 85.09 仅包括通常供家用的下列电动器具：（一）任何重量的地板打蜡机、食品研磨机及食品搅拌器，水果或蔬菜的榨汁机；（二）重量不超过 20 千克的其他机器"的规定，故应归入品目 85.09，然后按"其他器具"归入子目 8509.8090。

案例：数码相框，可播放数码相片、MP3，可插入存储卡（SD/MMC/XD/CF）和 U 盘直接浏览图片，外带 USB 连接线，可以通过和电脑连接将电脑中图片复制到数码相框中或者将数码相框的图片复制到电脑中。

解析：该数码相框具有播放相片（静态图片）、MP3 声频的功能，为多功能机器，其主要功能为播放相片。根据第十六类类注三有关多功能机器的描述，应按其主要功能"播放相片"进行归类。该商品播放的相片为静态图像，不同于品目 85.28 的视频图像播放，因此不能归入该品目项下。该商品的主要功能"相片播放"在其他品目中未有具体列名，符合品目 85.43 的商品描述，根据归类总规则一及六，应将其归入子目 8543.7099。

第十七类 车辆、航空器、船舶及有关运输设备

一、本类概述

本类包括各种铁道车辆及气垫火车（第八十六章）；其他陆上车辆，包括气垫车辆（第八十七章）；航空器及航天器（第八十八章）；船舶、气垫船及浮动结构体（第八十九章）。

应注意本类不包括的货品。此外，本类还包括与运输设备相关的某些具体列名货品，例如，经特殊设计、装备适于一种或多种运输方式的集装箱；某些铁道或电车道轨道固定装置及附件和机械（包括电动机械）信号设备（第八十六章）；降落伞、航空器发射装置、甲板停机装置或类似装置和地面飞行训练器（第八十八章）。

二、自走式机器及其他移动式机器

许多机器设备（特别是第十六类所列的机器设备）可以安装在第十七类的车辆底盘或浮动底座上，所构成的移动式机器应根据各种因素，特别是底座的种类这一因素来确定归类。例如，装在浮动底座上的所有移动式机器（例如，起重船、挖泥船、谷物提升船等），应归入第八十九章。

三、零件及附件

本类各章的有关品目，仅包括同时符合下列三个条件的零件及附件：

1. 它们不得列入本类类注二规定不包括的货品范围。
2. 它们必须是专用于或主要用于第八十六章至第八十八章所列货品的零件及附件。
3. 它们必须是未在本《协调制度》其他品目内列名更为具体的货品。

注意第十七类类注二规定不包括的零件及附件。

（一）关于"专用于"或"主要用于"的标准

1. 既可归入第十七类，又可归入其他类的零件及附件。

根据本类类注三的规定，非专用于或非主要用于第八十六章至第八十八章所列货品的零件及附件，不归入上述各章。

因此，类注三的规定列明，既可归入第十七类，又可归入其他各类的零件或附件，最终应根据其主要用途来确定归类。例如，许多第八十四章所列移动式机器用的转向机构、制动系统、车轮及挡泥板等货品，实际上与第八十七章所列卡车用的几乎完全相同，但因为它们主要用于卡车，所以这些零件及附件应归入本类。

2. 可归入本类中的两个或多个品目的零件及附件。

某些零件及附件可适用于多种运输工具（汽车、航空器、摩托车等），例如，制动器、转向系统、车轮、车轴等。这些零件及附件应归入其主要用于该种运输工具的零件及附件的有关品目。

（二）《协调制度》其他品目列名更为具体的零件及附件

凡在本《协调制度》其他品目列名更为具体的零件及附件，即使能确定为用于本类所列货品的，仍不归入本类，例如：

1. 硫化橡胶（硬化橡胶除外）制的异型材，不论是否切成一定长度（品目40.08）。

2. 硫化橡胶制的传动带（品目40.10）。

3. 橡胶轮胎、可互换胎面、轮胎衬带及内胎（品目40.11至40.13）。

4. 皮革、再生皮革、钢纸等制的工具袋（品目42.02）。

5. 自行车或气球用的网（品目56.08）。

6. 拖缆（品目56.09）。

7. 纺织地毯（第五十七章）。

8. 由钢化玻璃或层压玻璃制的未镶框的安全玻璃，不论是否成形（品目70.07）。

9. 后视镜（品目70.09或第九十章）。

10. 车头灯的未镶框玻璃（品目70.14），以及一般归入第七十章的货品。

11. 速度计、转数计等用的软轴（品目84.83）。

12. 品目94.01的车辆座椅。

第八十六章　铁道及电车道机车、车辆及其零件；铁道及电车道轨道固定装置及其零件、附件；各种机械（包括电动机械）交通信号设备

本章包括各种铁道或电车道（包括窄轨铁道、单轨铁道等）用的机车、车辆及其零件，以及某些轨道固定装置及附件。本章还包括经特殊设计、装备适于一种或多种运输方式的集装箱，以及各种机械（包括电动机械）信号、安全或交通管理设备（包括停车场用的在内）。

本章所称的"铁道"及"电车道"，不仅指普通的钢制轨道，还指磁力悬浮轨道或混凝土轨道等类似导轨系统。

第八十七章　车辆及其零件、附件，但铁道及电车道车辆除外

一、类注及章注要点

（一）本章包括的货品

除第十六类所列的某些移动式机器以外，本章包括下列各种车辆：

1. 牵引车、拖拉机（品目 87.01）。

2. 机动客车（品目 87.02 或 87.03）、货车（品目 87.04）或特种机动车（品目 87.05）。

3. 未装有提升或搬运设备，适用于工厂、仓库、码头或机场短距离运输货物的机动车辆；火车站月台上用的牵引车（品目 87.09）。

4. 机动的装甲战斗车（品目 87.10）。

5. 摩托车及边车；脚踏车及残疾人用车，不论是否机动（品目 87.11 至 87.13）。

6. 婴孩车（品目 87.15）。

7. 挂车、半挂车及其他非机动车辆，不论是人力推拉、用畜力拖拉，还是用车辆牵引（品目 87.16）。

8. 在陆上行驶或兼可在陆上及某些水域（沼泽地带等）行驶的气垫车辆（参见第十七类类注五）。

9. 不完整或未制成的车辆，只要具有完整品或制成品的基本特征，应按相应的完整或制成车辆归类，具体如下。

（1）尚未装有车轮、轮胎及电池的机动车辆。

（2）尚未装有发动机或内部配件的机动车辆。

（3）尚未装有坐垫及轮胎的自行车。

除第十七类类注另有规定的以外，本章也包括可确定为专用于或主要用于本章所列车辆的零件及附件。

（二）本章不包括的货品

1. 专供示范而无其他用途的剖面车辆样品及其零件（品目 90.23）。

2. 儿童乘骑的带轮玩具及儿童脚踏车（品目 95.03）。

3. 冬季运动设备，例如，长雪橇、平底雪橇及类似品（品目 95.06）。

4. 装在旋转木马上的车辆及其他作为游乐场娱乐设备用的车辆（品目 95.08）。

重要提示

水陆两用的机动车辆应作为本章的机动车辆归类。但经特殊制造也可作为道路车辆使用的飞机，仍应作为航空器归类（品目 88.02）。

二、归类要点

（一）品目 87.03

本品目包括：

各种载人的机动车辆（包括水陆两用机动车辆），但品目 87.02 所列的机动车辆除外。本品目的车辆可装有各种发动机（活塞式内燃机、电动机、汽轮机等）。

本品目也包括结构比较简单的轻型三轮车，具体如下。

（1）装有摩托车发动机及车轮等的三轮车。根据其机械结构，它们已具有普通汽车的特征，即装有汽车驾驶系统或倒挡及差速器。

（2）装在 T 形底盘上的三轮车。这种三轮车底盘的两个后轮是由各自的电池电动机分别驱动的。它们通常用单一的中心控制杆操纵，驾驶员用以使车辆启动、加速、制动、停止或倒退，也可通过对主动轮施加差速力矩或摆动前轮使车辆左转或右转。

本品目的车辆可以是轮式或履带式的。

本品目还包括下列货品。

（1）汽车（例如，轿车、出租汽车、运动车及赛车）。

（2）特种运输车辆，例如，救护车、囚车及灵车等。

（3）旅宿汽车（野营汽车等），这是一种专门配有起居设施（例如，卧室、厨房、卫生间等）的载客车。

（4）雪地行走专用车（例如，雪地越野汽车）。

（5）高尔夫球车及类似车辆。

（6）四轮驱动汽车，装有带管式底盘和小汽车式转向机构（例如，利用阿克曼原理工作的转向机构）。

本品目所称的"旅行小客车"，是指最大载客量为 9 人（包括驾驶员），车内无须作结构上的变动即兼可载运客货的车辆。

重要提示

1. 本品目的某些机动车辆的归类取决于其某些特征表明这些机动车辆主要用于载运乘客，而非用于载运货物（品目 87.04）。这些特征特别有助于确定机动车辆的归类，即其车辆总重一般低于 5 吨，而且只拥有一个单一的封闭式内部空间，其中一部分容纳驾驶员和乘客，另一部分既可载客，又可载货。这种类型的机动车辆一般称为"多用途"车辆（例如，客货两用车、运动用的多用途车辆和某些类型的轻便小货车）。

2. 归入本品目的车辆一般具有以下特征：

（1）在驾驶员和前排乘客后面的空间具有供各人乘坐的固定座位，并带有安全装置（例如，座椅安全带或安装座位安全带的定位点和配件），或具有固定的定位点和配件，以备安装座椅和安全设备。这些座椅可以是固定的、折叠的或可从定位点移走的。

（2）沿车厢两侧带有后窗。

（3）在车厢两侧或后部具有带窗的滑动式、外掀式或提升式车门。

（4）在驾驶员和前排乘客所在区间与后部区间之间没有固定隔板或屏障，其后部区间既可载客，又可载货。

（5）与乘客区间相连的整个车厢内部具有装饰精致、配置舒适的特征（例如，配置地毯、通风设备、内部照明和烟灰缸等）。

游乐园专用的车辆，例如"碰碰车"，应归入品目 95.08。

（二）品目 87.04

1. 本品目主要包括：

普通卡车及货车（平板式、油布篷式、封闭箱式等）；各种送货汽车、搬家具的车；配有自动卸货装置的货车（自动卸货车等）；液罐车（不论是否配有泵）；保温或冷藏货车；装运酸坛、丁烷罐等用的多层卡车；配有装卸踏板的低车架重型卡车，供装运液罐、起重或挖掘机器、变压器等用；经专门设计适用于运输新拌混凝土的货车，但不包括品目 87.05 所列的混凝土搅拌运输车；垃圾收集车，不论是否配有装载、压紧、倾倒等装置。

2. 本品目还包括：

（1）自卸车，这种车结构坚固，配有倾卸式或开底式车身，适于运输挖掘料及其他材料。它配有固定式或铰接式底盘，一般装有越野车轮，可在软土地面上作业。本组包括重型及轻型自卸车。轻型自卸车有时设有双向座位（即有两个方向相反的座位或两个方向盘），以便驾驶员可面向车身驾驶车辆进行卸货。

（2）梭式矿车，这种车适用于矿山把煤或矿物从采煤机或采矿机运到输送带上。这是一种下置式重型车辆，装有轮胎及活塞式内燃机或电动机，可利用输送带自动卸货，输送带就是车的底板。

（3）自动装货车，装有绞车、提升机等装置，但主要用于运输。

（4）公路铁路两用货车，这种车经特殊装备，兼可在公路或铁路上行驶。它的公路用车轮可靠在铁路轨道上，车的前部及后部都装有转向架式装置，用千斤顶将该装置举起后，这种车即可在公路上行驶。

重要提示

配有发动机及驾驶室的机动车底盘也归入本品目。

3. 本品目也不包括：

（1）在工厂、仓库、码头或机场用于搬运长形货物或集装箱的跨运车（品目 84.26）。

（2）矿用装载搬运机（品目 84.29）。

（3）运输货物用的摩托车、踏板摩托车、机动脚踏车（品目 87.11）。

4. 子目注释。

（1）子目 8704.10。

自卸车一般可根据其以下特征与其他货物运输车辆（特别是自动卸货车）加以区

别：

①自卸车的车身是用高强度钢板制造的，其前部伸出，遮住驾驶室顶部，起到保护驾驶室的作用。车身底板的全部或一部分朝后部向上倾斜。

②有些自卸车的驾驶室仅为半宽式。

③没有轴悬架。

④制动能力强。

⑤工作速度及工作区域很有限。

⑥特种沼泽地行驶轮胎。

⑦因其结构坚固，车辆自重与其有效载重量之比不超过 1：1.6。

⑧车身可由车辆本身所排废气加热，以防止所载材料黏附或冻结。

（2）子目 8704.21、8704.22、8704.23、8704.31 及 8704.32。

车辆总重量是指由生产厂家规定作为车辆最大设计载重能力的车辆使用重量。该重量为车辆自重、最大设计载荷、驾驶员及装满燃油的油箱重量的总和。

（三）品目 87.05

本品目包括经特制或改装，配有各种装置，使其具有某些非运输性功能的机动车辆，即本品目所列车辆主要不是用于载人或运货。

1. 本品目包括：

（1）机动拖修车，由货车底盘（不论是否装有底板）与非旋转起重机、支架、滑轮、绞车等提升装置配置而成，用于提升及拖带发生事故的车辆。

（2）带泵机动车，装有通常由车辆本身的发动机驱动的泵（例如，救火车）。

（3）装有云梯或升降平台的车辆，供维修架空电缆、路灯等用；装有可调悬臂及平台的车辆（摄影机移动车），供拍摄电影或电视用。

（4）清洁街道、明沟、机场跑道等用的车辆（例如，清扫车、洒水车、洒水清扫车、粪罐车）。

（5）配有内装式设备的犁雪车及吹雪车，即经特制专供扫雪用的车辆，这种车一般装有涡轮机及旋转叶片等，由车辆本身的发动机或另设的发动机驱动。

可互换的扫雪或吹雪装置，不论报验时是否装在车上，均不归入本品目（品目84.30）。

（6）各种喷洒车，不论是否配有加热设备，供摊铺沥青或砂砾用，或供农业等用。

（7）起重车。这种车不适用于运货，由一个驾驶室及一个旋转起重机固定装在一个机动车底盘上所组成。但配有自动装料装置的货车除外（品目87.04）。

（8）移动式钻机（即装有钻探装置、绞车及其他设备供钻井等用的车辆）。

（9）配有堆装机械装置的车辆（即这种车配有可沿垂直支柱移动的平台，该平台一般由车辆本身的发动机驱动）。但本品目不包括装有绞车、升降装置等的自动装货机动车，这种车的结构主要用于运货（品目87.04）。

（10）混凝土搅拌车，由一个驾驶室及一个机动车底盘组成，混凝土搅拌机固定装在底盘上。这种车兼可用于搅拌及运输混凝土。

（11）流动发电机组，由一台发电机装在一辆载重汽车上所组成，发电机由车辆本身的发动机或专门的发动机驱动。

(12) 流动放射线检查车（例如，装有检查室、暗室及整套的放射设备）。

(13) 流动诊疗车（医疗及牙科用），设有手术室，并配有麻醉设备及其他外科器具。

(14) 探照灯车，车上装有一部探照灯，由汽车发动机驱动的发电机供电。

(15) 户外广播车。

(16) 电报、无线电报或无线电话收发车；雷达车。

(17) 赛马赌金计算车，装有计算机器，用以自动计算赛马场上的赢面。

(18) 流动实验室（例如，用于检验农用机械的操作性能）。

(19) 测试车，装有记录仪器，可测定其牵引车的牵引力。

(20) 装备齐全的烘面包车（装有揉面器、烘箱等）；野外厨房车。

(21) 工场搬运车，装有各种机器及工具、焊接器具等。

(22) 流动银行车、流动图书馆车、展览货品用的流动展览车。

2. 本品目也不包括：

(1) 机动压路机（品目84.29）。

(2) 农用滚压机（品目84.32）。

(3) 装有辅助发动机的小型流动步行操纵器具（例如，公园、花园等场所用的清洁机及在道路上划线用的器具）（品目84.79）。

(4) 旅宿汽车（品目87.03）。

重要提示

装有工作机器的机动车底盘或货车：

1. 凡带有起重或搬运机器、土地平整、挖掘或钻探机器等的车辆，至少必须配备推进发动机、变速箱及换挡操纵装置、转向及制动装置等机械装置，在实质上构成了一台基本完整的机动车底盘或货车，才能归入本品目。

2. 装在轮式或履带式底盘上的自推进式机器（例如，起重机、挖掘机），如果推进或中心部件装在作业机器的驾驶室内，则不论整台机器是否可以依靠自身的动力在道路上行驶，仍应归入品目84.26、84.29或84.30等。

3. 本品目不包括带有轮子的自推进式机器，它的底盘和作业机器经特制相互构成不可分割的成套机械设备（例如，自推进式平路机）。在这种情况下，作业机器不是简单地装在一个机动车底盘上，而是完全与机动车底盘组成一个整体。机动车底盘尽管可装配有上述汽车的关键部件，但只能作为机器部件使用。

配有内装式设备的机动犁雪车或吹雪车一律归入本品目。

（四）品目87.06

本品目包括装有发动机、传动机构、转向机构及驱动桥（不论是否装有车轮），品目87.01至87.05所列机动车辆用的底盘车架或底盘车身整体式车架（单片式汽车车身或无骨架式车身）。换言之，归入本品目的货品为不带车身的机动车辆。

但本品目的机动车底盘可装有发动机罩、挡风玻璃、叶子板、脚踏板及仪表板（不论是否装有仪表）。机动车底盘不论是否装有轮胎、化油器、蓄电池或其他电气装置，仍应归入本品目。但完整的或基本完整的牵引车、拖拉机或其他车辆不归入本品目。

本品目也不包括：装有发动机及驾驶室的机动车底盘，不论其驾驶室是否完整（例如，未装有座位的）（品目 87.02 至 87.04）（参见本章章注四）；未装有发动机的机动车底盘，不论是否装有各种机械零件（品目 87.08）。

（五）品目 87.07

本品目包括品目 87.01 至 87.05 所列机动车辆用的车身（包括驾驶室）。

本品目不仅包括预备装在机动车底盘上的车身，也包括无底盘车辆的车身（这种车的发动机及驱动桥由车身本身支承）。本品目还包括组合式车身，其底盘的某些部件也装在车身内。

本品目包括各种类型车辆的车身，其范围很广（例如，客车车身、货车车身及特殊用途车辆的车身）。它们一般用钢、轻型合金、木材或塑料制成。

这些车身可以配备齐全（例如，装有仪表板、行李箱、座位、坐垫、地席、行李架及电气装置等各种配件及附件）。

不完整的车身也归入本品目，例如，未装配挡风玻璃或车门等零件的车身或内部装饰及油漆作业尚未完成的车身。

驾驶室（例如，货车、牵引车及拖拉机用的）也归入本品目。

（六）品目 87.08

1. 品目 87.01 至 87.05 所列机动车辆的零件及附件，必须同时符合下列两个条件：
（1）它们必须可确定为专用于或主要用于上述车辆；
（2）它们不得列入第十七类类注规定不包括的货品范围。
2. 本品目的零件及附件包括：
（1）已组装的汽车底盘车架（不论是否装有车轮，但未装有发动机）及其零件（例如，大梁、支架、横梁；悬挂装置；支撑车身、发动机、脚踏板、电池或燃油箱等用的支架及托架）。
（2）车身零件及其配套附件，例如，底板、侧板、前面板、后面板、行李舱等；门及其零件；发动机罩；带框玻璃窗，装有加热电阻器及电气接头的窗、窗框；脚踏板；挡泥板；叶子板；仪表板；散热器护罩；牌照托架；保险杠；转向柱托架；外部行李架；遮阳板；由车辆发动机供热的非电气供暖及除霜设备；固定装在机动车内用以保护人身安全的座位安全带；地毯（纺织材料或未硬化硫化橡胶制的除外）等。尚未具有不完整车身特征的组合体（包括组合式底盘车身），例如，尚未装有车门、挡泥板、发动机罩及后行李箱盖等零件的组合体，应归入本品目，而不应归入品目 87.07。
（3）离合器（锥形离合器、盘式离合器、液压离合器、自动离合器等，但品目 85.05 所列的电磁离合器除外）、离合器外壳、离合器盘、离合器杆及已装配的离合器摩擦片。

（4）各种变速箱（机械式、超速传动式、预选式、电动机械式、自动式等）；变矩转换器；变速箱体；传动轴（但作为发动机内部零件的除外）；小齿轮；直接传动爪形离合器及变速拉杆等。

（5）装有差速器的驱动桥；非驱动桥（前桥或后桥）；差速器箱；行星齿轮机构；轮毂、短轴（轴颈）、短轴托架。

（6）其他传动零件及部件（例如，方向传动轴、半轴；齿轮及齿轮传动装置；滑动轴承；齿轮减速装置；万向节）。但本品目不包括发动机的内部零件，例如，品目84.09 的连杆、推杆、气门挺杆及品目 84.83 的曲轴、凸轮轴及飞轮。

（7）转向机构零件（例如，转向柱管、转向横拉杆及操纵杆、转向关节系杆；壳体；齿条齿轮传动装置；动力转向机构）。

（8）制动器（蹄式、扇形、盘式等）及其零件（盘、鼓、缸、已装配的制动摩擦片、液压制动器的油箱等）；助力制动器及其零件。

（9）悬挂减震器（摩擦式、液压式等）及其他悬架零件（弹簧除外）、扭杆弹簧。

（10）车轮（压制钢车轮、钢线辐轮等），不论是否装有轮胎；履带式车辆的履带及一组轮子；轮、轮盘、毂盖及轮辐。

（11）控制装置，例如，转向盘、转向柱、转向器；转向轮轴；变速操纵杆及手刹车操纵杆；加速踏板、制动踏板、离合器踏板；制动器及离合器的连杆。

（12）散热器、消音器、排气管、燃油箱等。

（13）离合索缆、制动索缆、油门索缆及类似索缆，由一条软套管套着一条活动的索缆构成。它们报验时已切成一定长度，端部还装有配件。

（14）带充气系统的各类安全气囊（例如，驾驶员侧气囊、乘客侧气囊、安装在门板内用于侧面撞击保护的气囊、安装在车辆顶板用以对头部进行特别保护的气囊）及其零件。充气系统包括装在一个容器内的点火器及推进剂，用来引起气体膨胀充入气囊。本品目不包括遥感器或电子控制器，因其不能视为充气系统的零件。

本品目不包括品目 84.12 的液压缸或气压缸。

典型案例

案例：某品牌压缩式垃圾车，使用柴油发动机，车辆总重量 12 吨，用途为收集运输垃圾到垃圾处理场。

解析：该商品为用于收集运输垃圾用的车辆，属于货运机动车辆，符合《商品及品目注释》中品目 87.04 项下关于垃圾收集车的定义："垃圾收集车，不论是否配有装载、压紧、倾倒等装置"。因此，该商品应归入品目 87.04 项下。该商品使用柴油发动机，且车辆总重量（指车辆自重、最大设计载荷、驾驶员重量及装满燃油的油箱重量的总和）为 12 吨，所以，该压缩式垃圾车应按柴油型中型货车（车辆总重量超过 5 吨但不超过 14 吨）归入子目 8704.2230。

案例：电视转播车，由 MAN 26.364FNLC/L 机动车（底盘型号为WMAT36ZZZ1W041754、发动机号为 3769588214B281）改装而成。车厢内经改装分为电缆设备、技术、音响、导演工作区，装配有演播台、监视器、调音台、录像机、编辑机、功率放大器、配电柜、稳压电源等设备，对厢体进行结构化布线和安装外终端盒及各种接口。该车改装后可以实现流动电视台转播间的功能。

解析：根据《商品及品目注释》对品目87.05的解释，该车符合关于特种车的规定，应归入子目8705.9099。

（参见海关总署商品归类决定 Z2006-0919）

第八十八章　航空器、航天器及其零件

本章包括气球、飞艇及无动力航空器（品目88.01）；其他航空器、航天器（包括卫星）及其运载工具（品目88.02）；降落伞（品目88.04）；航空器的发射装置、甲板停机装置及地面飞行训练器（品目88.05）。根据第十七类类注的规定，本章也包括上述设备的零件。

第八十九章　船舶及浮动结构体

本章包括船、艇及其他各种船舶（不论是否是自航的）和浮动结构体，例如，潜水箱、浮码头、浮筒等。本章也包括专供在水上（海洋、港湾、湖泊）行驶的气垫运输工具（气垫船），不论其是否能够在海滩或浮码头登陆，或是否能够在冰上行驶（参见第十七类类注五）。

第十八类 光学、照相、电影、计量、检验、医疗或外科用仪器及设备、精密仪器及设备；钟表；乐器；上述物品的零件、附件

第九十章 光学、照相、电影、计量、检验、医疗或外科用仪器及设备、精密仪器及设备；上述物品的零件、附件

一、本章概述

本章包括范围很广的各种仪器及设备，一般来说，它们均具有深加工和高精度的特征，主要供科学研究（实验室研究工作、科学分析、天文学研究等）、各种专业技术或工业方面（计量、检验、监测等）及医疗方面使用。

1. 本章光学元件的归类分布规律如表 2-19 所示。

表 2-19 第九十章货品归类概况

品目	货品
品目 90.01、90.02	光学元件
品目 90.03、90.04	简单光学器具
品目 90.05~90.13（不含品目 90.09）	较复杂光学仪器
品目 90.14~90.17、90.28、90.29	测量、计量、测绘仪器及器具
品目 90.18~90.22	医疗仪器及设备
品目 90.23~90.27、90.30~90.33	各种测试、分析及自动调节和控制用的仪器及设备

2. 本章医疗器械分为针对性的、治疗性的两大类。

诊断性的包括：物理诊断器具（体温计、血压表、显微镜、测听计、各种生理记录仪等）、影像类（X 光机、CT 扫描、磁共振、B 超等）、分析仪器（各种类型的计数仪、生化、免疫分析仪器等）、电生理类（如心电图机、脑电图机、肌电图机等）等。

治疗性的包括：普通手术器械、光导手术器械（纤维内窥镜、激光治疗机等）、辅助手术器械（各种麻醉机、呼吸机、体外循环等）、放射治疗机械（深部 X 光治疗机、钴 60 治疗机、加速器、伽马刀、各种同位素治疗器等）、其他类（微波、高压氧等）。

二、类注及章注要点

1. 应注意本章不包括的货品。

某些这类仪器是在有关品目中具体列名的，例如，复式光学显微镜（品目90.11）、电子显微镜（品目90.12）。其他仪器及设备则在有关品目中按具体学科、工业部门等作一般列名（例如，品目90.05的天文仪器、品目90.15的测量仪器及器具，以及品目90.22的X光等射线的应用设备）。本章也包括用于医疗、外科、牙科或兽医的真空设备（品目90.18）。

一般来说，本章包括的货品均为精密仪器及装置，但也有某些例外，例如，本章也包括普通护目镜（品目90.04）、简单的放大镜及不放大影像的潜望镜（品目90.13），以及不论其精确度如何的分度尺和学生用尺（品目90.17）、带装饰性的温度计（品目90.25）。

除本章章注一另有规定的以外（例如，橡胶或皮革制的垫圈及仪表用的皮革膜片），本章的仪器、设备及其零件可用任何材料（包括贵金属或包贵金属，以及天然、合成或再造的宝石或半宝石）制成。

2. 不完整或未制成的机器、设备等。

不完整或未制成的机器、器具、仪器或设备，只要具有相应的完整品或制成品的基本特征（例如，在报验时为未装光学元件的照相机或显微镜，以及未装累计装置的电表），即应作为完整品或制成品归类。

3. 零件及附件。

除本章章注一另有规定的以外，凡可确定为专用于或主要用于本章机器、器具、仪器或设备的零件及附件，应与相应的机器、器具等一同归类。

但上述的一般规则不适用于：

（1）零件及附件本身已构成本章或第八十四章、第八十五章、第九十一章某一品目的物品（品目84.87、85.48或90.33的除外）。例如，电子显微镜用的真空泵仍应作为泵归入品目84.14；变压器、电磁铁、电容器、电阻器、继电器、电灯泡及电子管等仍归入第八十五章；品目90.01或90.02的光学元件，不论其将装配在何种仪器或设备上，均应归入前述两品目；钟表机芯则一律归入第九十一章；照相机即使其结构为专门用于其他仪器上的（例如，与显微镜、频闪观测仪等配套使用），仍归入品目90.06。

（2）同时适用于本章不同品目的多种机器、器具、仪器或设备的零件及附件，应归入品目90.33，除非其本身已构成其他品目具体列名的完整仪器等。

4. 多功能或组合的机器、装置等；功能机组。

本章章注三明确规定，第十六类类注三及四的规定也适用于本章。

一般来说，多功能机器应按机器的主要功能归类。

多功能机器能够进行多种操作。如果不能确定机器的主要功能，而且根据第十六类类注三的规定，也没有作出明确要求的条文，则可运用归类总规则三（三）进行归类。

组合的机器或装置是由两台或多台不同类型的机器或装置组成的整套设备，各台机器可同时或序贯执行各自的功能，这些功能一般是互补的，不同的功能列在本章的不同品目中。这种组合的机器或装置也应按其主要功能归类。

在执行上述规定时，各种不同的机器或装置如果是一台机器装在另一台机器的内部或上面，或者两者装在同一个底座、支架之上或同一个机壳之内，应作为一个整体对待。

对于一组机器或装置，除非其各台机器或装置是永久性连在一起，或装在同一个底座、支架上或机壳内，否则不能作为一个整体对待。临时组合使用的或通常在结构上不视为组合机器或装置的机器组合体也不能作为一个整体对待。

这些机器或装置的底座、支架或机壳可以装有轮子，以便在使用时可随意移动，但不能因此而构成本《协调制度》某一品目具体列名的一种物品（例如，车辆）。

地板、混凝土底座、墙、隔板、天花板等，即使经专门装配以备安装机器或装置，也不能视为是将有关机器或装置连成一体的共同底座。

当组合的机器或装置本身就可归入某个特定品目时，无须引用第十六类类注三的规定。

本章包括作为功能机组的由电气（含电子）仪器或装置构成的模拟或数字遥测系统。

遥测系统主要应用于石油及天然气生产、各种生产管道、水管、煤气管及下水管设施，以及环境监测系统。

遥感脉冲信号的有线或无线收发设备仍应归入其各自相应的品目（酌情归入品目85.17、85.25、或85.27），除非它们与上述仪器或设备组成一体或与之一起构成第九十章章注三所述的功能机组时，才随整机或整套仪器或设备归入本章。

5. 除在有关注释中注明不包括的货品以外，本章还不包括下列货品：

（1）机器、设备或其他专门技术用途的某些物品，以硫化橡胶（硬质橡胶除外）制成的（品目40.16）、以皮革或再生皮革制成的（品目42.05）或以纺织材料制成的（品目59.11）。

（2）第十五类类注二所指的贱金属制通用零件（第十五类）及以塑料制成的类似品（第三十九章）。

（3）升降、搬运机械（品目84.25至84.28及84.86）；品目84.66所列的用于机床或水射流切割机上调整工件或刀具的配件，包括具有光学读度装置的配件（例如，"光学分度头"），但其本身主要是光学仪器的除外（例如，校直望远镜）；雷达设备、无线电导航设备及无线电遥控设备（品目85.26）。

（4）安装有本章所列仪器或设备的航天器（品目88.02）。

（5）第九十五章的玩具、游戏品、运动用品及其他物品，以及它们的零件及附件。

（6）容量的计量器具，按其构成材料归类。

（7）卷轴、卷筒及类似的芯轴（按其构成材料归类，例如，归入品目39.23或第十五类）。

三、归类要点

（一）品目 90.18

1. 本品目包括：

本品目包括的仪器及器械主要是供各专科医务人员（例如，医生、牙医、兽医、助产士等）专门用于疾病的预防、诊断、医治或手术治疗等。本品目也包括解剖实验、解剖检验等用的仪器及器械，以及符合某些条件的牙科诊疗仪器及器械。本品目的仪器及器械可以用任何材料（包括贵金属）制成。

重要提示

一些医疗或外科（包括兽医的）器械实际上和普通工具或刀具没有多大区别（例如，锤、槌、锯、凿、钳、镊、压舌板、剪刀、刀具等），这些器械只有通过如形状上的某些特殊之处、宜于拆卸消毒、生产质量上乘或者所用金属材料的性质及其配套组成（常常是装于箱盒中的接生、解剖、妇科、耳外科及牲畜生产等专用的成套器械）等情况，可确定为明显用于医疗或外科方面的，才能归入本品目。

本品目的仪器及器械可带有光学装置，可以是电气装置（原动的或传动的），也可以是作疾病预防、治疗及诊断等各种用途的。

本品目还包括以激光、其他光或光子束进行工作的仪器及器械，以及超声波仪器及器械。

（1）医疗或外科用仪器及器械。

本组包括：

①具有相同名称但用途不同的器械，具体如下。

——针（缝合针、结扎针、接种针、验血针、皮下注射针等）。

——柳叶刀（接种用、放血用等）。

——套针（穿刺用套针、胆囊套针、普通套针等）。

——各种外科手术刀及解剖刀。

——探子（前列腺探子、膀胱探子、尿道探子等）。

——窥器（鼻窥器、口腔窥器、喉镜、直肠窥器、阴道窥器等）。

——检镜及反光镜（用于检查眼、喉、耳等）。

——剪、钳、平头镊、凿、锤、槌、锯、刮器、压舌板。

——套管、插管、导管、吸管等。

——烙器（热烙器、电烙器及微型烙器等）。

——尖头镊子；敷料夹、拭子夹、海绵夹或持针器（包括镭针持器）。

——牵开器（唇、颌、腹部、扁桃体、肝等的各种牵开器）。

——扩张器（喉、尿道、食管、子宫等的各种扩张器）。

——用于放置导液管、针、组织扩张器、内窥镜及粥样斑切除器用的金属丝导子。

——夹子（缝合用夹等）。

——各种注射器（玻璃、金属、玻璃及金属、塑料等制）。例如，普通注射器，穿刺注射器，麻醉注射器，冲洗注射器，伤口清洗注射器，吸引器（带或不带唧筒），眼、耳或喉的注射器，子宫及其他妇科注射器。

——包埋缝钉用以缝合伤口的外科用缝合器。

②诊断专用仪器及器械，具体如下。

——听诊器。

——用于测定基础代谢率的呼吸率检测仪器。

——血压计、表面张力计及示波计（用于测量血压）。

——测定肺活量的肺量计。

——测颅器。

——骨盆测量器。

③眼科仪器，具体如下。

——手术仪器。例如，角膜环钻、角膜刀。

——诊断仪器。例如，检眼镜；头戴式双目放大镜及双目显微镜（由显微镜、带裂隙器的电灯及头托组成，整个仪器安装在可调节的机座上，用于检查眼睛）；眼压计（用于测量眼球内压）；开睑器。

——视轴矫正或视力检查用设备，包括弱视镜、眼膜曲率器、视网膜镜、斜视镜、角膜散光计、角膜镜、测量瞳孔之间距离用的眼量计、放置验光镜片的验光镜箱、支承验光镜片的试镜架、视力测定尺、测试表。但印制在纸张、纸板或塑料膜片上，用于色盲检查的色觉测定图卡除外（第四十九章）。

本品目也包括眼科治疗用的电热敷布及吸出眼内金属碎屑用的电磁铁。

④耳科仪器，例如，耳镜。但各种不论是否医用的音叉不归入本品目（品目92.09）。

⑤麻醉器械及仪器（面罩、面具固定套、气管插管等）。

⑥鼻、喉或扁桃体的医疗仪器，如夹具（用于夹直鼻软骨）、透照器具（用于窦道及鼻前庭）、扁桃体刀及铡除刀、喉镜、喉刷等。

⑦咽喉、食道、胃或气管医疗仪器，如食管镜、支气管镜、胃唧筒、插管等。

⑧尿道或膀胱医疗仪器，如尿道刀、碎石仪器、膀胱碎石吸引设备、前列腺切除术所用仪器。

⑨人工肾（透析）装置。

⑩妇产科医疗仪器，如阴道牵开器、切除子宫用仪器、产科听诊器、检查生殖器官的专用光学仪器、钳、穿孔器、碎胎仪器（用于毁胎）、碎颅钳（用于钳碎子宫内死胎的头颅）、体内量器等。

⑪便携式人工气胸装置、输血装置、人工吸血器。

本品目也包括无菌密闭式塑料容器，这类抽真空容器装有少量抗凝剂并带有输血管和静脉穿刺针，可用于全血的采集、贮存及输送。但专用玻璃血瓶除外（品目70.10）。

⑫治鸡眼用的电动研磨器。

⑬针灸用针（金、银或钢制）。

⑭内窥镜，如胃镜、胸腔镜、腹腔镜、支气管镜、膀胱镜、尿道镜、前列腺切除器、心脏镜、结肠镜、肾镜、喉镜等。这些仪器或器械当中许多具有足够大的手术通道，以便通过遥控设备施行手术，但非医用的内窥镜除外（品目90.13）。

⑮带有自动数据处理机，专用于计算放射治疗的剂量及分布情况的设备。

⑯高压室（也称减压室），专门装有压力容器以便在高压水平下给氧。它们用于对潜水减压病、气栓塞、气性坏疽、一氧化碳中毒、骨髓炎顽疾、皮肤移植及移植用瓣、放射菌病及异常失血贫血症等症状的治疗。

⑰诊断、探查及放射治疗等专用的灯。不包括钢笔形状的手电筒（品目85.13）及不能明确识别专供内科或外科使用的其他灯具（品目94.05）。

（2）牙科仪器及器械。

除本组及前一组的通用器械外（例如，面罩及其他牙科麻醉器械），本组所包括的仪器及器械主要如下：

①外科医生用指套（不论是否有活关节的）及张口器、颊或唇牵开器、压舌器及夹子。

②各种镊子、牙挺、牙钳（用于拔除错位牙、矫直桩牙等）、切割器（用于剖割、敷裹、充填及刮削等）、根钳。

③牙髓治疗用器械（拔髓针、扩孔锥、锉刀、充填器、扩张器等）。

④骨剪及骨锉、用于切除颌骨及上颌窦的骨凿和骨锤、骨刮、手术刀、特种刀剪、牙医专用镊、"挖匙"及探针。

⑤清洁牙龈及牙槽的专用器械，治疗牙石、牙垢的牙刮器、刮匙及牙釉质凿。

⑥各种探子、针（脓肿针、皮下注射针、缝合针、棉花针等）、棉卷夹及拭子夹、吹入器、口腔镜。

⑦填充金用的器械（充填器、锤等）、填充用器械（粘固剂或树脂调拌刀、汞合金充填器及锤、汞合金输送器等）、印模托盘。

⑧牙钻机或手工补牙机专用的牙钻、金刚砂片及刷子。

本品目还包括假牙修复时牙科医师本人或技工所用的工具和器械。例如，刀具，调拌具及其他模制工具，各种钳子及镊子（用于固定夹具和假牙冠、切割柱牙冠等）、锯、剪、锤、锉、凿、刮具、磨光器、锤打制造金属牙冠的金属成模器。本品目还包括铸牙机、铣牙机及修整牙模用的牙齿修整器。但本品目不包括通用工具或物品（炉具、铸模、焊接工具、熔勺等），它们应归入其各自相应的品目中。

下列物品也归入本品目：

①带有旋转伸臂的牙钻机，不论是安装在分离的基座上、墙壁上或者下述治疗台设备上的。

②安装在一个台体上的综合牙科治疗台（固定式或移动式），一般在台体中装配有空气压缩机、变压器、控制板及其他电气装置，并且通常还装有带旋转伸臂的牙钻、痰盂及漱口杯、电热器、热风吹入器、喷雾器、烙器盘、冷光手术灯、无影灯、通风机、透热治疗装置、X射线装置等器械。

某些类型的这种设备使用研磨料（一般为氧化铝）代替牙钻，研磨料通常是用压缩气体（例如，二氧化碳）喷射到牙齿上。

③通常连有温水给水装置的漱具，不论是安放在座架、支架或者旋转支臂上的。

④（光或热）聚合设备、汞合金搅拌机、超声洁治器、电子外科设备等。

⑤利用激光工作的牙科治疗设备。

⑥带有牙科医疗设备或其他任何可归入本品目的牙科器械的牙科椅。

本品目不包括未带有本品目所列牙科器械的牙科椅，不论其是否带有照明器具等的装置，这类牙科椅均应归入品目 94.02。

本品目不包括单独报验的上述综合牙科治疗台的某些牙科设备装置，它们应归入其各自相应的品目中，例如，压气机（品目 84.14）、X 射线等装置（品目 90.22）。品目 90.22 也包括安装在分离的基座或墙上的牙外科用 X 射线等装置。但单独报验的透热疗法用设备作为电气医疗设备仍归入本品目。

牙科粘固剂及其他牙科填充材料归入品目 30.06；成套、零售包装或制成片状、马蹄形、条状及类似形状，通称为"牙科蜡"或"牙科造形膏"的制品，以及以熟石膏（煅石膏或硫酸钙）为基本成分的牙科用其他制品归入品目 34.07。

（3）兽医仪器及器械。

本组包括与以上第一或第二组所述物品相类似，但属兽医用的各种物品，具体如下：

①通用器械（例如，针、柳叶刀、套针、凿、窥器、探子、剪、钳、锤、刮器、牵开器、注射器等）。

②专用仪器及器械，例如，检眼镜、开睑器、喉镜、听诊器、镊、碎胎刀。

③牙科仪器。

本组也包括兽医专用的仪器及器械，具体如下：

①牛羊等牲畜乳房疾病的治疗仪器及器械，例如，乳头扩张器和穿刺探针（用于母牛乳头开口）及用于治疗母牛产褥热和生乳热的器械。

②阉割用仪器及器械，例如，去势器、阉割夹钳（用于雄性生殖腺萎缩手术）、阉割虎钳及镊子、卵巢切除器械等。

③牲畜生产用仪器及器械，例如，产科的专用索带、头围、钳子及钩子、机械助产器等。

④各种其他仪器，如人工授精器；剪尾器；截角器；治疗动物呼吸、消化、泌尿、生殖等器官疾病的喷雾器；专用控制器械，即在手术时防止挣扎用的开口器、脚枷等；药物特殊注射器，以及准备装填麻醉药或其他药剂（抗血清、疫苗等），用于对一定距离之外的野生动物进行注射的注射器（例如，通过气手枪或气步枪发射的）；投药器械；专门的灌药用嚼子；治疗蹄裂病的钩子（用于闭合蹄裂）；用于检查鸡雏雌雄的内窥器等。

本品目不包括毛线虫镜（用于检查猪肉的光学仪器）（品目 90.11）、兽医用矫形器具（品目 90.21）及兽医用手术台（品目 94.02）。

既可作为兽医手术器械，也可用作铁工工具的物品应归入第八十二章（例如，蹄尖锉、蹄甲剪、削皮刀、夹钳、锤子等），第八十二章还包括给牲畜打烙印用的工具（打印器、灼去蹄表皮等的烙铁）和剪切工具。

（4）闪烁扫描设备。

这种设备用于扫描身体的各部位，并生成某个器官的图像或对其功能进行记录。可带闪烁计数器，将所测数据转换成模拟信号供医疗诊断用（例如，γ射线照相机、闪烁扫描器）。

（5）其他电气医疗设备。

本品目包括除品目90.22的X射线等设备以外的各种防治或诊断用电气医疗设备，这类货品如下。

①电气诊断设备。

——心电图记录仪（利用心肌收缩产生的电流把心动状况以心电图的形式记录下来）。

——心音描记器（以心音图形式记录心脏声音的专门仪器，也可作为心电图记录仪使用）。

——心脏检查器（与前述两种仪器连用，用以同时观察心电图和心音图）。

——心电阻描记器（测量由心功能所引起的电阻变化用的电气设备）。

——脑电流描记器（用于检查脑部）。

——脉搏描记器（用于记录动脉压和血容量）。

——电子眼压描记器（用于记录眼动脉压、眼静脉压或眼内压的变化）。

——视网膜电描记器（用于测定视网膜的动脉压）。

——听力计及类似设备（通过频率变化的方式进行听力测验）。

——带有或与自动数据处理机连用的诊断设备，用于处理和显示临床检查的数据结果等。

——超声波诊断设备，利用超声波在显像管上所成的脏器影像进行诊断。

——核磁共振（NMR）装置，利用人体原子（例如，氢原子）的磁性进行体内组织及脏器状况的成像诊断。

②电疗设备。除用于诊断外，这些设备也用于治疗如神经炎、神经痛、偏瘫、静脉炎、内分泌、贫血等疾病，其中某些设备可与下述⑦款的电外科设备配用。

③离子电渗治疗设备，通过电流将活性药物（水杨酸钠、水杨酸锂、碘化钾、组胺等）透过皮肤导入病灶。

④透热治疗设备，用于医治某些可采用热作用治疗的疾病（例如，风湿病、神经痛、牙科疾病），采用高频电流（短波、超声波、超短波等电流）和使用各种形状（例如，片状、环状、管状）的电极进行工作。

⑤电击治疗设备，用于治疗精神或神经疾病。

⑥心脏除颤器，可利用电流停止心脏纤维性颤动。

⑦电外科设备，利用高频电流工作，并以针、探子等作为电极之一。可用于组织切除［使用高频手术刀（电刀）所施行的电切术］及止血（电凝法），某些组合设备可通过脚踏控制器进行功能转换，既可用作电切割器械，也可用作电凝器。

⑧射线疗法设备。这类设备使用可见光，但更多的是使用非可见光（红外光、紫外光）进行某些疾病的放射性治疗或诊断（使用特种光源进行皮肤病检查），它们一般装有灯具，红外光射线装置则配有带反射器的热电阻器或电热极板。

⑨婴儿人工保温箱，主要由透明塑料制的箱体、电气加温装置、安全报警装置、氧气及空气过滤和调节装置组成。它们大部分是安装在推车上并内装婴儿磅秤。

装有供上述设备使用的电极及其他装置的箱子也包括在本组货品中。

本品目也不包括品目 85.18 的非医疗专用的产前听诊装置。

2. 本品目不包括：

（1）作为外科缝合线的无菌肠线及其他无菌材料、无菌昆布及无菌昆布塞条（品目 30.06）。

（2）品目 38.22 的诊断或实验用试剂。

（3）品目 40.14 的卫生及医疗用品。

（4）品目 70.17 的实验、卫生及医疗用玻璃器皿。

（5）贱金属制的卫生用具（主要归入品目 73.24、74.18 及 76.15）。

（6）修整手脚指（趾）甲的用具（品目 82.14）。

（7）病残人用车（品目 87.13）。

（8）视力矫正、眼睛保护等用的眼镜、护目镜及类似品（品目 90.04）。

（9）照相机（品目 90.06），但固定装配在本品目仪器或器械上的除外。

（10）品目 90.11 或 90.12 的显微镜等。

（11）品目 90.17 的用于计算肺功能和身体整体指标等的盘式计算器。

（12）品目 90.19 的机械疗法、氧疗法、臭氧疗法、吸入疗法、人工呼吸及按摩等用的设备装置。

（13）矫形用具、人造假肢及骨折用具，包括兽用的（品目 90.21）。

（14）品目 90.22 的 X 射线设备等（不论是否医用）。

（15）体温计（品目 90.25）。

（16）化验室中用于检验血液、组织液、尿液等的仪器设备，不论这些检验是否供诊断用（一般归入品目 90.27）。

（17）医疗或外科用家具，包括兽医用的（手术台、检查台、病床），以及未带有本品目牙科器械的牙科椅（品目 94.02）等。

另一方面，本品目包括医学专用的特殊测量仪器，例如，测颅器、测量颅脑损伤的量规、妇产科所用的骨盆测量器等。

3. 零件及附件。

根据本章章注一及二的规定，本品目所列设备及器具的零件及附件仍归入本品目。

（二）品目 90.22

1. X 射线应用设备。

这类设备的基本部分是带有一个或多个 X 射线管的部件，这个部件通常是悬置或安装在一个带转向或升降机构的托架或其他座架中，其所需电压是由一个变压器、整流器等组成的专用设备供给。其他各种部件结构则按 X 射线设备用途的不同而各异，具体如下：

（1）诊断用 X 射线设备。这些设备是根据 X 射线能穿透一般光线所不能穿透的人体，并且透射部位的密度越大，其吸收率越高这一原理工作的。

它们包括：

①X 射线（荧光）检查设备，使 X 射线透射过被检查的器官并在荧光屏上成像，所成图像明暗程度的不同即表示了该器官的状况。

②X 射线照相设备，X 射线透射过被检查部位后照射到感光硬片或软片上，从而把影像记录下来。这些设备既可用于射线检查，也可用于射线照相。

③由带有特种照相机的 X 射线装置构成的设备，这种设备可将在照相机所装 X 射线荧光屏上产生的影像拍摄下来。这类设备如果和配套的特种照相机同时报验，即使为了运输方便而分别包装的，仍应一起归入本品目。但单独报验的照相机则应归入品目 90.06。

（2）X 射线治疗设备，利用 X 射线的穿透力和对某些活组织的破坏作用治疗多种疾病（例如，某些皮肤病及肿瘤等），这类治疗按射线透射的深度分为"浅表"或"深部"治疗。

（3）工业用 X 射线设备。X 射线在工业领域中的用途很广，例如，在冶金工业中用于检查气泡位置或合金的均匀性、在机械工程中用于检查装置的精确性、在电气工业中用于检查重型电缆或磨砂玻璃灯泡、在橡胶工业中用于检查橡胶轮胎内夹层的应力（例如，帆布的绷紧状况）、在各种工业中用于检查或测量材料的厚度等。所有这些用途各异的设备一般都与上述诊断用设备基本相似，只是按各自的特定用途附加有适配器及辅助装置。

本品目还包括：用于检验晶体结构及材料的化学成分的专用设备（X 射线衍射及光谱设备），其工作原理是 X 射线透射过晶体后产生衍射，再使衍射 X 射线落到感光胶片或电子计数器上；利用 X 射线检验钞票或其他证券的设备。

2. α 射线、β 射线或 γ 射线的应用设备。

α 射线、β 射线或 γ 射线是由具有从原子核自发放出射线特性的放射性物质所产生，这类放射性物质通常是盛装在覆铅的钢制炸弹型容器中，容器一端开孔，使射线只能向特定方向射出。γ 射线的用途与 X 射线非常相似。

按照所采用的不同射线源和特定用途，本类设备可分为以下几种：

（1）治疗设备，它们所使用的放射源有镭、放射性钴或某些其他放射性同位素。

（2）射线检验设备，主要在工业上用于对金属零件作无损探伤。

（3）作为测量仪器的设备，例如，用于测量材料（片材、衬料及类似品）厚度的 β 射线及 γ 射线厚度计、探测包装物品的内容（医药品、食品、猎枪弹药、香水等）的设备及电离风速计。这些设备一般都是通过对作用于被检因素的辐射强度的变化进行测定来求得所需数据的。

（4）带射线烟雾探测器的火灾报警器。

本品目不包括本身不带射线源，仅用于探测射线的仪器及设备，即使其已标有各种刻度（品目 90.30）。

3. X 射线管及其他 X 射线发生器、高压发生器、控制板及控制台、荧光屏、检查或治疗用的桌椅及类似品。

本组包括：

（1）X 射线管，用于将电能转换成 X 射线的装置。

本品目不包括 X 射线管的玻璃管壳（品目 70.11）。

（2）其他 X 射线发生设备，例如，装有电子感应加速器的设备。该加速器将电子流加速至极高速度，从而产生极强穿透力的 X 射线。但本品目不包括既不用于产生 X 射线，也不装于 X 射线设备上的电子感应加速器及其他电子加速器（品目 85.43）。

（3）X 射线荧光屏。该射线屏上的荧光层可接收辐射，荧光层一般为氰亚铂酸钡、硫化镉或钨酸镉等物质，屏壁通常还覆有一层铅玻璃；某些种类的荧光屏，如所称的增光屏，可产生一个光化射线影像以增加完全由 X 射线形成的摄影影像的密度。

（4）X 射线高压发生器，带有安装在绝缘屏蔽物内的变压器及整流管，还配有连接 X 射线管用的可拆卸高压接触元件。但必须注意，本品目仅包括专供 X 射线设备用的发生器。

（5）X 射线设备的控制板及控制台，装有控制辐射时间及电压等的装置，并且通常还带有作为设备组成部件的射线剂量计。但必须注意，本品目仅包括专供 X 射线设备用的控制板及控制台。

（6）进行 X 射线检查或治疗专用的台、椅及类似品，不论是作为 X 射线设备的配件或是独立的器具，只要它们是专门或主要与 X 射线设备配套使用的。这些台、椅等即使是单独报验的，也仍归入本品目，但非专用的除外（一般归入品目 94.02）。

本品目还包括根据放射学原理制成的避雷器。

4. 零件及附件。

根据本章章注一及二的规定，可确定为专用于或主要用于 X 射线设备等的零件及附件仍应归入本品目。这些零件及附件包括：

（1）通常带有铅衬的放射器，用于安装在 X 射线管口或放射"炮"上，有时也称为"定位器"。

（2）白炽灯对中装置，主要用于 X 射线治疗，通过直接照射表皮检查治疗部位。与前述附件一样，这种装置通常也是安装在 X 射线管或放射"炮"的射线出口上。

（3）防护外壳，用铅玻璃或其他 X 射线不能穿透的某些盐类物质制成，用于套住 X 射线管，使操作者免受有害射线的伤害。

（4）防护屏或罩，用覆铅材料或铅玻璃制成，放置在操作者和 X 射线管之间作防护用。

5. 本品目不包括的货品。

操作者穿着在身上的防护装具，例如，以含铅橡胶制成的防护围裙及手套（品目 40.15），或者铅玻璃制成的护目镜（品目 90.04）。

本品目还不包括：

（1）镭针及其他含放射性物质的针、管及类似品（第二十八章）。

（2）感光硬片及软片（第三十七章）。

（3）用于 X 射线设备电源装置中的高压整流二极管及其他整流管（品目 85.40）。

（4）射线照片的检视设备（包括影像投影仪）（品目 90.08 或 90.10），以及 X 光片或其他射线照片的洗印设备（品目 90.10）。

（5）紫外线或红外线医疗设备（射线疗法用）（品目 90.18）。

（6）探测 α 射线、β 射线、γ 射线或 X 射线的仪器，它们归入品目 90.30，除非其已装配在放射线设备上。

6. 子目注释。

子目 9022.12，包括所谓 X 射线全身断层检查仪。这是一种无线电诊断系统，应用电子人体断面射线摄影技术（X 射线断层摄影技术）对全身进行检查。病人躺在圆筒形通道内的检查台上，人体部位用 X 射线分步分层进行扫描，在该通道上环形布满了数百个探测器，测量 X 射线在人体内的不同衰减量。

系统自身的自动数据处理机将传感器送来的数据转换成图像，显示在系统的监视器上。X 射线断层图像通常是用系统内装的特种照相机拍摄的，必要时还可用电磁方式存储起来。

（三）品目 90.23

本品目包括各种专供示范（例如，学校、教室及展览会中所用）而无其他用途的仪器、装置及模型。

本品目不包括：

1. 印刷图纸、图表、插图等，即使是作教学、广告等用途的（第四十九章）。

2. 品目 88.05 的地面飞行训练器。

3. 既可供娱乐，也可供示范用的物品（例如，某些成套的机械部件模型，机械或电动玩具机车、锅炉、起重机、飞机等）（第九十五章）。

4. 品目 96.18 的自动模型。

5. 品目 97.05 的珍藏品。

6. 超过一百年的古物（例如，立体图及地球仪）（品目 97.06）。

（四）品目 90.27

1. 本品目不包括：

（1）耐火材料制的实验用器具（瓿、罐、坩埚、烧杯、浴器及类似品）（品目 69.03），以及其他陶瓷制的类似物品（品目 69.09）。

（2）实验用玻璃器皿（品目 70.17）。

（3）显微镜（品目 90.11 或 90.12）。

（4）精密天平（品目 90.16）。

（5）X 射线等设备（品目 90.22）。

（6）品目 90.23 的示范装置。

（7）某些材料试验机器及器具（品目 90.24）。

（8）品目 90.25 的比重计、温度计、湿度计及类似仪表，不论是否供实验用。

（9）品目 90.26 的仪器。

2. 既可归入本品目，又可归入品目 70.17（实验用玻璃器皿）的货品的归类。

在这种情况下，应按照下述规则进行归类。

（1）如果物品具备玻璃器皿的基本特征（不论是否刻度、标度，也不论是否附带有橡胶等材料制的塞头、接头等），即使通常可作为某种仪器或装置看待，也不应归入本品目。

（2）一般来说，仅部分以玻璃制成，而主要还是以其他材料制成，或者虽以玻璃制部件构成，但带有固定安装在框架、台座、箱壳及类似品上的即不视为具备玻璃器皿的基本特征。

（3）对于带有测量仪（例如，压力计、温度计）的玻璃组件，即可作为本品目的仪器进行归类。

因此，下列有简单刻度的玻璃器皿应作为器具归入品目 70.17：检验乳制品的奶油计、乳脂计及类似仪器；清蛋白计及尿素计；量气管；体积计；基普或克耶达器具及类似品；碳酸计；测定相对分子质量等用的冰点及测定器及沸点计。

（五）品目 90.29

本品目包括：

——显示以各种计算单位（转数、次数、长度等）计得的累计数或应付款额的计数器。但不包括归入品目 84.73 的累计装置，品目 90.28 的生产或供应气体、液体及电力用的计量仪表，以及品目 90.17 或 90.31 的曲线计或面积仪。

——显示相对于时间因素的转速或线速度的仪表（速度计或转速表），但品目 90.14 及 90.15 的仪表除外。

——各种频闪观测仪。

上述仪器仪表不论是否装有时钟记录装置，也不论是否装有用以驱动信号机构、机械控制或制动等装置的简单机械或电气部件，均归入本品目。

1. 计数装置。

（1）转数计。

这种仪表用于计算某一机械零件（例如，机械轴）的转数，它们主要由一个和指针或鼓筒指示器相啮合的驱动轴构成，并通常带有复位回零的装置。

本品目不包括带有转数计的纱线分级卷线筒、扭力计及类似的检测仪器（品目 90.31）。

（2）产量计数器。

这种仪表的结构与转数计类似，主要用于测量长度（例如，用于纺纱机或捻丝机上）、计算机器（自动天平、泵、纺纱机上的投梭等）的动作次数或者计算物品的数量（轮转印刷机送出的印页张数，输送带上传送的物品件数、钞票数等）。实际上，用于此类用途的装置一般都是改装的转数计，通过驱动轴的旋转计算长度或其他计量单位的数值。

电子产量计数器是通过照射在光电管上的光束被阻断进行计数，再由一个记录装置计算出通过光束的物品数量。

本组也包括复式计数器（例如，用于计算使用同一部机器的多个工人的产量的计数器）。

本组还包括在自动电话交换机上记录用户通话次数的电磁计数器。电磁计数器通常带有一个电磁体，当有脉冲电流通过其绕组时，它便推动记录机构（跳字计数器式滚轮等）进一位。

（3）显示机器、马达等工作时间的计数器（时间或计时仪器）。

实际上，这种计数器是以工作时数为计算单位的转数计。

（4）入场计数器。

这种计数器安装在博物馆、公园、运动场等的入口处，通过转栅或其他装置控制，用以记录入场人数。

（5）台球计分器。

通常为手动式的机械计数器（滚筒型或类似的装置），用于记分。

本品目不包括利用时钟机构来显示比赛时间或需付费用的仪表（品目91.06）及归入品目95.04的球式或滑动式台球计分器。

（6）不具有钟表机构（包括同步机构），通过计数方式测量短时间隔的仪器或装置（不归入第九十一章），以及电子脉冲计数器（例如，客车、火车等的乘客计数器）。

（7）车费计。

它们通常带有一个时钟机构，根据时间和里程计算应付车费。

（8）里程计。

它们为用于车辆上的转数计，通常按长度单位刻度。多数里程计是和速度表连在一起的。

（9）步数计。

它们为手表式机械装置，用于对距离作粗略测量。这种仪表具有一个摆锤，每走一步就带动齿轮系进位一格，通过所走的步数和每步跨度计得距离的长短。

（10）手揿计数器。

这种计数器所统计的数值通常不超过四位数，使用者通过揿按钮使其计数和显示累计数值。

2. 速度计及转速表。

这类仪表和上述第一部分的转数计及产量计数器不同，它们显示单位时间内的转数、速度、产量等（例如，每分钟转数、每小时千米数、每分钟米数等），通常安装于车辆（小汽车、摩托车、自行车、牵引机车等）或机器（马达、涡轮机、造纸机、印刷机械、纺织机械等）上。

本品目的速度计及转速表可以是固定式或便携式、单功能或多功能（例如，最大值或最小值）、差速（以百分比值给出两种速度的差）的，还可以是带有累计、计时或自动记录等装置的。本品目还包括某些可同时记录速度、千米数及运行或停止时间的仪器。

典型案例

案例： 酒精测试仪，是一种高可靠、高精度、呼吸式酒精测试仪。它的核心部件采用新型高科技微变氧化物半导体，当接触到酒精气体后，其电阻发生变化，通过该电阻值的变化即可分析出气体酒精含量，且不受烟味、咖啡等非酒精类气体的干扰。适用于交警等部门检查酒后驾车。

解析： 该酒精检测仪用于被测者的呼气中检测酒精的成分和含量，故属于一种气体检测仪器，应归入品目90.27"理化分析仪器及装置（例如，偏振计、折光仪、分光仪、气体或烟雾分析仪）；测量或检验黏性、多孔性、膨胀性、表面张力及类似性能的仪器及装置；测量或检验热量、声量或光量的仪器及装置（包括曝光表）"。然后按子目条文"气体或烟雾分析仪"归入子目 9027.1000。

案例：某品牌纸币识别器，由钞票接收器及相联结的传输系统、传感器和数据模块、钱箱支架及钱箱组成。用于检测假钞及识别钞票的面值，与外币兑换机、自动售票机、自助存款机、自动售货机、验钞机等主机配合使用，广泛应用于自动售卖及银行存款领域。其工作过程为，主机发出信号让纸币识别器工作时，纸币进入，LED 发射光波，由纸币反射，接收器接收到反射光波后给数字处理器发送信号，经与纸币识别器中的数据比较分析后将结果信号（金额或者不识别）发送给主机，主机接收信号后控制接收纸币至钱箱或退回纸币。

解析：该纸币识别器通过接收从纸币上反射的 LED 光波，比对识别器中的数据，并反馈比对结果，符合品目 90.31 的商品描述。根据归类总规则一及六，应将其作为其他光学监测仪器归入子目 9031.4990。

（参见海关总署商品归类决定 Z2006-1560）

第九十一章　钟表及其零件

一、本章概述

本章包括主要用于计时或进行与时间有关的某些操作的器具，其中包括适于个人随身佩带的时计（手表及秒表）、其他时计（普通钟、装有表芯的钟、闹钟、航海时计、机动车辆用钟等）、时间记录器、时间间隔测量仪及定时开关，通常还包括它们的零件。

二、类注及章注要点

这些物品可用各种材料（包括贵金属）制成，也可以用天然或养殖珍珠，或者用天然、合成或再造的宝石或半宝石进行装饰。

与某些其他物品（例如，家具、灯具、墨水台、压纸器、拍纸薄、烟草罐、香烟或雪茄烟打火机、手提包、脂粉盒、烟盒、活动铅笔、手杖等）组装在一起的钟表应按归类总规则的规定进行归类，但其内部装有照明装置的钟表仍应归入本章。

本章不包括：

1. 日晷仪（日规）、沙漏及水漏（按其构成材料归类）。

2. 音乐自动装置（机械鸣禽及类似品）及没有钟表面的百音盒（品目 92.08）。

3. 玩具钟表及制成钟表状的圣诞树装饰品，例如，没有钟表机芯的钟表饰物（品目 95.03 或 95.05）。

4. 商店橱窗装饰用的自动模型及其他活动陈列品（品目 96.18）等。

第九十二章　乐器及其零件、附件

一、本章概述

本章包括：

1. 乐器（品目 92.01 至 92.08）。

2. 乐器的零件及附件（品目 92.09）。

二、类注及章注要点

某些乐器（钢琴、吉他等）可以带有电气拾音器及扩音器，只要它们在没有电气装置时仍可像普通的同类乐器一样演奏，则仍应归入本章的相应品目。而这类电气设备本身除非已构成乐器的不可分割部分或与乐器装于同一机壳内，否则均不应归入本品目（品目 85.18）。

没有电气或电子设备时即不能演奏的电气或电子乐器（品目 92.01 的自动钢琴除外）应归入品目 92.07。因此，品目 92.07 包括静电或电子的吉他、风琴、钢琴、手风琴、钟琴及类似乐器。

根据本章章注二的规定，用于演奏品目 92.02 弦乐器的弓及拨子，以及用于演奏品目 92.06 打击乐器的棒（包括软头棒）及槌，如果与该项乐器一同报验且数量合理、用途明确的，可归入有关乐器的相应品目而不归入品目 92.09。但是，品目 92.09 所列的卡片、盘或带卷，即使与乐器一同报验，也不应视为该乐器的组成部分，而应作为单独报验的物品对待。

本章不包括：

1. 电子音乐组件（品目 85.43）。

2. 由于所用材料的性质、粗糙的加工、音质的次劣或其他特征而可明显确定为作玩具用的乐器（第九十五章）。例如，某些口琴、小提琴、手风琴、小喇叭、鼓、百音盒。

第十九类　武器、弹药及其零件、附件

第九十三章　武器、弹药及其零件、附件

本章归类要点如下。

1. 本章包括的货品：

（1）军事武装部队、警察或其他有组织的机构（海关、边防部队等）在陆、海、空战斗中使用的各种武器。

（2）个人自卫、狩猎及打靶用的武器（例如，用于小型靶场、室内靶场或游乐场射击台的）。

（3）靠爆炸药进行发射的其他装置（例如，抛缆枪及维利式信号枪）。

（4）弹药及导弹（第三十六章的物品除外）。

（5）望远镜瞄准具及其他光学装置，如果适合武器使用并能装在武器上或与有关武器一同报验的，应与武器一并归类。单独报验的此类光学装置不归入本章（第九十章）。

2. 本章不包括的货品：

（1）任何运载工具，即使是军事专用，不论是否装有武器，均不归入本章。

（2）本章也不包括下列货品：

①钢盔及其他军用帽类（第六十五章）。

②人体防护服，例如，护胸铁甲、铠甲衣、防弹衣等（按其构成材料归类）。

③弩、弓和箭及玩具武器（第九十五章）。

④收藏品及古物（品目 97.05 或 97.06）。

第二十类 杂项制品

第九十四章 家具；寝具、褥垫、弹簧床垫、软座垫及类似的填充制品；未列名灯具及照明装置；发光标志、发光铭牌及类似品；活动房屋

一、本章概述

本章包括：

1. 各种家具及其零件（品目 94.01 至 94.03）。

2. 弹簧床垫、床褥及其他寝具或类似用品，装有弹簧，内部用任何材料填塞、衬垫或用海绵橡胶或泡沫塑料制成，不论是否包面（品目 94.04）。

3. 用各种材料制成的（第七十一章章注一所列的材料除外）未列名灯具和照明装置、装有固定光源的发光标志、发光铭牌和类似品；上述货品的未列名零件（品目 94.05）。

4. 活动房屋（品目 94.06）。

二、类注及章注要点

1. 家具。

（1）本章所称的"家具"，是指任何"可移动"的物品（不包括《协调制度》中其他品目更为具体列名的货品），它们的主要特征是供放置在地上，并具有实用价值，它们用于民宅、旅馆、戏院、电影院、办公室、教堂、学院、咖啡馆、饭店、实验室、医院、牙医诊所等，以及船舶、飞机、铁道车厢、机动车辆、拖挂篷车及其他运输工具。必须注意，有些用螺栓等固定在地板上的物品，例如，船用椅子，也可作为"可移动"的家具归入本章。用于庭园、广场、散步场所等地方的类似品（凳子、椅子等）也归属于本类。

（2）本章"家具"还包括下列物品：

①悬挂的、固定在墙壁上的、叠摞的或并置的碗橱、书柜、其他架式家具（包括与将其固定于墙上的支撑物一同报检的单层搁架）及组合家具，供放置各种物品（书籍、陶器、厨具、玻璃器皿、织物、药物、梳妆用具、收音机或电视机、装饰品等），以及单独报验的组合家具各件。

②悬挂或固定在墙壁上的坐具或床。

除上述第②款所列的货品以外，所称"家具"，不适用于虽作家具使用，但其结构只适于放置在其他家具上或架子上，或悬挂在墙壁或天花板上的物品。

2. 本章不包括：

其他固定在墙上的装置，例如，衣帽架及类似品、挂匙板、衣刷挂钩及报纸架；也不包括陈设品，例如，散热器屏罩。同样，本章还不包括非落地式的货品，如小型精细木器及小型木制装饰品（品目44.20）、塑料或贱金属制的办公室设备（例如，文件分类箱、文件格）（品目39.26或83.04）。

3. 注意事项。

已安装于或准备安装于品目94.06的活动房屋内，并与之成为一个整体的设施（橱柜、散热器屏罩等），如果与活动房屋一同报验，也应归入本品目。

品目94.01至94.03包括任何材料（木、柳条、竹、藤、塑料、贱金属、玻璃、皮革、石、陶瓷等）制成的家具。这些家具不论是否内部填料或外部包面，也不论是否已做表面加工、雕刻、镶嵌、油漆装饰或装有镜子、其他玻璃配件及脚轮等，均应归入上述各有关品目。

如果家具中配有的贵金属或包贵金属超出小配件（例如，小标志、条纹、套圈等）范围的，该家具则不可归入本章（第七十一章）。

三、归类要点

（一）品目94.01

1. 本品目不包括：

（1）梯级（通常归入品目44.21及73.26）。

（2）带座手杖（品目66.02）。

（3）品目87.14的货品（例如，鞍座）。

（4）可调整速度的反射试验用旋转椅（品目90.19）。

（5）品目94.02的椅子及坐具。

（6）用以搁脚的凳及脚凳（不论是否摇动式）及可兼作坐具用的内衣箱及类似箱子（品目94.03）。

2. 零件。

本品目包括明显为椅子或其他坐具的零件。例如，靠背、座面及扶手（不论是否衬有稻草或藤料，内部填充或装有弹簧），以及制软座垫用的已组装螺旋弹簧。

单独报验的软座垫及褥垫，不论是否装有弹簧，内部用任何材料填塞、衬垫，或用海绵橡胶或泡沫塑料制成，也不论是否包面，即使它们明显作为坐具（例如，长靠椅、长沙发椅、沙发）的软垫，也不归入本品目（品目94.04）。但如果这些物品与坐具的其他零件组装在一起，或与有关坐具一同报验，它们仍可归入本品目。

3. 子目注释。

（1）子目9401.61及9401.71。

"装软垫的坐具"是指填有一层柔软材料，例如，填絮、落纤、动物毛发、泡沫塑料或海绵橡胶的坐具。它们制成坐具形状（不论是否已固定装在坐具上），外面套有机织物、皮革或塑料布等套子。对于其填料没有外套或只有白布套，本身还准备再套外套的坐具，带有可拆卸的坐垫或靠垫，使用时一定要有坐垫或靠垫的坐具，以及垫内装有螺旋弹簧的坐具，均可作为软垫坐具归类。另一方面，如果只是一组水平拉伸的弹簧，即使要装于钢丝格架或绷紧的布带等上，也不能将其作为软垫坐具归类。同样，用织物、皮革、塑料布等材料直接包面，中间没有填料或弹簧的坐具，或者用织物包面，里面只有薄薄的一层泡沫塑料的坐具，均不能视为装软垫的坐具。

（2）子目9401.80。

本子目包括机动车或其他交通工具内用于携带婴幼儿的安全座椅。它们可以通过座椅安全带和特制系带固定在车辆座位上，但可以拆卸。

（二）品目94.02

1. 医疗、外科、牙科或兽医用家具。

本组仅限于医疗、外科或兽医专用的家具，不具有这些特征的通用家具不归入本组。本组包括：

（1）通用或专用外科手术台，可以通过调校、倾斜、旋转或升高以使病人按各种不同手术的要求而处于适当的位置。

（2）特种矫形手术台，供复杂手术（例如，臀部、肩部、脊柱手术）之用。

（3）动物的活体解剖台及类似手术台，通常装有束缚装置。

（4）临床检查、医疗治理、按摩等用的台、床及类似家具；产科、妇科、泌尿科、膀胱镜等检查或手术用的及耳、鼻、喉或眼科治疗用的床及坐具。

本品目不包括 X 光治疗专用的台及坐具（品目90.22）。

（5）医生（包括外科医生）用的特制坐具。

（6）分娩用床（有时称为接生床），一般在下部装有一只盆，盆子可在床的上部下面滑动。

（7）装有机械装置的床，以抬高伤、病员而不振动其身体，或无须移动伤、病员而帮其清洁卫生。

（8）装有铰链床垫的床，专用于治疗肺结核或其他疾病。

（9）装有夹板或其他治疗骨折、脱臼用具及类似品的床。

但如果这些用具并非固定在床上而仅是简单地附在床上，它们则应归入品目90.21。无机械装置的床应归入品目94.03。

（10）供医院、诊所等运送病人用的担架或装有脚轮的架床。

在街上运载残疾人的车不包括在内（第八十七章）。

（11）供放置器械、绷带、医疗或外科用品或麻醉设备用的小桌子、台型柜及类似品，不论是否装有轮子；手推式器械消毒车；特制消毒脸盆、自动开启的消毒敷料箱（通常装有轮子）及已污敷料垃圾箱（不论是否装有轮子）；药瓶架、冲洗器或灌洗架及类似品，不论是否装有转向轮；特制器械或敷料柜和箱。

（12）没有装配品目90.18所列牙科器械的牙科用椅（包括麻醉椅床），但它们带有装在中心支架上作升降、倾斜，有时还能旋转的机械装置，不论是否装有照明器具等装置。

牙科漱口盂，不论是否有架座，以及装有品目90.18所列牙科器械的牙科用椅，不应归入本品目（品目90.18）。

2. 有旋转、倾斜或升降装置的理发用椅及类似椅。

本组包括装有旋转、倾斜或升降装置的理发用椅及类似椅。

本品目不包括钢琴凳、机械式摇椅、转椅等（品目94.01）。

3. 零件。

本品目包括明显用作上述货品的零件。

这些零件包括：

（1）安装在手术台上专门用于防止病人身体挪动的物品（例如，肩、小腿或大腿的扣夹、腿垫、固定头部的头靠、臂或胸的支架及类似品）。

（2）某些明显用于牙科椅的零件（例如，头靠、靠背、搁脚板、扶手、肘靠等）。

（三）品目94.03

本品目货品为不归入上述各品目的家具及其零件，不但包括通用家具，例如，橱柜、陈列柜、桌、电话架、书桌、组合写字台、书柜及其他架式家具（包括与将其固定于墙上的支撑物一同报检的单层搁架）等，也包括有特殊用途的家具。

1. 本品目包括：

（1）住宅、旅馆等用的家具。例如，橱柜、被服箱、面包箱、木柴箱；五斗橱、高脚柜；各种底座、花木架；梳妆台；台座式桌子；衣柜、衣橱；衣帽架、伞架；餐具柜、食具柜、碗碟橱；食物橱；床头柜；床（包括衣柜床、行军床、折叠床、帆布床等）；刺绣桌；脚凳、壁炉防火屏；屏风；落地式烟灰缸；乐谱柜、架或台；婴儿围栏；食物推车（不论是否装有加热板）。

（2）办公室用的家具。例如，衣帽柜、文件柜、档案推车、卡片索引柜等。

（3）学校用的家具。例如，课桌、讲坛、黑板架（挂黑板等用）。

（4）教堂用的家具。例如，圣坛、忏悔厢、布道坛、教友长凳、读经台等。

（5）商店、车间等用的家具。例如，柜台、服装架、组合货架、装有分格或抽屉的橱、工具橱、印刷用特制家具（带有柜架或抽屉）。

（6）实验室或技术室用的家具。例如，显微镜台、实验室工作台（不论是否装有玻璃箱、气体喷嘴、龙头装置等）、排烟橱、无绘图仪器的绘图台。

2. 本品目不包括：

（1）不具备家具特征的旅行箱、衣箱及类似品（品目42.02）。

（2）不具备家具特征的梯子及梯级、支架、木工凳及类似品，它们应根据其构成材料归类（品目44.21、73.26等）。

（3）壁柜等用的配件（例如，框架、门及搁架）（木制的应归入品目44.18）。

（4）废纸篓（塑料制的应归入品目39.26；篮筐编结品应归入品目46.02；贱金属制的应归入品目73.26、74.19等）。

（5）吊床（一般归入品目56.08或63.06）。

（6）落地镜，例如，鞋店、时装店等用的穿衣镜、旋转镜（品目70.09）。

（7）装甲或加强的保险箱（品目83.03）。另一方面，其结构仅能防火、防撞、防压，但尤其是箱壁不能防钻、防切等破坏性开启的箱柜，仍应归入本品目。

（8）电冰箱、雪糕机等（即既具备家具特征，内部又装有制冷装置或制冷装置的蒸发器，或者可供安装有关设备的箱柜）（品目 84.18）。但未装配或不能装配有源制冷装置，而仅用玻璃纤维、软木、羊毛等使之隔热的冷藏箱、柜及隔热柜，仍应归入本品目。

（9）作为缝纫机台架用的家具，不论在缝纫机不使用时是否可作为家具用，这种家具的盖、抽屉、延长板或其他零件（品目 84.52）。

（10）机器设备专用的家具，品目 85.18 所列设备用的，归入品目 85.18；品目 85.19 或 85.21 所列设备用的，归入品目 85.22；品目 85.25 至 85.28 所列设备用的，归入品目 85.29。

（11）装有缩放仪等仪器的绘图台（品目 90.17）。

（12）牙科用漱口盂（品目 90.18）。

（13）弹簧床垫（品目 94.04）。

（14）落地灯、其他灯具及照明装置（品目 94.05）。

（15）品目 95.04 的桌球台及其他专供游戏用的特制家具，以及品目 95.05 的魔术用台。

（四）品目 94.04

1. 本品目包括：

（1）弹簧床垫，即床上装有弹簧的部分，通常为装有弹簧或钢丝网络的木制或金属制框架（弹簧垫或钢丝垫），或是内部装有弹簧及填充材料并以纺织物包面的木制框架（弹簧座）。

（2）寝具及类似用品，它们装有弹簧或内部填充、衬垫任何材料（棉花、羊毛、马毛、羽绒、合成纤维等），或以海绵橡胶或泡沫塑料制成（不论是否用机织物、塑料等包面）。

这类物品不论是否电热式，均应归入本品目。

2. 本品目不包括：

（1）水褥垫（一般归入品目 39.26 或 40.16）。

（2）充气褥垫或枕头（品目 39.26、40.16 或 63.06）或充气靠垫（品目 39.26、40.14、40.16、63.06 或 63.07）。

（3）坐垫的皮革套（品目 42.05）。

（4）毯子（品目 63.01）。

（5）枕头套及鸭绒被套（品目 63.02）。

（6）靠垫套（品目 63.04）。

（7）供椅子或其他坐具用的已组装螺旋弹簧垫（品目 94.01），也不包括未组装的钢铁丝网（品目 73.14）。

（五）品目 94.05

1. 其他品目未列名的灯具及照明装置。

本组灯具及照明装置可以用任何材料制成（不包括第七十一章章注一所述的材料），使用任何光源（烛、灯油、汽油、煤油、煤气、乙炔、电等）。本品目的电气灯具及照明装置可以配有灯座、开关、花线及插头、变压器等。对于荧光灯，还可有启辉器或镇流器。

主要包括：

（1）通常用于室内照明的灯具及照明装置。例如，吊灯、碗形灯、棚顶灯、枝形吊灯、壁灯、落地灯、台灯、床头灯、书桌灯、夜间灯、防水灯。

（2）户外照明用的灯具。例如，街灯、门廊及大门灯，专门用于公共建筑、纪念碑、公园的照明灯。

（3）特殊用途灯。例如，暗室灯、机器用灯（单独报验的）、摄影室用灯、检查用灯（品目85.12的物品除外）、飞机场用的不闪灯标、橱窗用灯、电气彩灯串（包括装有花灯，供狂欢节、娱乐或圣诞树装饰用的灯串）。

（4）飞机、船舶或第八十六章所列车辆用的灯具及照明装置。例如，火车前灯、机车及铁路车辆用灯、飞机前灯、船舶用灯。但应注意，密封式聚光灯应归入品目85.39。

（5）便携式灯具（品目85.13的物品除外）。例如，防风灯、马厩灯、手提、矿灯、采石矿工用灯。

（6）枝形烛台、烛台、烛架。例如，弹钢琴用的烛台。

本组也包括探照灯及聚光灯。它们用反射镜及透镜，或只用反射镜把聚焦的光束（通常可以调节）投射到一定距离以外的某一点或面上。反射镜通常用镀银玻璃制成，也有用抛光、镀银或镀铬的金属制成。透镜通常是平凸的或阶梯形的（菲涅耳透镜）。

探照灯是供防空等用，而聚光灯则供舞台布景及照相馆或电影制片厂用。

2. 发光标志、发光铭牌及类似品。

本组包括用各种材料制成的广告灯、牌、发光铭牌（包括路标）及类似广告牌及门牌等，只要它们装有永久性的固定光源。

3. 零件。

本品目包括灯具及照明装置、发光标志、发光铭牌及类似品的其他品目未列名零件。例如：

（1）吊灯用吊件（刚性或链式）。

（2）球形玻璃灯罩座。

（3）手提灯的底座、把手及外壳。

（4）灯口、纱罩托。

（5）提灯灯架。

（6）反射镜。

（7）玻璃灯罩（瓶颈式等）。

（8）矿工安全灯用厚玻璃小圆筒。

（9）反光罩（包括乳白玻璃反光罩）。

（10）碗形、杯形、球形灯罩（包括制作灯罩用的金属丝架）及类似品。

（11）从其规格大小及固定件或安装件可以确定为枝形吊灯饰件的物品，例如，小球、梨形坠、花形件、垂饰、小板片及类似品。

本品目所列物品的非电气零件，如果与电气零件组合在一起的，仍应归入本品目。

单独报验的电气配件（例如，开关、灯座、花线插头、变压器、启辉器、镇流器）应归入第八十五章。

4. 本品目不包括：

（1）蜡烛（品目34.06）。

（2）树脂火炬（品目36.06）。

（3）不发光或不是通过永久性固定光源发光的标志、铭牌及类似品（品目39.26、第七十章、品目83.10等）。

（4）内装有照明装置的印刷球仪（品目49.05）。

（5）用纺织材料机织、编织或针织而成的灯芯（品目59.08）。

（6）用串成的玻璃圆珠或喇叭形珠制成的玻璃珠串及花式玻璃品（例如，缘饰），供装饰灯罩用（品目70.18）。

（7）自行车及机动车辆用的电气照明及信号装置（品目85.12）。

（8）白炽灯泡、放电灯管［包括制成各种复杂形状的灯管（例如，盘卷形、字母形、图案形、星形等）］及弧光灯（品目85.39）。

（9）照相用闪光灯（包括电气点火的照相闪光灯泡）（品目90.06）。

（10）光学光束信号装置（品目90.13）。

（11）医疗用诊断、探查、照射用灯（品目90.18）。

（12）装饰品，例如，中国灯笼（品目95.05）。

典型案例

案例：太阳能灯，分为多种型号，主要由太阳能片、可充电池、发光二极管及光敏控制部件装于同一壳体内组成。部分型号带有手提吊钩；部分型号带有上下柱，通过套在插入地面的下柱来固定该装置；部分型号手提吊钩及上下柱兼有。其工作原理为白天太阳能板将阳光转换成电能并为电池充电，夜间利用白天储存的电能，太阳能灯自动照明。其可作为庭院灯和墙灯，用于花园庭院的夜间照明。

解析：查品目条文及相关子目，8513.1090 为其他自供能源手提式电灯，9405.4090 为其他电灯及照明装置，9405.5000 为非电气灯具及照明装置。

根据《商品及子目注释》对品目85.13 的描述，"所称'手提式电灯'，仅指使用时握在手中或随身携带的电灯"，由于该太阳能灯使用时固定在庭院内，因此不能归入品目85.13。按其功能，可归入子目9405.4090。

（参见海关总署商品归类决定 Z2006-1107）

提示：该太阳能灯在实际工作中，一般都错误地按非电气灯具及照明装置归入子目9405.5000。

案例：LED 灯泡，由外壳（金属和玻璃）、LED 发光模块、散射片（块）、镇流器（变流装置）、电气连接装置（罗纹口）、散热片构成。外观同白炽灯泡相同。可以在尺寸相同、接口一致的条件下直接安装在现有的灯具或照明装置上。利用发光二极管的发光原理产生光亮，通过散射片（块）将光洒向四周或某一特定方向。

解析：该 LED 灯泡的结构已超出品目85.41 "发光二极管"的范围，且不符合品目 85.39 灯泡的发光原理（该商品利用发光二极管的发光原理产生光亮），所以，该 LED 灯泡应归入品目 94.05 项下。

提示：该 LED 灯泡在实际工作中常被误归到品目 85.39 项下。

第九十五章　玩具、游戏品、运动用品及其零件、附件

一、本章概述

本章包括各种玩具，不论是供儿童或供成人娱乐用，还包括户内及户外游戏用设备，运动、体操、竞技用具及器械，某些钓鱼、狩猎或射击用具，旋转木马和其他游乐场用娱乐设备。

本章各品目也包括明显为专用于或主要用于本章所列货品的零件、附件，只要它们不是本章章注一所列不包括的物品。

二、类注及章注要点

本章物品一般可用各种材料制成，但天然或养殖珍珠、宝石或半宝石（天然、合成或再造）、贵金属或包贵金属除外。装有上述材料制的小配件的物品仍可归入本章。

应注意本章不包括的货品。

三、归类要点

（一）品目 95.03

1. 其他玩具。

本组包括主要供人（儿童或成人）娱乐用的玩具。但是，根据其设计、形状或构成材料可确认为专供动物（例如，宠物）玩赏的玩具不归入本品目，而应归入其各自的相应品目。

本组包括除品目条文第一部分至第三部分以外的所有各种玩具。本品目的玩具大部分是机动或电动的。

它们包括：

（1）动物或非人类生物形状的玩具，即使明显带有人的物理特征（例如，天使、机器人、魔鬼、妖怪）也属于本组，包括木偶戏中用的玩具动物。

（2）玩具手枪及其他枪炮。

（3）建筑玩具（建筑套具、积木等）。

（4）玩具车辆（上述第一部分所列的货品除外）、火车（不论是否电动）、飞机、船舶等及其附件（例如，火车轨道、信号）。

（5）供儿童乘骑但不装轮子的玩具，例如，摇摆木马。

（6）非电动玩具马达、玩具蒸汽机等。

（7）玩具气球及风筝。

（8）锡制玩具兵及类似品、玩具武器。

（9）玩具运动器材，不论是否成套（例如，成套的高尔夫球、网球、射箭、台球用具、棒球棒、板球棒、曲棍球棒）。

（10）玩具工具及器具、儿童独轮手推车。

（11）玩具电影放映机、幻灯机等，玩具眼镜。

（12）玩具乐器（钢琴、喇叭、鼓、留声机、口琴、手风琴、木琴、音乐盒等）。

（13）玩偶房屋及家具，包括床上用品。

（14）玩偶茶具及咖啡具、玩具商店及类似品、玩具农场用具等。

（15）玩具计算器（算盘）。

（16）玩具缝纫机。

（17）玩具钟表。

（18）玩具教具（例如，化学、印刷、缝纫及编织的成套玩具）。

（19）铁球、跳绳、抖空竹用的空竹及棒、旋转及嗡声陀螺、球（品目 95.04 或 95.06 的货品除外）。

（20）主要为图画、玩具、模型的书及单页，供剪裁及组合用；有"站立"或活动人物的书，以玩具为其主要特征的。

（21）玩具弹子（例如，各种形状的条纹玻璃弹子或供儿童娱乐用并已装成小包的各种玻璃球）。

（22）玩具钱箱、婴儿摇鼓、玩偶盒、玩具戏院，不论其是否带有人物等。

（23）儿童用的室内或室外玩具帐篷。

以上某些物品（玩具枪、工具、园艺用具、锡制玩具兵等）通常是成套包装的。

2. 零件及附件。

本品目也包括明显专用于或主要用于本品目货品的零件、附件，只要它们不是本章章注一所列不包括的物品。这些零件及附件包括：

（1）音乐盒机构，根据其外形、构成材料及简单设计不能用于品目 92.08 的音乐盒的。

（2）小型活塞式内燃发动机及其他发动机（品目 85.01 的电动机除外），例如，用于飞机、船舶模型，其主要特征是气缸容量小、马力小、重量轻、体积小。

3. 本品目不包括：

（1）儿童用颜料（品目 32.13）。

（2）儿童娱乐用塑型膏（品目 34.07）。

（3）品目 49.03 的儿童图画书。

（4）转印贴花纸（品目 49.08）。

（5）品目 83.06 的铃（包括三轮车或其他带轮玩具用的铃）、锣或类似品。

（6）配有玩偶人像的音乐盒（品目 92.08）。

（7）纸牌游戏品（品目 95.04）。

（8）纸帽、"射出"玩具、面具、假鼻及类似品（品目 95.05）。

（9）品目 96.09 的儿童用粉笔及彩色蜡笔。

（10）品目 96.10 的石板及黑板。

（11）人体活动模型及橱窗装饰用的自动模型（品目 96.18）。

（二）品目 95.04

本品目不包括：

1. 符合第八十四章章注五（三）所列条件的选配外围设备［键盘、鼠标、盘（片）式存储部件等］（第十六类）。

2. 录制了游戏软件并仅用于本品目所列游戏机的光盘（品目 85.23）

3. 彩票、"刮擦幸运卡"、销售抽彩券及奖券（通常归入品目 49.11）。

4. 第九十四章的玩牌桌。

5. 智力游戏玩具（品目 95.03）。

（三）品目 95.05

本品目不包括：

1. 天然圣诞树（第六章）。

2. 蜡烛（品目 34.06）。

3. 节日用的塑料或纸制包装品（按其构成材料归类，例如，归入第三十九章或第四十八章）。

4. 圣诞树座架（按其构成材料归类）。

5. 品目 63.07 的纺织材料制的旗帜。

6. 各种电气花灯串（品目 94.05）。

7. 用于装饰礼拜场所的小塑像、大塑像及类似品。

8. 含有节日设计、装饰、象征或图案并具有实用功能的物品，例如，餐具、厨具、盥洗器具、地毯及其他由纺织材料制成的铺地制品、服装、床上、餐桌、盥洗及厨房用的织物制品。

（四）品目 95.06

1. 本品目包括：

（1）一般的体育活动、体操或竞技用品及设备。

具体包括吊架及吊环、单杠及双杠、平衡木、鞍马、跳马、跳板、爬绳及爬梯、墙杠、火棍、哑铃及杠铃、实心皮球、划船器、骑车器及其他锻炼用器械、扩胸器、握力器、助起跑器、跳栏、跳高架及架座、撑竿跳高撑竿、落地保护坑垫、标枪、铁饼、链球、铅球、拳击练习用吊球及吊袋、拳击或摔跤台、训练用攀登墙。

（2）其他运动及户外运动用具（品目 95.03 的单独或成套报验的玩具除外）。

①滑雪屐及其他滑雪设备［例如，滑雪屐扣件（绑带）、制动器、滑雪杖］。

②滑水板、冲浪板、帆板及其他水上运动用具。例如，跳水台（平台）、滑水梯、潜水用橡皮脚掌及不带氧气或压缩空气瓶的呼吸面具，以及游泳或潜水用的简单水下呼吸管（一般称为通气管）。

③高尔夫球棍及其他高尔夫球用具。例如，高尔夫球及球座。

④乒乓球运动用品及设备。例如，球桌（不论是否带脚）、球拍（球板）、乒乓球

及网。

⑤网球、羽毛球拍或类似的球拍（例如，小橡皮球网拍），不论是否拉线。

⑥各种球，但高尔夫球及乒乓球除外。例如，网球、足球、橄榄球及类似球（包括这些球的球胆及外壳）；水球、篮球及类似的有气门阀的球；板球。

⑦溜冰鞋及旱冰鞋，包括装有冰刀的溜冰靴。

⑧曲棍球、板球、长曲棍球等球类使用的棍和拍；柳条勺（回力球勺）；冰球用的球；溜石游戏用的石墩。

⑨各式球赛用的网（网球、羽毛球、排球、足球、篮球等）。

⑩击剑用具、击剑用钝头剑、军刀、轻剑及其零件（例如，剑片、护手、手柄及端头）等。

⑪射箭用具。例如，弓、箭及箭靶。

⑫儿童游乐场设施。例如，秋千、滑梯、跷跷板、旋转秋千。

⑬体育运动及比赛用保护用具。例如，击剑面具及护胸、护肘及护膝、板球护垫、护胫和内置护具及护垫的冰球裤。

⑭其他用品及设备。例如，甲板网球、抛圈游戏用品、滚木球用品、滑板、球板夹、马球或槌球用木槌、飞镖、破冰斧、泥制蝶形靶及其发射器具、长雪橇、单人平底雪橇及供滑雪或滑冰用的非马达驱动的类似车辆。

2. 本品目不包括：

（1）供草地网球拍及其他球拍用的线（第三十九章、品目 42.06 或第十一类）。

（2）品目 42.02、43.03 或 43.04 的运动用袋及其他容器。

（3）运动用分指手套、连指手套及露指手套（一般归入品目 42.03）。

（4）围栏用网及装足球、网球等用的网兜（一般归入品目 56.08）。

（5）第六十一章或第六十二章的纺织材料制的运动服装（例如，击剑服或足球守门员球衣），无论是否附带有保护配件，例如，肘部、膝部或腹股沟部位的保护垫或填充物。

（6）品目 63.06 的供船、帆板或滑行车用的帆。

（7）第六十四章的运动鞋靴（但装有冰刀的溜冰靴或装有轮子的旱冰靴除外）及第六十五章的运动帽。

（8）手杖、鞭子、马鞭及类似品（品目 66.02）及其零件（品目 66.03）。

（9）第十七类的运动用的船艇（例如，海上喷汽艇、独木舟及轻舟）及车辆（长雪橇、平底雪橇及类似品除外）。

（10）供蛙人及其他方面使用的护目镜（品目 90.04）。

（11）品目 90.18 的电气医疗装置及其他仪器和器具。

（12）机械疗法器具（品目 90.19）。

（13）与氧气或压缩空气瓶一起使用的呼吸器具（品目 90.20）。

（14）第九十一章的运动用品。

（15）各种保龄球用具（包括保龄球自动球道设备）及其他室内、桌上及游乐场游戏用设备（品目 95.04）。

典型案例

案例：羽毛球。

解析：羽毛球属于运动用品，故应归入品目 95.06 项下。尽管羽毛球的名称中有个"球"字，但羽毛球并不属于"球"，故应归入一级子目"其他"。

由于"一般的体育活动用品"是指哑铃、骑车器等锻炼用器械，"体操用品"是指单杠、双杠、平衡木、鞍马等器械，"竞技用品"是指标枪、铁饼等器械，而羽毛球不属于上述范围，故应按"其他"归入子目 9506.9900。

提示：该商品在实际工作中常被误归入子目 9506.9190。

案例：塑料制摩托车模型，两轮可以转动，无动力装置，一面以透明塑料切合车形制成平板状，车身及后轮轴上各装有一根固定轴棒，用作装饰品。

解析：根据归类总规则一及六，该商品符合《商品及品目注释》对品目 95.03 的解释，应归入子目 9503.0089。

（参见海关总署商品归类决定 Z2006-1578）

第九十六章　杂项制品

本章包括雕刻和模塑材料及其制品、某些扫把、刷子和筛、某些缝纫用品、某些书写及办公用品、某些烟具、某些化妆用具、某些具有吸收性的卫生产品［任何材料制的卫生巾（护垫）及止血塞、婴儿尿布及尿布衬里和类似品］及《协调制度》其他品目未具体列名的其他物品。

典型案例

案例：纸尿裤，儿童用。

解析：根据《进出口税则》第四十八章章注二（十六），本章不包括第九十六章的物品［例如，纽扣、卫生巾（护垫）及止血塞、婴儿尿布及尿布衬里］，以及品目 96.19 及其子目条文的描述，本货品应按具体列名归入子目 9619.0011。

提示：该商品在实际工作中常被认为符合品目 48.09 及其子目条文的描述，误按纸床单及类似家庭、卫生、医院用品归入子目 4819.6000。

案例：塑料制喷头，可用于亮发营养水的包装瓶上，也可用于洗涤剂包装瓶上，用于液体的散布或喷雾的器具。

解析：根据该商品用途及《商品及品目注释》的相关解释，该商品可归入品目 84.24 和 96.16 项下，根据归类总规则三（三），该商品应归入子目 9616.1000。

（参见海关总署商品归类决定 Z2009-0182）

第二十一类　艺术品、收藏品及古物

第九十七章　艺术品、收藏品及古物

一、本章概述

本章包括：

1. 某种艺术品，如完全用手工绘制的油画、绘画及粉画；拼贴画及类似的装饰板（品目 97.01）；版画、印制画及石印画的原本（品目 97.02）；雕塑品的原件（品目 97.03）。

2. 使用过或未使用过的邮票、印花税票及类似票证、邮戳印记、首日封、邮政信笺（印有邮票的纸品）及类似品，但品目 49.07 的货品除外。

3. 具有动物学、植物学、矿物学、解剖学、历史学、考古学、古生物学、人种学或钱币学意义的收集品及珍藏品（品目 97.05）。

4. 超过一百年的古物（品目 97.06）。

二、类注及章注要点

货品描述如不符合本章章注或本章内各品目所列的条件的，应归入《协调制度》的其他章。

《商品及品目注释》规定，品目 97.01 至 97.05 的物品即使超过一百年，也仍应归入这些品目内。

典型案例

案例： 明代石刻的双猴献寿水仙盆，造型为双猴手托花盆，重 58 千克，规格为 36 厘米×62 厘米×42 厘米。

解析： 该物品为古代雕刻品原件，根据《进出口税则》第九十七章章注四（二），品目 97.06 不适用于可以归入本章其他各品目的物品，而据《商品及品目注释》，品目 97.01 至 97.05 的物品即使超过 100 年，也仍应归入这些品目内。该物品符合品目 97.03 的解释。根据归类总规则一，该物品应归入子目 9703.0000。

案例： 石玩，由采集来的天然石头（多为鹅卵石）配上底座制成的。石头本身虽未经任何加工，但由于外观奇特、形态各异而使其具有一定的欣赏和收藏价值。

解析： 根据《商品及品目注释》对品目 97.05 的解释，该品目下的物品通常没有什么内在的价值，但由于稀少、类别或外观而具有一定的意义。因此，该物品应属于具有矿物学意义的收集品或珍藏品。根据归类总规则一，该物品应按收集品或珍藏品归入子目 9705.0000。

本书配有免费课件资源，读者可发送邮件至 haiguanjiaoyu@ 163. com，或拨打版权页编辑部电话进行咨询。